改革开放
与中国交通运输发展

国家发展和改革委员会综合运输研究所◎著

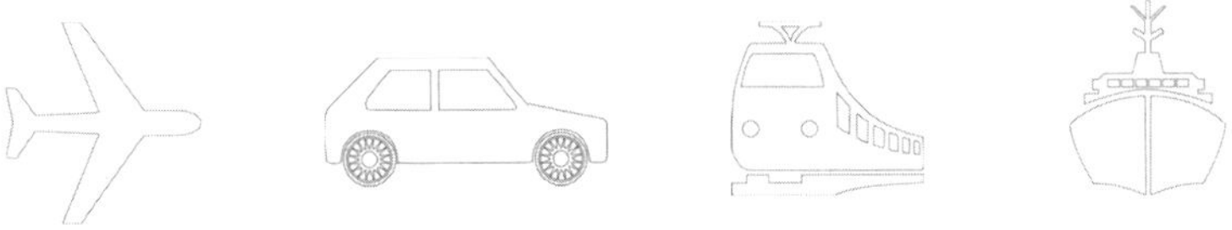

CHINA'S TRANSPORTATION
DEVELOPMENT UNDER
THE REFORM AND OPENING UP

中国市场出版社
China Market Press
·北 京·

图书在版编目（CIP）数据

改革开放与中国交通运输发展 / 国家发展和改革委员会综合运输研究所著. —北京：中国市场出版社，2019.3

ISBN 978-7-5092-1780-1

Ⅰ. ①改… Ⅱ. ①国… Ⅲ. ①交通运输发展－成就－中国 Ⅳ. ①F512.3

中国版本图书馆CIP数据核字（2019）第014218号

改革开放与中国交通运输发展

GAIGE KAIFANG YU ZHONGGUO JIAOTONG YUNSHU FAZHAN

责任编辑： 许　慧（xu_hui1985@126.com）

出版发行： 中国市场出版社 China Market Press

地　　址： 北京市西城区月坛北小街2号院3号楼（100837）

电　　话： 编 辑 部（010）68012468　读者服务部（010）68022950

总 编 室（010）68020336　盗版举报（010）68020336

发 行 部（010）68021338　68020340　68053489

68024335　68033577　68033539

印　　刷： 河北鑫兆源印刷有限公司

规　　格： 170毫米×240毫米　16开

印　　张： 23.5　　**字　　数：** 350千字

版　　次： 2019年3月第1版　　**印　　次：** 2019年3月第1次印刷

书　　号： ISBN 978-7-5092-1780-1

定　　价： 98.00元

本书编写组

组　长　汪　鸣

副组长　吴文化　王东明　李连成

成　员（以姓氏笔画为序）

丁金学　马艺菲　马萍萍　马德隆　王杨堃

王培良　王淑伟　毛科俊　尹　震　邓　岩

向爱兵　刘文华　刘昭然　李欠标　李玉涛

李名良　李　堃　张国强　陆成云　陈晓博

赵丽珍　赵欣苗　柴　岩　宿凤鸣　樊一江

谢雨蓉

前　言

《改革开放与中国交通运输发展》对我国改革开放以来交通运输发展的历程、成就和经验进行系统梳理、归纳和总结，主题包括改革以来综合运输理论、规划体系建设、基础设施建设、旅客运输和货运物流、城市交通、农村交通、交通投融资、交通体制机制等的发展和改革，以及交通强国愿景等。书的最后一部分为本书编写者们创作的交通运输发展改革逸闻趣事。本书为国家发展和改革委员会综合运输研究所集体研究成果，编写者参阅了大量的文献资料，限于篇幅未能一一注明，在此谨对文献作者致以衷心感谢。

本书编写组

2018 年 12 月 2 日

导论：交通运输发展的中国道路

张国强

改革开放以来，我国交通运输基础设施领域进行了大规模、高强度、持续性的投资，构建了全球最庞大的综合交通运输系统，成为世界领先的交通运输大国。这是改革开放40年最显著、最成功、最具时代感的象征，也是世界交通运输发展史上绝无仅有的现象。40年来的发展，不仅彻底改变了之前短缺、慢速、低效的交通运输形态，而且成为了带动中国经济高速发展的引擎，极大地改善了中国经济社会发展和人民生活状况，加速推动我国站在世界政治经济前沿。40年，中国的交通运输发展为什么能够改变短缺落后做到全球领先？改革开放交通运输发展变迁的中国逻辑是什么？

一、建构发展的基础

交通运输发展为我国经济高速增长和社会均衡发展、为实施协调区域发展和参与经济全球化提供了基础结构，成为我国21世纪中叶建成社会主义现代化强国和实现中华民族伟大复兴的战略前提，旗帜鲜明地展示了中国道路自信。

一是国家对交通运输的地位和作用的战略定位，为交通运输“大干快上”提供了基本前提

改革开放之初，国家确立了交通运输业是国家发展的基础产业。直观地讲，基础产业就是构成经济和社会发展基础结构的某些产业，交通和能源是基础产业的重要方面。因为是基础结构，必须得到优先发展，经济体系才能在基础之上建立。改革开放之初，计划经济还比较浓厚，但随着市场发展逐渐升温，经济增长也加快提升。但由于当时交通运输基础设施非常薄弱，特别是公路和水运发展极不适应经济活力的增长释放，交通运输发展滞后成为制约经济高速增长的“瓶颈”约束。

在交通运输全面短缺的情景中，业界展开了交通运输在国民经济发展中的地位和作用的讨论。其结果就是交通运输作为具有先导作用的基础产业这个基本认识得到确立，交通运输基础设施网络建设成为国家投资的重要领域，这为交通运输基础设施大规模建设和整个行业快速全面发展提供了基本前提。

二是中央智库对发展综合运输体系的探索，为交通运输发展的总体路径提供了理论支撑

从我国交通运输发展历史看，在探索综合运输体系发展的理论和政策工作方面，原国家计划委员会（即现在的国家发展和改革委员会）所属的综合运输研究所做出了主要贡献。自20世纪50年代综合运输研究所成立以来，其主要职能就是研究我国综合运输体系发展问题，并为国家提供政策建议和决策咨询服务。从计划经济体制下研究交通运输与经济发展的总量平衡，到社会主义市场经济体制下的交通支撑带领经济发展，综合运输研究所都在理论上做出了重要的探索和贡献。综合运输体系的发展，实质是交通运输系统的资源配置问题。综合运输探究的本质问题是在社会最优的标尺上，考量多种运输技术并存的经济体系中，如何建设符合我国具体国情的多方式运输体系，做到少投入、低成本、高产出。综合运输体系建设是运输体系的社会最优化问题，理论机制十分复杂，要探讨清楚并不容易。很多情况下理念比理论更重要，好在理论总归是理论，有时候决策工作不是理论推导的结果，往往因实际情景或偶发事件决定。另一方面，除了综合运输研究所对综合运输体系的理论和规划的探索之外，铁路、公路、水运、航空和管道以及城市交通等相关智库都为本行业本系统的交通运输发展做出了自身的贡献，行业部门和综合部门的共同努力，决定了我国交通运输发展的总体路径。

三是中央到地方各级政府在交通运输大发展中起到了核心推进作用

40年来，我国交通运输发展最突出的特征就是形成了很好的规划设计和实施体系，从中央到地方，各级政府在交通运输发展中起到核心推进作用，发挥了至关重要的基础性作用。主要表现为：国家做出交通运输发展的顶层设计，地方政府对国家顶层规划贯彻、落实和细化。国民经济和社会发展五年规划，是指导中国发展的中长期规划。交通运输专项规划是国民经济规划体系的行业规划，是指导交通运输发展，特别是基础设施建设的基本纲领。改革以来，我国从中央到地方交通运输规划体系不断发展，既有综合交通运输发展规划，又有铁路公路水运民航管道等行业发展规划，不同运输方式发展规划相互支撑，形成了国土空间上的综合运输体系。围绕规划实施，从项目前期研究、投资筹措、建设施工和投产运营等主要环节，各级政府大力支持，国有大型企业全力以赴，社会力量群策群力，交通运输大发展格局才得以形成，并成为支撑引领中国发展的先锋产业，较好地展现了集中力量办大事的中国模式和中国经验。

40年来，交通运输的顶层设计、战略规划和政策的实施离不开体制机制的改革。交通运输管理体制与机制，是综合运输体系供给侧的重要构件，是现代化综合交通运输体系发展和平稳运行的重要保障。我国交通运输体制机制改革的核心，是处理好政府与市场、中央与地方、各级政府部门之间的关系。经过改革开放40年来的交通运输发展实践，我国建立了各种运输方式有机统一、协同高效的综合运输管理体制，在交通运输发展的宏观调控和监管上积累了十分丰富的经验，特别是在交通运输发展的制度设计、规划布局、行业监控、应急管理，以及重大交通基建项目与国民经济和社会发展的统筹协调等方面，交通运输体制发挥了关键作用。现阶段我国交通运输治理能力和治理体系的现代化建设迈入了新的阶段，坚定不移地实施改革开放，是未来交通运输管理体制机制建设的重要内容。

四是改革开放激发客货运输市场巨大的潜力活力，推动交通运输发展

40年的改革开放，客运市场发展从供给严重短缺步入适应性的繁荣。面对日益增长的出行需求，坚持市场化改革方向，持续推进改革，加大开放力度，市场活力得到空前释放，多种客运方式协同发展，市场规模快速扩大，服务效率和质量稳步提升。同时，发挥制度优势有效应对和解决好“春运”客运问题。40年来，我国客运从“出行难”“走得了”发展到现阶段的“走得好”，市场在这个过程中发挥了资源配置的基础性作用。

40 年的改革开放，市场潜力和活力不断激发，同样为我国货运物流融合发展提供了原动力。现阶段，我国全社会货物周转量和物流产值居世界前列，快递业务量及增速稳居世界第一。传统货运向现代物流延伸，货运与物流融合发展成为货运发展的主导模式。在市场驱动下，货运物流也成为技术应用和技术创新的重要领地。特别是“互联网 +”和智能技术的广泛应用，新业态不断创新涌现，带动全行业提升运行效率和降低运行成本，与供应链管理的结合，正在重塑我国货运物流产业结构形态。生产物流和消费物流进一步融合，区域物流和国际物流竞相发展，正在驱动货运物流产业转型升级和走向高质量发展。

五是交通基础设施网络建设维度和刻度决定了交通运输发展的广度和深度

40 年的改革开放，我国交通基础设施发展完成了从量变到质变的转型。全国运输线路总里程规模、高速铁路和高速公路里程、沿海港口总吞吐能力等都居世界第一。高速铁路、重载货运铁路、高速公路、集装箱港口等现代交通科技，从无到有；特别是高速铁路总里程占到世界高速铁路总里程的 60% 以上，铁路电气化大幅提升；上海港、深圳港、宁波—舟山港等港口集装箱吞吐量连续多年位列全球港口前十；内河航道通航能力不断提升，民航机场和航线里程快速发展，管道运输里程高速增长，城市公交和轨道交通、农村公路都进入全面协调发展阶段。在交通基础设施规模总量增长的同时，基础设施网络技术等级和空间布局也不断优化提升，从东部沿海到中西部地区，从城市到农村，交通运输总供给能力和全行业生产效率持续提升。随着交通基础设施的跨越式进步，交通运输对经济发展的关系也从改革开放之初的“瓶颈”制约走向适应经济社会发展，为中国特色社会主义现代化经济体系建设建构了厚实基础。

六是交通运输发展兼顾效率与公平，东部沿海和中西部交通发展并进，城市交通和农村交通齐抓

在“摸着石头过河”的制度逻辑下，改革开放采取了让有条件地区先行发展，开放战略先从我国沿海实施，特别是沿海主要港口城市率先垂范。改革以来，我国东部沿海地带的交通发展得到了优先安排，沟通三大沿海经济带的沿海通道，全国主要沿海港口及其集疏运系统，中心城市机场等得到了率先发展和重点投资，为支持我国东部地区率先发展战略起到了重要的支撑带动作用，并发挥对中西部地区交通建设示范效应。

随着改革进程加深，东部地区交通基础设施发展制约问题基本得到解决，交通建设主场也转到落实国家西部大开发、中部崛起和东北振兴等区域协调发展战略实施。海量的交通基础设施投资不仅带动了中西部地区经济发展，也为我国产业梯度转移构筑了先决条件，兼顾效率与公平的原则在我国改革开放的交通运输发展过程中得到了生动的实证。

城乡二元结构既是我国经济社会发展的典型特征，是我国实现高质量发展必须逐步解决的结构性问题。交通运输是国民经济发展的基础产业，在城乡这个二元空间结构上，交通运输发展的本质是公平与效率的权衡。

其一，改革以来的城镇化进程加速发展，对我国城市交通发展提出了紧迫要求。从出行结构看，改革以来我国城市交通发展分别经历了以非机动化、初步机动化、快速机动化、公共交通优先发展等为主导的发展阶段，城市交通服务能力和服务水平得到提高，但同时也出现了很多必须解决的现实问题，特别是大城市和特大城市交通普遍性的拥堵日趋严重，造成资源浪费和环境污染，加剧了温室气体排放，不利于应对气候变化。以公共交通为主导的政策战略正在我国广大城市大力实施，特大城市、大城市的轨道交通发展，为解决城市交通拥堵问题发挥了中坚作用，加上社会大力提倡绿色出行和绿色交通，必将推进我国城市交通走上可持续发展的轨道。

其二，农业是关系我国“口粮”的第一产业，农村交通是我国综合交通运输体系的重要组成部分。作为农民生活、农业和农村经济发展的重要基础，农村交通在改善农村面貌、繁荣农村经济、增强农村发展能力、促进农村居民增收，以及实现城乡基本公共服务均等化发展等方面，都发挥着重要功能。改革开放以来，国家先后制定和实施了促进农村交通发展的各项方针和政策，促进了农村地区的交通运输业进入良性发展轨道，尤其农村公路大规模建设和改造升级，较好地服务农村发展。农村交通成为解决“三农”问题、改善贫困地区生产生活条件和服务农村农业的基本手段，成为新农村建设、脱贫攻坚、全面建成小康社会和乡村振兴等战略实施的重要途径。

七是交通运输发展不仅成为国家对经济和产业发展实行宏观调控的重要手段，也成为中国走向世界的重要窗口

改革以来，我国经济经历了长达三十多年的高速增长，投资、出口和消费是拉动我国经济增长的“三驾马车”。应该说，交通运输基础设施的投资拉动作用有目共睹。20世纪90年代举国上下的高速公路建设、沿海港口建设，21世纪初以来的铁路建设，特别是高速铁路的跨越式进步，均成为引领中国经济发展不同时段的亮点。交通基础设施的爆发式发展，成为世界交通和基础设施发展上史无前例的壮举，仅仅40年时间，我国建设了全球最大规模、最高质量的交通基础设施，拉动经济持续增长，加快改变了改革初期中国落后的交通运输结构和运输生产业态，更是为我国20世纪90年代阻击亚洲金融危机、为2008年应对国际金融危机开出了对冲药方，使中国经济成为两次危机中稳定全球经济增长的重器。

交通基础设施投资和交通运输条件改善产生了巨大的溢出效应，交通运输不仅仅是基础产业，更是经济的增长引擎和维稳装置。交通基础设施快速发展的实践，培育了重大装备制造和重大工程施工的技术、经验、队伍和力量，极大地增强了我国道路自信和制度自信。在“一带一路”全方位开放新型全球化经济体系中，交通运输基础设施建设从中国走向世界，推动沿线国家实现共建共享共赢的互联互通，造福全球发展中经济体，成为我国构建亚太区域共同体和人类命运共同体的法宝。

二、走向共同的未来

没有改革开放的思想解放和制度创新，就没有我国交通运输生产力和服务力的释放聚变。在党和国家的战略部署下，40年的改革开放，我国交通运输发展成为“点睛”

之笔，为国家发展建构了战略性的基础结构，是中国国土上发生的一场具有深远广泛影响的交通运输革命。

交通运输发展承载的功能日趋复杂化，从单纯满足人的出行和货的运输走向了多维、多元、包容和可持续的价值维度：不仅是人的出行和货的运输，更加关注社会建构；不仅是支撑经济发展，更加关注带动引领区域经济协调发展；不仅是交通系统自身的发展，更加关注交通系统与其他产业的有机融合发展和向世界全方位开放；不仅是交通运输发展的成本效率，更加关注交通运输发展对生命、生态、资源和环境的影响；不仅是交通运输发展的顶层设计，更加关注全社会对交通发展的共同参与和治理；不仅是基础设施网络建设、技术应用和资源投入，更加关注交通技术装备创新、交通运输运营创新和资源配置的公平效率；不仅注重交通运输的体制机制建设，更加注重交通运输市场建设和治理能力的提升。

从文明演进的脉络看，交通运输发展是人类追求交流联通的自由意志挑战时空阻隔的过程及结果，成为技术、经济、社会和文明进阶的重要标志。铁路促进了工业革命，高速铁路和高速公路促进了交通与空间的有机融合，民航加剧了时空距离的压缩，国际集装箱运输加速了全球化的进程。中国的交通运输发展充分地利用现代交通科技，旗帜鲜明地彰显了我国经济改革开放的辉煌成就，强化了中国国家意志和民族团结，表达了中国道路自信、理论自信和文化自信，必将成为推动中华民族伟大复兴的中坚力量。

历史进入承前启后的新时代。建设交通强国，是习近平总书记在党的十九大报告中提出的重大战略部署，是新时代我国建设现代化强国和创新型国家的战略任务。在当今世界复杂多变和不确定性成为常态的背景下，保护主义和单边主义有所复燃，但中国的交通运输发展已经吹响建设交通强国的“复兴号”，交通强国建设巨轮已经起航，交通运输发展轨道从强体转向强国建设，这需要全体交通人的开拓实践，更需要中国特色社会主义制度的保驾护航。建设高质量发展的交通强国，需要从构建人类命运共同体的愿景出发，坚持新发展理念，坚持深化供给侧结构性改革，坚持“一带一路”互联互通建设为重点的全方位开放，推动中国与世界的全方位融通，促进不同文明的相互交融，推动构建人类命运共同体，促进“地球村”永续发展。

目　录

第一篇　理论探索

第二篇　发展规划

第三篇　基础设施

第八篇 交通投融资

第九篇 体制机制

第十篇　交通强国

交通故事集锦

第一篇

理论探索

执笔人：王杨堃　丁金学　马萍萍

第一章

综合运输发展的理论演进

综合运输体系是各种交通运输方式有机结合、分工协作、合理布局、联结贯通形成的交通运输体系，多种运输方式的一体化及联程联运是综合运输发展的核心。综合运输体系包括综合运输基础设施网络、运输生产和运输协调管理三个子系统。综合运输发展要做到发挥不同运输方式的技术经济比较优势，实现各种运输方式子系统及其组成的综合运输系统统筹协调一体化发展。改革开放 40 年来，随着社会经济和交通运输行业变革历程的演进，针对每个历史时期的关键性研究问题，学界开展了针对性的理论探索，形成了一些代表性的观点，综合运输理论总体上得到了发展和完善。

第一节　聚焦方式间有计划按比例发展

一、主要特征

1978—1990 年，聚焦方式间有计划按比例发展。1978 年，党的十一届三中全会提出改革开放，社会各方需求快速释放，解决交通运输的能力制约成为焦点问题，综合运输的研究重点是各种运输方式结构合理化以及协调发展问题。

国民经济对加快交通运输发展的要求推动了理论研究的开展。改革开放之后，随着经济体制改革和国民经济的快速发展，各方面需求快速释放，交通运输领域运货难、出行难成为当时社会经济活动的严重问题，成为制约国民经济发展的突出矛盾，沿用以往计划经济的发展手段和基本依靠铁路的运输方式已经难以快速增加运力、满足需要，必须加大其他运输方式的发展，增加总体运输能力供给。与此同时，有关国外交通运输方面的资料也有所增加，推动并丰富了综合运输理论的发展。有关部门和研究单位均积极组织对交通运输与国民经济的关系、各种运输方式的技术经济特征、不同运输方式合理分工、综合运输发展战略以及规划等展开研究，加强了各种形式的研讨活动。综合运输研究所在20世纪70年代后期创办了《综合运输》杂志以及内部刊物《综合运输参考资料》，积极宣传综合运输发展的思想动向及实践、研究成果。

各种运输方式基础实力的加强为发展综合运输理论创造了条件。客观的发展需要和逐步广泛的研究与交流，提高了人们对交通运输发展的认识水平，在发展策略和政策措施上，逐渐从以铁路为主的单一发展模式转向了以铁路为骨干、公路为基础、其他运输方式相协调的综合运输发展模式上，形成了各种交通运输方式正向发展的良好局面，加快了我国交通运输发展的总体进程。该时期，各种运输方式的基础实力均有所加强，发展差距开始缩小，不仅增强了运输方式间的互补性，而且形成了某种程度上的竞争，为综合运输创造了有利的发展条件，也对综合运输理论研究提出了更高要求。

二、代表性观点

从20世纪80年代初期开始，我国主要围绕两大主题进行重大问题研究：其一是针对交通运输业性质、地位的讨论。由于从新中国成立初期到20世纪90年代中期，中国经济未能处理好交通基础设施发展与经济发展的比例关系，交通运输领域的投资一度出现滞后问题，导致交通运输长期处于缓慢增长或被制约状态，严重影响了整体经济的发展。

其二是交通运输中各种运输方式的比例结构问题。综合运输研究所先后对铁路与公路、铁路与水运、铁路与航空在货运和客运方面的合理使用范围，不同运输方式承担不同货物的经济合理运距等进行了分析计算，提出了铁路与公路运输、铁路与水路运输、铁路与民航长途客运的合理分工，为建立合理运输结构提供了理论依据。

1980 年，国家计划委员会综合运输研究所开展了全国性的综合运输调查工作，收集、整理、编写了大量的经济、社会和运输资料，为综合运输网规划工作打下基础。但是由于当时我国交通网络覆盖稀疏，相关研究在线路布局上更加强调各种运输方式的基本分工，针对综合运输大通道、功能组合的发展思想和理念尚存在较大争议。譬如当时针对沿江、沿海布局建设铁路的争议很大，铁路沿线建设干线公路也遭到了很大反对。

1982 年，综合运输研究所主持国家科委、国家计委、国家经委和国家建委联合下达的重大科研项目《交通运输技术政策研究》，协调各研究单位编辑出版《交通运输技术政策研究通讯》和《中国技术政策——交通运输卷》，直接承担《建立综合运输体系》《发展能源运输》《集、散、联运输》《计算机与交通运输管理现代化》等课题研究，并对各课题研究成果进行综合，撰写《交通运输技术政策要点》。这项研究引起了各地方各部门的高度重视，并对理顺交通运输与国民经济的关系，加强交通运输基础设施建设和各种运输方式的协调，发挥各自优势形成合理运输结构建立综合运输体系，促进能源运输、重载运输、快速运输、集散联运输和运输工具及管理现代化等，均发挥了重大作用，对我国交通运输发展产生了深远影响，带来了巨大的经济、社会效益。

提出了交通运输适应性概念。研究的基本问题是交通运输发展如何适应经济社会需求，核心是解决交通基础设施的发展问题。明确交通运输产业是国民经济的基础产业，需要适度超前发展等。

同时，从经济结构和运输需求结构变化，论证运输结构适应经济结构变化和市场需求的发展趋势，提出调整和优化运输结构的方向，完善了综合运输系统建设的方针，在运输界、经济界反响强烈，对各种运输方式从 20 世纪 80 年代中后期开始的大规模建设，以及发展我国交通运输业、尽快改变交通运输紧张状况产生了深远的影响。

第二节　聚焦运输方式之间的衔接协调和均衡发展

一、主要特征

1991—2000年，综合运输理论聚焦运输方式之间的衔接协调和均衡发展。

改革开放初期，我国原有基础落后、占比较小的公路、水路、民航得到了相对较快的发展，实力有所增强，对改善区域交通条件、支持国民经济发展发挥了积极作用。进入90年代后，经济总量规模和建设规模不断扩张，经济发展和国民收入增加，客货运输需求量大幅增长，运输紧张状况日益加剧，交通运输成为国民经济发展的“瓶颈”制约。

经过80年代的发展，我国各种运输方式间的结构比例虽有所调整，公路、水路、民航的比重逐步提高，但总体上各种运输方式的能力都非常短缺，综合运输网络建设尚不完善。1997年李鹏总理撰文《建设统一的交通运输体系》指出：“我国交通运输业应以铁路为骨干，公路为基础，充分发挥水运，包括内河、沿海和远洋航运的作用，积极发展航空运输，适当发展管道运输，建设全国统一的综合运输体系。”发展综合运输，推动各种运输方式的加快发展，合理配置资源，加强不同运输方式的有机衔接衔与配合，成为该时期交通运输发展的必然要求，综合运输发展研究持续不断地发展。

20世纪90年代我国交通运输逐步进入快速发展的时期，是向各种运输方式共同发展、合理配置、建设综合运输体系转变的重要时期。1997年亚洲金融危机后，交通基础设施建设成为我国“实行积极财政政策、扩大内需”的投资建设重点。在各方面资金的支持下，各种运输方式的投资额逐年大幅增加。综合运输体系的建设基础大为增强，为加强引导、优化结构、提升层次、增强满足多样化需求的适应能力和贯彻可持续发展的方针创造了有利的基础条件。随着交通运输基础的逐步增强，综合运输体系的内容和内涵也在不断丰富、提升，综合运输的理论研究不断进步。

二、代表性观点

20 世纪 90 年代，综合运输体系逐步建立，发展分析明确，理论观点也比较活跃。尽管学界给出不同定义，但一些基本的思想理念是一致的。根据各种运输方式的技术经济特征，经济合理地发展各种运输方式，并使之有机结合形成一个完整体系，为社会经济发展服务。其中比较具有代表性的是杨洪年在 20 世纪 90 年代初期提出的观点："综合运输体系是在社会化的运输范围内和统一的运输过程中，按照各种运输方式的技术经济特点，形成分工协作、有机结合、布局合理、联结贯通的交通运输综合体。"之后，又进一步补充："综合运输体系主要由三大系统组成：一是综合运输网及其结合部（枢纽）系统，二是综合运输生产系统，三是综合运输管理、协调系统。"该时期我国在战略层面、建设规划实施层面、应用层面都有了更为统一和先进的认识，有意识地加强了综合运输理论研究工作，同时学习、借鉴国外的发展经验，初步建立了综合运输理论框架，主要包括综合运输系统工程理论、综合运输规划理论、交通运输协调发展理论。

到 20 世纪 90 年代中后期，综合运输研究所开展了《交通运输"七五"规划和后十年发展设想》《1996—2010 年全国综合运输网发展规划研究》《缓解当前运输紧张状况应采取的重大措施的研究》《各种运输方式协调发展与结构优化对策研究》等一系列研究，深化研究铁路、公路、港口、机场等基础设施网络的形成过程、机理、模式和空间格局等，整体上从"加快发展"向"科学发展"转变，从"孤立分散发展"向"综合协调发展"转变。王德荣等在《交通基础设施的发展规模及合理布局问题研究》中系统总结了新中国成立以来交通运输设施布局实践经验和理论成果，探讨了不同运输方式的技术经济特点及合理运输范围，综合运输的思想逐渐加强。同时，理论研究开始为相关交通建设决策工作提供有力参考。如 20 世纪 90 年代初，我国对建设和发展高速公路以及京沪通道具体交通方式选择问题存在很多不同的认识和观点，为此，国家发展和改革委员会综合运输研究所开展了《京沪高速铁路重大技术经济问题前期研究》，并为有关部门提供决策参考依据，有力推动了京沪高铁的规划与建设。

该时期综合运输研究所对拓宽运输建设资金渠道及政策和管理等也进行了研究，开展了《交通运输投资政策研究》《铁路建设资金筹措及投资体制改革研究》《陕西省铁路建设资金来源研究》《中国公路建设和养护非传统资金来源研究》《中国公路建设和养护非传统资金来源研究》等课题工作。其中，为加快我国铁路发展，综合运输研究所对中央与地方合资修建铁路政策进行了深入研究，提出改革铁路投资体制、调整投资主体、发展合资建路的政策建议。部分建议为“全国合资铁路工作会议”采纳，并作为 1991 年全国计划工作会议“参阅文件”转发，1992 年又以国发〔92〕37 号、〔92〕44 号文件转发，有效推动了我国合资铁路建设。

第三节　聚焦多空间多层次网络化发展

一、主要特征

2001—2010 年，综合运输理论聚焦多空间多层次网络化发展。

提高交通运输发展效率成为这一阶段的关键，并推动综合运输理论进一步创新。从之前的研究看，我国运输布局理论和交通运输系统分析理论总体上都是从运输供给能力（生产力）方面讨论问题，其理论逻辑是各种运输方式具有各自的技术经济优势，客观上存在各种运输方式的互补性，包括技术互补性和经济互补性，因此交通运输发展需要各种运输方式在系统意义上的综合，即建立支撑经济发展的综合交通系统，综合运输规划成为传统综合交通理论的核心问题。

进入 21 世纪后，我国交通基础设施存量和运输总量积累达到一定规模，网络布局持续完善，现代化水平大幅提高，交通运输对经济发展的“瓶颈”约束压力得到释放，运输发展的主要矛盾从单纯解决供给短缺矛盾转化为提高交通运输发展效率和实现可持续交通的矛盾，转变为交通运输集约式和内涵式的增长。

随着21世纪信息技术的迅猛发展，交通运输与现代物流融合，在拉动关联产业发展和创造经济增加值方面取得了一定进步，逐步缩小了不同地区之间的物流成本差距。互联网等新经济业态的兴起，传统的交通运输业开始与城市经济、产业经济等融合发展。交通建设不再仅仅通过改善某个地方的基础设施条件来带动地方经济发展，更多的还有促进经济联系、贸易联通、人才流通等积极作用。在发展转型的关键时期，交通运输对经济的先导作用无疑更加明显地作用于区域、产业发展，综合运输也从过去简单的多种运输方式的综合变成了多领域的综合，融合发展理念愈发突出。

二、代表性观点

基于20世纪90年代初期关于综合运输体系的定义，当时的国家发展计划委员会交通运输司王庆云对综合运输体系进行了进一步概括：“综合运输体系是市场经济发展到一定阶段，在科技创新和制度创新的共同作用下产生的一种现代交通运输组织形式，其理论可概括为：为满足国民经济和社会发展的需要以及客货用户的要求，将铁路、公路、水运、民航、管道五种现代运输方式作为一个有机整体进行系统研究、系统规划和系统建设，形成整体的系统能力，并以市场经济为导向，以高新技术为基础，在充分发挥各种运输方式比较优势的前提下，为人类经济发展与社会进步及客货运输用户提供安全、快捷、方便、舒适、经济优质服务的综合系统。”

北京交通大学荣朝和从狭义和广义两个角度对综合运输概念进行了划分。狭义上，综合运输是指综合集成各种运输方式与系统的功能，一体化高效率地完成人与货物的空间位移，其中多式联运和一体化是综合运输的核心内容；广义上，综合运输是交通运输系统内各组成部分之间，以及交通运输系统与其外部环境之间形成一体化协调发展的状态。综合运输研究所罗仁坚在《我国现代综合运输体系框架研究》等课题成果的基础上，对现代综合运输体系的定义是：基于各种运输方式的新技术经济特征和可持续发展思想，建立形成的符合区域经济地理特征和社会经济发展要求的各种运输方式优化配置的交通基础网络系统，与采用现代先进技术和合理的运输组织方式，在物理上和逻辑上实现运输过程各个环节无缝连接的一体化运输系统的有机集成。

随着理论研究重点从交通基础设施建设转向交通发展效率，相关学者也相继围绕运输效率、运输管理、市场环境等开展研究，例如综合运输研究所开展的《全国物流系统的建设和管理技术研究》《上海集装箱中转站现代化管理研究》等课题研究。实际上，综合运输研究所从 1994 年就开始关注交通运输体制改革，进入 21 世纪后更加大了对运输服务和管理水平监测的研究力度，设立了“交通运输形势跟踪分析研究”课题组，坚持按季度分析评价交通运输生产情况、特点和存在的问题，预测交通运输发展形势，提出相关的措施和建议，及时为国家政府及有关部门提供交通运输综合信息服务。再如王庆云（2004 年）将理论焦点从运输生产力转到市场经济制度环境下中国交通发展的效率问题上，提出了中国交通发展研究的理论框架，包括交通运输供给与需求、交通运输发展的效率与公平及可持续性等，认为我国交通发展需要制定一个集速度、效率、平等和环境目标为一体的交通发展战略，以交通发展促进我国经济社会的整体发展。该理论框架从更加综合、系统的视角对中国交通运输发展进行了多方位的审视，全面地阐述了我国交通发展面临的现实矛盾和发展模式问题。不少学者还开始利用经济学理论对交通效率问题进行研究，例如张国强在《交易成本与比较优势逆转》（2009 年）中利用交易成本理论对电煤运输的效率问题进行了分析，指出电煤运输中“公铁之争”反映了运输资源配置的低效现象，高昂的交易成本致使煤炭、运输和电力作为一个产业群的经济联系被机械地分割开来，铁路电煤运输比较优势逆转，并提出通过建立合理有序的竞争市场和竞争性定价机制来解决这一问题的政策建议。

随着交通运输同社会经济发展联系的逐步深入，综合运输的研究方法和视角也更加广泛。综合运输研究所针对交通与环境协调发展问题，进行了《中国交通与能源、环境协调发展问题研究》等课题研究，加入了资源节约、环境和生态保护、人性化等关注视角，强调了可持续发展的思想理念。在交通与产业经济融合发展方面，汪鸣等人在《我国现代物流业发展政策研究》中首次明确了现代物流产业的内涵和定位，指出需要在国民经济整体分析框架下讨论其今后发展的方向。该研究为推动我国现代物流政策的制定与发展奠定了良好基础，填补了当时国内在现代物流宏观研究方面的空白。同时，借助交通运输与社会经济融合的发展趋势，综合运输研究所在原有港口发展研究的基础上，进一步将交通运输与产业经济相结合，针对临港产业集群、港口与城市互动发展进行了深入研究。罗萍等（2006 年）根据港口与城市产业经济的发展特征，将港城演变关系分为初始联系、相互关联、集聚扩散以及城市自增长效应发展四个阶段，明确指出随着经济全球化，我国港城互动发展正在进入黄金发展期，并对港城互动发展实践中存在的误区进行了理论修正；同时指出，在港口带动城市与区域经济发展的同时，临港物流业也在一定程度上推进了港口的转型升级。

第四节　聚焦支撑引领并与经济社会融合发展

一、主要特征

自 2011 年以来，综合运输发展理论聚焦支撑引领并与经济社会融合发展。

我国各种交通运输方式快速发展，综合交通运输体系不断完善，初步形成了以“五纵五横”为主骨架的综合交通运输网络，运输能力大幅提升，服务质量显著提高，技术装备快速升级，体制改革加快推进，节能减排成效显现，交通安全形势稳定向好，总体适应经济社会发展要求。但是，也存在一些系统性和结构性问题，如发展方式较为粗放、资源配置不尽合理、部分领域和环节存在短板、创新驱动能力不足、管理体系不够完善等问题，难以适应新形势下的新要求，需要更好地发挥交通运输在经济社会发展中的支撑引领作用。

交通运输由“跟跑型”向“引领型”转变，通过加快补短板促进区域协调发展，通过优化布局引导经济结构调整，通过加大投资力度服务稳增长稳投资，通过提高服务水平适应多样化运输需求。“十二五”以来，我国交通运输发展的重点由交通基础设施建设向基建与服务并重转变，由通道建设向通道与枢纽建设并重转变，由方式间物理衔接向物理衔接与服务衔接并重转变。“十三五”以来，我国的产业导向逐步明确为跨区域的协同、基于供应链的产业链构建和基于产业链构建的产业集群化发展。过去在一个点上相对孤立的产业发展模式已经不适应调结构、转方式和新常态下的发展新需要。在当前交通基础设施能力总体适应经济社会发展需要的前提下，枢纽经济正在成为交通运输与城市、交通运输与产业、城际交通与产业发展的重要路径和模式。

党的十九大报告中明确指出，我国经济已由高速增长阶段转向高质量发展阶段，正处在转变发展方式、优化经济结构、转换增长动力的攻关期。供给侧结构性改革作为经济高质量增长的根本途径，成为今后一个时期确定发展思路、制定相关政策、实施宏观调控的必要抓手。在交通运输领域，随着物流业的繁荣发展，人们已陆续开始关注物流效益背后的高成本问题。降低物流成本、提高物流发展质量与效率成为新历史阶段的关键性命题，这不仅是供给侧结构性改革的重要内容之一，而且通过供应链传导，将对其他领域供给模式和效率变革产生深远影响。

二、代表性观点

更好地发挥交通运输的支撑引领作用。这一时期，我国交通运输基础设施网络初步形成，交通出行质量不断提升，服务范围不断拓宽，交通运输服务水平和技术水平都有明显提升，但也存在着网络布局不完善、个别地区交通发展短板明显、现代综合交通运输体系发展体制机制不健全等问题。针对新时期的新问题，综合运输研究所参与编制《“十三五”现代综合交通运输体系发展规划》，使交通运输更好地发挥对社会经济的引领作用。其主要观点是，“十三五”是我国交通运输顶住压力奋力前行的关键时期，需要通过供给、需求双侧创新和发力，应该尤其重视补齐贫困地区交通运输发展短板，为贫困地区与全国同步全面建成小康社会提供交通运输保障。

“十三五”时期我国将进入现代化建设的新阶段，交通运输发展也面临着新的挑战和要求，整体将由总体适应向引领发展转变，由注重自身发展向与产业融合发展转变，未来应积极拓展交通运输新领域新业态，更好发挥交通运输支撑引领经济社会发展的作用。

随着产业创新发展进程的不断加快，不同产业或同一产业不同行业相互渗透、相互交叉的重组趋势逐渐明显。随着信息技术和社会经济的迅猛发展，传统的交通运输业与城市经济、产业经济等更加深入融合发展，拉动关联产业发展并创造经济增加值。交通投资建设不再仅仅是改善基础设施条件带动经济，还有促进经济联系、贸易联通、人才流通等作用。

枢纽经济的发展作为新时代的战略要求和现代新经济体系的有效补充，在理论和实践层面均具有重要意义。宏观层面，枢纽经济是网络经济在枢纽节点上的重要体现；中观层面，枢纽经济是一种重塑产业空间分工体系，全面提升城市能级；微观层面，枢纽经济则是枢纽场站周边区域资源优化配置的结果。综合来说，枢纽经济是以交通枢纽、信息平台为依托，以聚流和辐射为特征，优化经济要素时空配置的过程。城市发展枢纽经济具有一定的基本路径，需要先根据城市原有基础选择出适合发展枢纽经济的产业，之后强化枢纽基础设施建设，遵循产业发展规律，按照要素集聚、产业链培育和国家政策导向有序推进经济发展（汪鸣，2016 年）。

交通运输与经济社会融合发展。改革开放以来，随着综合交通运输体系的不断完善，我国开始注重从国民经济和社会发展的全局来审视交通运输发展问题。2017 年国家发展改革委综合运输研究所在对我国交通运输迈入转型升级战略机遇期科学研判的基础上，率先提出交通运输与经济社会融合发展理论，认为主动迎接和推动交通运输与经济社会深度融合发展，是深化供给侧结构性改革、更好满足人们美好生活需要的必然要求，也是经济社会创新发展的重要路径。

交通与经济融合发展理论的主要观点包括：（1）精准识别和对接经济发展各领域对交通运输的现实需求，从一般的需求分析升级到针对经济运行链条和系统中运输环节与制造、商贸、物流、金融等其他环节及领域间的作用机理分析；（2）发展枢纽经济和通道经济来重塑和优化经济要素的空间配置，从单纯的低成本要素吸引升级到以运输链、物流链和供应链的组织优化和构造经济生态圈来引导产业布局；（3）强化信息技术背景下的交通运输新业态和新模式的创新，从被动适应地满足需求升级到主动支撑和引领经济。

总体上看，交通运输与经济社会融合发展主要集中于跨业、跨域、跨界三个层维，在推进交通运输内部各方式深度衔接融合的基础上，重点围绕产业、空间、社会及其他领域展开。所谓跨业，是指产业层面的跨领域融合联动，包括一、二、三产业，也包括传统产业与新兴产业，即交通运输与相关产业跨业融合培育新的经济增长点。所谓跨域，是指从国土空间尺度范围的融合联动，包括国际、国内，以及国内空间上的区域、城际、市域、县乡村等，以及线上线下、虚拟与现实空间之间，即交通运输与国土开发和区域经济跨域融合拓展新的发展空间。所谓跨界，是除了上述经济产业以及国土空间之外的其他界域，包括社会民生领域、生态环境领域、军队国防领域等，即交通运输与其他领域跨界融合形成新的发展动能。三个层维融合统筹传统与新兴、存量与增量、硬件与软件、国际与国内四大方面，促融合、谋发展，实现现代交通运输与中国创新、中国制造、中国服务、中国开放互促共进，着力建设交通强国，为决胜全面建成小康社会、建设社会主义现代化强国奠定坚实基础。

第二章

交通运输发展和改革的理论创新

改革开放是我国经济社会持续快速发展的根本动力。从改革看，40年来，伴随我国改革开放的历史进程，特别是社会主义市场经济体制改革的深入推进，我国交通运输行业走出了一条中国特色的综合化、市场化和现代化的发展道路。

第一节　放权让利，放宽搞活

1978—1991年，交通运输业的改革主要是放权让利，放宽搞活，极大地解放了交通运输部门的生产力。

1978年，党的十一届三中全会重新确立了“解放思想，实事求是”的思想路线，把工作重心转移到经济建设上来，提出了改革开放的战略决策，开始了建设中国特色社会主义的新探索。这一时期，我国经济体制改革领域的总体指导思想主要包括：“权力下放”，精简各级经济行政机构，使地方和企业有更多的经营管理自主权；在公有制基础上实施有计划的商品经济，计划的重点转到中期和长期计划上。具体到交通运输行业改革，其指导思想以“放权让利、放宽搞活”为主要特点，重点集中在“所有权与经营权的适度分离”，具体体现在以下两个方面：

（1）转变政府职能，改革交通管理体制，全面推行承包经营责任制。铁道部先后于 1979 年和 1986 年实施经济责任制试点和经济承包责任制（俗称为“大包干”），尝试理顺国家、铁道部、铁路局的财务关系，铁道部将计划、财务、劳资、物资、人事等方面的权力下放至路局，强化激励约束。1985 年，邮政行业成立中国速递服务公司。1987 年，公路水路行业启动和推进国有运输企业经营机制改革，全面推行企业承包经营责任制。1988 年，港口改为“双重领导，以地方为主”的管理体制。此外，交通部建立健全了五级交通行政管理机构，交通行政主管部门开始从对企业的直接管理向行业管理转变。

（2）引入市场机制，放宽搞活运输市场，初步形成运输市场的竞争机制。20 世纪 80 年代初，交通部提出“有河大家行船、有路大家走车”的方针，以及“各部门、各地区、各行业一起干；国营、集体、个体一起上”的措施，社会资本进入道路和水路运输领域。港口率先对外开放，海运业最早实现“走出去”。1980 年，民用航空正式脱离军队建制，中国民航局从隶属于空军改为国务院直属，实行企业化管理，民航走上了企业化发展道路，航空运输市场开始形成。此外，在建设和运营市场放开的同时，交通基础设施建设投融资政策实现重大突破，逐步形成了“国家投资、地方筹资、社会融资、引进外资”的多元化交通投融资格局。

第二节　价格松绑，政企分开

1992—2002 年，交通运输业的改革主要是价格松绑，政企分开，初步建立竞争性的市场体系。

1992 年年初，党的十四大提出了建立社会主义市场经济体制的改革目标。次年，党的十四届三中全会提出建立市场经济制度的总体规划和若干方面的改革方案设计，标志着改革开放进入一个“整体改革和重点突破相结合”的进行市场制度建设的新阶段。这一时期，我国经济体制改革领域的总体指导思想主要包括：要使市场在国家宏观调控下对资源配置起基础性作用，建立健全以间接调控为主的宏观经济管理体系，加速要素价格市场化；进一步转换国有企业经营机制，建立产权清晰、权责明确、政企分开、管理科学的现代企业制度；建立以公有制为主体、多种所有制经济共同发展的基本经济制度。具体到交通运输行业改革，其指导思想以“价格松绑、政企分开”为特点，重点集中在“转换国有企业经营机制”，体现在以下两个方面：

（1）放开部分运价，增强市场调节功能，建立和完善市场经济运行机制。1992 年，交通部规定：市场调节运输物资的港口装卸费，季节性旅客运输和旅游运输，实行国家或地方规定的浮动价格；市场调节运输物资的运费，实行市场调节价格，国家规定的运输基本价格，随国家物价指数和汇率的变化每年相应调整，增强了交通运输价格的市场调节功能。

（2）实施政企分开，转换企业经营机制，促进所有权和经营结构合理化。1993—2000 年，铁道部先后开展铁路局公司制改造试点、铁路分局公司制改造试点、全路推行资产经营责任制、局部试点模拟“网运分离”等改革措施；1998 年，交通部与直属企业全面脱钩，2000 年，研究提出从战略上调整交通行业国有企业布局，实现“有进有退、抓大放小”；2002 年，民航总局不再代理各大集团国有资产所有者职能，政企彻底分开。同时，奥凯航空、春秋航空、吉祥航空等一大批民营航空开始筹建，并以各具特色的方式进入市场，成为我国民航业一股全新的生力军。

第三节　减少壁垒，统筹协调

2003—2012 年，交通运输业改革主要是减少壁垒，统筹协调，加快构建综合交通运输体系。

2003 年，党的十六届三中全会提出了完善社会主义市场经济体制的主要任务，明确了公有制可以有多种有效实现形式，强调从单纯的经济发展转向以人为本、全面、均衡的科学发展观，同时大力推进政府行政管理改革，标志着改革开放进入完善社会主义市场经济体制的阶段。这一时期，我国经济体制改革领域的总体指导思想主要包括：坚持以人为本，树立全面、协调、可持续的发展观，促进经济社会和人的全面发展；混合所有制特别是股份制也是公有制，放宽垄断行业市场准入，加快要素价格市场化，发展现代流通方式；允许农民以多种形式流转土地承包经营权，使农村现代化在市场经济条件下更好地发展。具体到交通运输行业改革，其指导思想以“减少壁垒、统筹协调”为特点，体现在以下两个方面：

（1）坚持科学发展，以人为本统筹兼顾，促进全面、协调、可持续发展。2003 年，交通部提出“修好农村路，服务城镇化，让农民兄弟走上油路和水泥路”的发展目标，把发展农村公路交通、服务社会主义新农村建设作为交通工作的重中之重，开展了新中国成立以来最大规模的农村公路建设；交通行业发展由主要依靠基础设施投资建设拉动向建设、养护、管理和运输服务协调拉动转变，由主要依靠增加物质资源消耗向科技进步、行业创新、从业人员素质提高和资源节约环境友好转变，由主要依靠单一运输方式的发展向综合运输体系发展转变。2008 年组建交通运输部，交通运输大部门体制改革迈出实质性步伐。

（2）放宽市场准入，深化垄断行业改革，增强多种所有制经济发展活力。2003 年，铁道部实施“主辅分离”，铁路工业、建筑、工程、物资、通信等五大集团公司与铁道部完全脱钩，医院、学校纳入社会服务体系；2004 年，铁道部着手对内部优质资产进行股份制改造，准备上市；2005 年，铁道部宣布，建设、运输、装备制造、多元化经营四大领域向社会资本开放。2006 年，邮政政企分开，邮政向信息流、资金流和物流“三流合一”的现代邮政业方向发展。

第四节　简政放权，提质增效

2013—2018 年，交通运输业改革主要是简政放权，提质增效，迈向高质量发展的交通强国。

2013 年，党的十八届三中全会通过了《中共中央关于全面深化改革若干重大问题的决定》，明确了全面深化改革的五大体制改革要点，改革进入攻坚期和深水区。2018 年，党的十九届三中全会通过了《中共中央关于深化党和国家机构改革的决定》和《深化党和国家机构改革方案》，做出了着眼实现全面深化改革总目标的重大制度安排。这一时期，我国经济体制改革领域的总体指导思想主要包括：处理好政府和市场的关系，使市场在资源配置中起决定性作用和更好地发挥政府作用；坚持和完善基本经济制度，加快完善现代市场体系、宏观调控体系、开放型经济体系，加快转变经济发展方式，加快建设创新型国家，推动经济更有效率、更加公平、更可持续发展；围绕推动高质量发展，建设现代化经济体系，调整优化政府机构职能，合理配置宏观管理部门职能，深入推进简政放权。具体到交通运输行业改革，其指导思想以“简政放权，提质增效”为特点，体现在以下两个方面：

（1）大幅简政放权，加强事中事后监管，推进交通行业治理能力现代化。2013 年，铁路实现政企分开，交通运输大部门体制改革基本落实到位，形成了由交通运输部管理国家铁路局、中国民用航空局、国家邮政局的大部门管理体制架构；自 2013 年至 2017 年 9 月，交通运输部先后分 9 批取消和下放了 38 项行政审批事项，占总审批事项的 55%，同时将取消和下放行政审批项目与加强事中事后监管的措施同步推进，及时完善和创新交通运输事中事后监管机制，加强法治政府建设；交通行业积极推行市场准入负面清单制度，鼓励和引导社会资本参与交通运输投资运营，大力推广社会资本与政府合作模式（PPP）。

（2）聚焦提质增效，供给侧结构性改革，提升交通行业强国战略支撑力。2013 年，国铁系统实施以“全面改善铁路货运服务”为目的，以“改革受理方式、改革运输组织、清理规范收费、提供全程服务”为主要内容的货运组织改革；2016 年，国家发展改革委和交通部提出，将全面提升综合交通网络整体效率和服务水平作为交通建设和发展的重点，加快推进交通供给侧结构性改革，积极开拓新领域，培育发展新动能，扩大消费新需求，在完善交通基础设施网络的同时，围绕综合枢纽衔接、城际交通建设、推广联程联运、发展智能交通、提升快递服务、支撑服务消费、绿色安全发展等 7 个方面，实施 28 类重大工程，推动交通提质增效，提升供给服务能力。

综上所述，交通运输行业的改革历程，是一个交通运输市场主体产权不断充分界定和有效保护的过程，是一个市场机制作用不断增强的过程，是一个行业管理体制不断综合化法治化现代化的过程，这与中国特色的社会主义市场经济体制改革的思想、理论演进和实践过程紧密相关、一脉相承。党的十九大报告提出建设交通强国，开启了新时代交通运输发展的新征程。

第三章

交通运输发展和改革的理论总结

第一节　市场化改革是交通运输发展的根本动力

一、对产权进行逐步深入和充分界定

产权制度是社会主义市场经济体制的基石。无论是实施经济承包责任制、“所有权与经营权的适度分离”、建立“产权清晰、权责明确、政企分开、管理科学”的现代企业制度，还是实施“政企分开”、“简政放权”，交通运输行业的历次改革其实都体现了如何完善对市场主体产权的界定，使市场主体有更多的所有权形式以及经营自主权。正是由于历次改革实现了产权激励，运输行业才有了更多的发展活力和动力。

二、价格的市场调节机制不断发挥更大作用

市场价格是反映市场供需进而引导资源配置的重要信号。改革过程中对公路、水路运输市场的放开，对部分公路实施“收费还贷”政策，将部分货物品类的铁路货运价格由政府指导价变为市场调节等，都体现

了发挥市场价格机制对促进交通运输发展的重要作用。

三、政府行业管理体制不断法治化和现代化

法治化和现代化的行业行政管理是市场机制运作的重要保障，其重要意义在于对各类所有权市场主体的产权进行保护，以确保产权激励的有效性，同时降低市场机制运作的交易费用和制度成本。改革开放过程中，交通运输领域的重点法律和行政法规的立法进程不断推进和完善，交通运输行政执法管理不断加强规范，行业管理部门的“放管服”改革不断深化，行政权力立体监督机制也逐步完善，这些改革对于保障市场机制的运作具有重要作用。

第二节　国家宏观经济政策和规划发挥引导及保障作用

一、交通基础设施建设与国家宏观经济政策高度匹配

首先是国家高度重视基础设施建设，对于我们这样一个发展中国家而言，交通运输行业作为先导性行业的意义更加重要，交通投资对经济社会发展的边际效益贡献比较大。其次是国家通过交通基础设施投资来实施宏观经济调控，发挥带动全社会投资、消费和稳定经济增长的作用。比较有代表性的就是为应对 1998 年和 2008 年两次输入型经济危机，进行了大规模的交通基础设施投资，促进了交通基础设施网络的快速增长。

二、行业发展规划体系发挥重要引导和保障作用

首先是交通运输行业的规划体系不断完善，战略规划、发展规划、建设规划、综合规划等各类规划不断丰富，编制水平也不断提升，发挥了重要的指导作用。其次是规划具有法律效力，对于规划期内要完成的

任务，特别是纳入国家层面的规划任务，有着严格的考核，确保了规划的执行力。再次是规划形成的决策体系相对高效，从规划研究、编制到实施的过程比较短。

第三节　地方竞争和财税改革发挥促进作用

一、财税分权和地方竞争刺激投资的积极性

一是中央对地方的政绩考核中经济发展指标占有相当比重，投资基础设施既可以改善地方经济要素集聚、流动和辐射效果，间接促进经济发展，其本身的投资额也可纳入经济总量。二是中央与地方财税改革，促使地方更有积极性通过基础设施建设带来的土地增值及“招商引资”来增加税源税收。三是地方政府的预算管理是“软约束”，通过财政资金投资基础设施的约束相对较小。

二、国家对地方债务及金融系统风险的管控总体有力

国家通过各级投资主管部门和行业管理部门，对交通基础设施项目进行审批和监管，并通过深化财金系统的改革，来防范和化解因基建投资产生的债务和金融风险。

第二篇

发展规划

执笔人：马艺菲　樊一江

第四章

交通运输规划的理念和结构

第一节　交通运输规划的功能、编制主体和实施对象

规划的含义是指“个人或组织指定的较为长远和全面的计划”。普遍认为规划是不确定性条件下，利用既有的知识和信息，结合对未来发展形势的需求和目标研判，针对有限资源的最优化配置过程。我国规划机制从改革开放前计划经济体制下的发展“计划”，并在改革开放初期延续了“计划”的说法。其中，交通运输规划是我国规划体系中的重要组成，从属于国家发展规划，与其他领域规划相互衔接，是对交通运输领域发展在时间和空间上的战略部署和具体安排。

规划是中国特色社会主义发展模式的重要体现，在改革开放 40 年交通运输发展中起到了重要作用。一方面，规划引领发展，是实现交通运输发展治理的重要方式，是党的主张和国家意志的重要展现，交通运输规划编制的过程是一个不同主体、不同区域凝聚和达成共识的过程。另一方面，规划也是中国发展经验的重要载体，规划的编制和实施是世界各国连接中国发展、借鉴中国经验的重要窗口。

交通运输规划的编制主体为规划所涉层级的交通运输相关综合管理部门和行业管理部门。结合实际情况，编制主体涉及多个单位间跨部门、跨区域等合作。改革开放40年间，随着多次机构改革以及规划领域逐步拓展，规划编制主体也随着当期的法律政策规定而调整。

交通运输规划实施对象涵盖交通运输领域的各个方面，包括设施布局、服务和技术装备，也包括了相关领域中涉及交通运输的部分、新经济新业态等等。改革开放40年来，交通运输综合规划和行业规划中对于设施建设发展着墨较多，近年来交通运输服务、装备等方面也逐步成为实施重点。

第二节　交通运输规划的理念、流程和依据

交通运输规划发展理念主要体现在交通运输发展与经济增长之间的关系上。改革开放40年来，我国对于交通运输规划与经济增长之间的关系主要分为三类：追随型、适应型、超前型。追随型主要为交通运输发展落后于经济社会发展需求的情景下，交通运输突破经济社会发展限制。适应型主要为交通运输发展基本能够保障经济社会发展需求，实现了较好的协调发展。超前型主要为交通运输发展的保障能力领先于当前经济增长发展需求，能够对经济增长起到引领作用。在发展中，交通运输规划下的推动效应在规划年限中较为突出，并在远期发展中逐步稳定。

改革开放40年来，我国交通运输规划编制实施过程不断完善，规划发展环环相扣，起讫点逐步融入前一、后一阶段的规划编制实施之中。一般来讲，规划编制在前一阶段中期评估阶段，结合上一阶段实施情况和发展中的新情况新要求，开展相应的前期研究，依托研究编制规划草案，承接上一级规划布置，衔接其他领域规划安排，对草案开展意见征询，经过审议批准和相关文件决议后，将交通运输规划公开发布。规划公布后，相关部门积极开展实施，在规划中期对规划进行评估，确保规划及时完成，同时衔接下一阶段规划。

改革开放以来，特别是21世纪以来，围绕规划体制建设发展我国出台了一系列文件指导和约束规划的编制和实施。在规划的实施方面，2002年，国务院出台了《关于规划体制改革的若干意见》，针对重编制、轻实施的突出问题，必须创新规划实施机制，建立规划评估制度。2016年，中办、国办出台《关于建立健全国家“十三五”规划纲要实施机制的意见》，对规划实施提出了更进一步的要求。交通运输领域对规划编制尚未出台专门文件。在规划编制方面，交通运输领域相关部门对具体类型的规划编制出台了具体意见。以城市群规划和城市交通规划为典型，城市群方面，2014年、2016年，国家发展改革委先后出台了《国家发展改革委办公厅关于加快城市群规划编制工作的通知》等文件，对城市群规划编制做出安排；城市交通方面，2012年，交通运输部印发了《城市公共交通规划编制指南》。2010年，住房和城乡建设部出台了《城市综合交通体系规划编制导则》，对城市综合交通体系规划的构成、内容、流程等做出了规定。

第三节　交通运输规划体系构成

整体来看，我国的交通运输发展规划从属于经济社会发展战略规划，隶属“专项规划”范畴。改革开放40年来，以综合交通运输发展规划为统领，统筹和协调各方式规划，形成了时间、空间、行政层级、物性等不同维度下的规划体系。交通运输规划内容涵盖网络布局、基础设施建设、服务供给、技术装备、投融资机制、综合开发、规划实施的政策保障等。

一、时间维度：中长期规划＋五年规划＋短期滚动实施方案

在我国现行的规划体系下，中长期发展规划主要明确未来一段时间内的发展大方向，五年规划则结合形势明确在当期的五年发展阶段下的发展任务，短期滚动实施方案是将任务进一步拆分，落实近期具体

工作。

二、空间维度：跨区域规划 + 城市群规划 + 城市规划 + 农村规划

跨区域规划主要对具有某一类共同发展诉求的地区划分区域界线，从区域整体角度进行统一部署。城市群规划在跨区域规划基础上，进一步落实规划，以城市群空间为界限，进行划分。需要指出的是，当前城市群规划大多具有跨区域特征，与跨区域规划范围存在重叠。城市规划则围绕城市交通，结合上一层区域规划，落实相关部署。农村规划是从农村地区交通运输发展需求出发，对农村交通发展做出相应部署。

三、行政维度：中央规划 + 地方规划

中央规划制定中央层面的总体战略，从国家整体发展需求出发，对区域、行业发展做出安排。地方政府根据中央规划部署，在本地区进行落实，联系自身发展需求，对本地区交通运输发展做出部署。

四、物性维度：综合规划 + 行业专项规划

综合交通运输体系规划从系统视角规划统领各种运输方式规划，对各运输方式之间的协调协作、各运输方式的发展重点做出部署。分方式的行业运输规划根据综合交通运输体系规划，将各行业发展任务进一步延伸和细化，对行业内部发展以及与其他运输方式的配合、其他领域融合等相关内容做出安排。

第四节　国家战略规划中的综合运输

1978 年，党的十一届三中全会提出了改革开放的方针，但并没有即时反映在当时的“五五”计划上。改革开放以来，我国以国家层面正

式的计划或规划文件形式指导交通运输发展源于“六五”时期。联系我国发展实际，以综合交通运输体系五年规划为典型，能够较为宏观、直接和连续地反映全国交通运输规划的整体发展变迁情况。总体来看，改革开放以来，我国综合交通运输体系规划发展可以划分为三个阶段：第一阶段为国民经济与社会发展计划纲要中的综合运输发展内容阶段，主要为“六五”至“九五”时期；第二阶段为交通运输规划成为独立的专项规划并初成体系阶段，主要为“十五”至“十一五”时期；第三阶段为综合交通运输规划体系逐步完善阶段，为“十二五”时期至今。

“六五”至“九五”时期，交通运输计划任务作为主要内容体现在国民经济和社会发展五年计划中。在这一阶段，我国逐步从计划经济体制向中国特色社会主义市场经济体制建设转变，规划思想由原有经济发展的一元思想发展为经济和社会发展的二元模式。在这一阶段，交通运输水平总体落后，网络构建尚未形成，规模小、层次低、质量不高，是我国经济社会发展的“瓶颈”，也是优先发展的重点，如何缓解交通运输对国民经济发展的制约，实现与经济社会发展相匹配的运力水平是发展的主要诉求，也是规划制定中主要回答的问题。这一阶段，公平仍是规划要实现的主要目标。为此，“七五”时期明确提出“交通运输优先发展”，“八五”时期提出“综合运输体系思路”，“九五”时期综合运输大通道思想逐步成型。

“六五”时期，在规划中没有对交通运输行业整体发展目标和总体发展方针做出安排，而是重点根据经济社会发展需要，明确提出铁路、公路、水运、民航四种运输方式的货运生产能力目标与建设发展重点等。在保障举措方面，提出交通运输建设资金由国家统筹，为了服务国家工业化建设，围绕煤炭运输干线能力建设是重中之重，特别是铁路和水运方面。在区域发展方面，根据沿海、内陆交通运输发展水平差异，提出了不同的发展目标，沿海地区着重港口、铁路建设和技术改造升级，内陆地区则在支援沿海地区发展的同时继续加快交通建设。能源交通与农业、教育科学并列为国家三大战略重点之一，也是技术攻关的八个重点方面之一。

“七五”时期，在产业结构调整的时势要求下，国家计划明确提出将交通运输放在优先发展的地位，资金安排的比例和绝对额都明显高于前一时期。同时，建设“交通运输网络”的思想逐步显现。虽然没有设置总体目标和发展方针，但总量规模在货运的基础上添加了客运内容，客货兼备；基础设施发展在“量”的基础上也提出了“质”的要求，双管齐下。为服务国家突出区域经济发展的相关部署，交通运输建设目标也以分区作为描述，分为东部沿海地带、中部地带、西部地带和老少边穷地区。值得一提的是，城市公共交通发展作为鼓励消费的措施也出现在规划中。

“八五”时期，国家对于改革开放的标准进行了更为深入的探索，明确改革应向有利于社会主义社会的生产力方向发展。基于此，《国民经济和社会发展“八五”计划纲要》中“交通运输网”建设思想进一步完善和充实，“综合运输体系”思路明确提出，积极发挥多种运输方式的优势，使各种运输方式衔接配套，并确立了“统筹规划、条块结合、分层负责、联合建设”的发展方针。同时，以开发与节约并重为原则，对基础工业和基础设施采取了投资适度倾斜的政策，也对运输投资体制进行了改革，丰富建设资金来源，包括铁路大包干、机场建设费、公路养路费等等。此阶段未明确提出总量规模的目标，但分方式、分地区提出了相应建设目标。交通科技攻关内容更加具体，主要在提高技术水平的同时，提升专业化、等级化水平。

“九五”期间，是为全面完成现代化建设的第二步战略部署的冲刺期，为追赶经济社会发展需要，在《国家“九五”计划和2010年远景目标建议》中，按照全面推进建设中国特色社会主义市场经济体制要求，综合运输发展任务重点进一步深化明晰：一方面，围绕“系统建设”的思想，依托“六五”以来交通运输的发展积累，在运输体系骨架基本确立的基础之上，综合运输大通道的思想逐步成型，充分发挥多种运输方式的技术和经济优势，提升设施的覆盖度，构建经济区发展的依托，建成与国民经济发展相适应的基础设施；另一方面，投融资体制逐步丰富，在东部地区发展中鼓励多利用国外资金，在公路发展中尝试多元化的投融资体制，“国家投资、地方筹资、社会配资、利用外资”。同时，统筹安排多种运输方式，服务国家大宗、重要物质运输系统配套建设，结合“货运高效化、客运高速化”相关要求，在继续推进运输基础设施基础的同时，注重运输装备的技术研发支撑。

第五节　交通运输专项规划初成体系

经过“六五”至“九五”时期交通运输建设发展，长期困扰我国经济发展的交通运输落后被动的局面初步扭转，但交通运输仍处于国民经济与经济社会的薄弱环节。面对全面建设小康社会的战略机遇期，充分发挥各种运输方式的优势，调节结构矛盾，平衡地区发展需求，交通运输领域先后出台了一系列行业专项规划。“十五”时期开始，以综合交通为主题的专项规划与铁路、公路、港口、民航等分领域规划快速发展，门类丰富的交通运输规划体系开始形成。这一阶段，公平和效率在规划中均有落实，根据研判，“十五”期间，交通运输仍处于国民经济与社会发展的薄弱环节，“十一五”期间，交通运输发展从被动适应向先导促进转变，需要满足发展需求。

“十五”计划期间，国家计划委员会编制印发了《综合交通体系发展“十五”重点专项规划》，该计划是我国第一部独立的综合交通运输专项计划，标志着交通运输专项规划正式成为国民经济和社会发展五年计划正式的配套专项规划。该重点专项规划以“深化改革、扩大网络、优化结构、完善系统、提高质量、开放西部”为方针，围绕“以市场经济为导向，以可持续发展为前提，建立客运快速化、货运物流化的智能型综合交通体系”的目标，明确了运输市场体系、综合运输体系、物流体系的发展目标，并对基础设施、运输服务、行业管理提出了具体发展指标，同时涉及了管道运输和城市交通等内容，也明确了交通运输发展对于西部大开发的支撑作用。专项规划中主要着重设施总量、地区发展需求、运输方式间和内部结构、装备技术水平、交通运输改革等问题，结合交通运输基础公共服务的性质，如何取舍公平与效率的问题成为规划方向把握的重点。同时，设置“主要政策和措施”部分，设计建设资金、制度改革、技术发展等内容，并对发展重点内容给予了差别化的优惠政策。

从"十一五"开始，我国从计划体系全面转变为发展规划体系，旨在通过规划"阐明国家战略意图、明确政府工作重点并引导市场主体行为，作为政府履行经济调节、市场监管、市场管理和公共服务职责的重要依据"。这一时期，在铁路、公路等分领域规划基础上，经国务院同意由国家发展改革委编制印发了我国第一部面向中长期的《综合交通网中长期发展规划》，这在我国综合交通运输规划发展历史上具有里程碑意义。

由此综合交通发展方向进一步明确，《"十一五"综合交通体系发展规划》提出，"以发展为主题，全面提升运输供给能力和服务水平"，重点解决体制改革、协调发展和科技创新应用，消除对经济增长的制约，充分兼顾公平与效率，提高运输服务质量和资源利用效率。交通运输发展重点不再平铺到各种运输方式，而是围绕综合运输大通道与枢纽、能源运输系统、集装箱运输系统、城市群及特大城市交通、区域开发和农村交通、交通科技进步与信息化、交通安全和国防交通建设、运输服务八个方面统筹协调多种运输方式，对网络规模与运力、运输服务、技术装备等方面进行部署。"计划"变"规划"全面转换中，规划功能有了更深一步的转换，通过政策支持促进运输市场发育，不再对反映市场行为的价格机制等进行规划。

第六节　综合交通运输规划体系逐步完善

"十二五"时期至今，为综合交通运输规划体系逐步完善阶段。"十二五"以来，我国综合交通运输规划体系进一步完善，而且规划层级进一步提升，"十二五""十三五"两个五年综合交通运输规划均由国务院印发，综合交通运输体系规划上升为国家常规性专项发展规划，全面引领交通运输规划体系。在这一阶段，兼顾公平与效率是规划中贯彻的理念，"十二五"提出交通运输必须适度超前建设，并适应经济社会发展需要，"十三五"提出，交通运输发展整体适应经济社会发展需求，需要更好地发挥支撑引领作用，同时在规划中，市场在资源配置中的决定性作用也进一步体现。

经过“十五”和“十一五”时期进一步的发展，交通运输对经济社会发展的“瓶颈”制约基本缓解，我国构建综合交通运输体系的条件初步具备。为推进工业化、城镇化和农业现代化，服务加快转型的经济结构和整体提升的科技水平，以及满足庞大的生产能力和日益提升的人民生活需要，交通运输发展不再“追赶式”匆忙地填补基础设施空缺，而是着重更加精准地运用各种运输方式的技术经济优势，满足经济社会发展需要。十八届三中全会指出，“使市场在资源配置中起决定性作用和更好发挥政府作用”，规划的制定和发展也显示出了交通运输政策制定者、研究学者对于新阶段下交通运输在经济社会中的功能角色的思考和尝试。

国家发展改革委编制的《“十二五”综合交通运输体系规划》是第一部由国务院印发的交通运输领域五年发展专项规划，提出了“加快转变交通发展方式，实现各种运输方式从分散、独立发展转向一体化发展，初步形成网络设施配套衔接、技术装备先进适用、运输服务安全高效的综合交通运输体系，总体适应经济社会发展和人民群众出行需要”。《“十二五”综合交通运输体系规划》围绕网络设施配套衔接、技术装备先进适用、运输服务安全高效等要求，统筹多种运输方式，从基础设施、技术装备、运输服务、安全保障、节约环保等五个方面做出部署。整体来看，《“十二五”综合交通运输体系规划》中，基础设施发展仍是重点任务，提升综合交通网络的通达性，着重高速铁路网络、高速公路建设，发挥运输的整体优势和集约效能；同时，规划继续突出交通运输技术发展，强调将先进技术发展应用到交通运输发展中，并进一步增强政府公共管理，提升运输服务水平，通过建立跨区域、跨行业的综合交通运输体系规划、建设、运营管理新机制，提高综合交通运输体系的发展质量与水平。

“十三五”时期，结合新形势新要求，国家发展改革委、交通运输部联合编制了《“十三五”现代综合交通运输体系发展规划》，由国务院印发。该项规划明确提出，“‘十三五’时期，我国交通运输发展正处于支撑全面建成小康社会的攻坚期、优化网络布局的关键期、提质增效升级的转型期，将进入现代化建设新阶段。站在新的发展起点上，交通运输要准确把握经济发展新常态下的新形势、新要求，切实转变发展思路、方式和路径”，明确了交通运输是国民经济中战略性产业的定位，在关注传统发展领域的基础上，高度关注交通运输新领域新业态，更好发挥交通运输对于经济社会的支撑引领作用。

《“十三五”现代综合交通运输体系规划》围绕交通运输支撑引领作用发挥、优化网络布局、提质增效升级三大主题，对新时代综合交通运输发展做出部署，提出实现“安全、便捷、高效、绿色的现代综合交通运输体系，部分地区和领域率先基本实现交通运输现代化”。在规划中，着重网络化布局的进一步完善，规划构建横贯东西、纵贯南北、内畅外通的“十纵十横”综合运输大通道。同时，融合发展的思想逐步深入，一方面多种运输方式之间的衔接协调进一步突出，强调发挥各种运输方式的比较优势和组合效率，另一方面交通运输与生产生活、城市发展、环境生态等方面的融合理念更加凸显，强调补足发展短板，通过匹配、适合的运力布局和服务品质，顺应新业态新模式新需求，提升发展质量和效率，也同时强化了交通运输与国土空间开发、重大产业布局、信息通信发展等经济社会发展重要领域的规划、政策、标准体系等内容的衔接对接。这一时期，我国交通运输规划体系进一步完善，除了五年综合性专项规划外，国家发展改革委等部委先后编制印发了《城镇化地区综合交通网规划》《长江经济带综合立体交通走廊规划》等区域交通规划，印发和修编了国家公路网、国家铁路网、民用运输机场、油气管道网等中长期规划，各地也都编制印发了相应的交通规划。

第五章

交通运输规划特征和关注重点

整体来看，改革开放 40 年来，我国交通运输规划的背景、要素、理念、导向以及指导思想、发展原则、重点任务等都发生了深刻的转变。规划所处阶段的形势要求、重点考虑问题也有所不同。分析 40 年来的发展趋势，在新时期阶段下，承既有发展成果，启新时代新篇章，在谋求新发展过程中，更好发挥规划的重要作用。

第一节　我国交通运输规划的特点

通过梳理交通运输规划发展的进程，总结交通运输规划发展的主要特点，能够较好地展现计划规划体系的发展演变以及我国交通运输的发展改革历程。

一、规划体系逐步丰富，规划功能不断拓展

经过 40 年的发展，我国交通运输领域计划规划体系不断丰富完善，初步形成了包括综合交通规划与行业专项规划、中长期网络规划与五年发展规划、区域交通规划与地区交通规划、中央交通规划与地方交通规

划、设施规划与服务规划等在内的规划层级和框架结构。规划的视角和内容的重点也由国内向国际与国内、由交通自身领域向交通运输与经济社会和生态环境等多领域深度融合拓展延伸。

交通运输规划的功能也由建设规划逐步向行业规划转变。在改革开放初期，交通运输发展重点解决交通运输对经济社会发展的瓶颈制约，以基础设施建设发展为主。随着改革开放不断深入，基础设施供给严重不足的情况有了明显的改善，特别是进入 21 世纪以后，交通运输规划内容逐步向其他环节、方面覆盖和延伸。

二、规划导向作用突出，规划主线更加明确

交通运输规划理念从被动适应转向主动支撑引领。改革开放之初，我国交通运输发展总体落后，在这一时期，交通运输一直是国家优先发展的重点，但始终是作为薄弱环节被动地追随和适应经济社会发展。21 世纪以来，交通运输基础设施对经济社会发展需求的满足和保障能力逐步提升，结合深刻变化的国内外发展形势，被动式发展的理念已无法适应发展需要。特别是改革开放 30 年后的最近 10 年间，交通运输发展规划更进一步地注重未来发展的战略性和前瞻性，强调交通运输对经济社会的支撑引领作用。规划的主线不再是各种运输方式间的独立发展、简单叠加，而是统筹多种运输方式协调发展、合理衔接，从而实现资源精准配置、运力合理分布，实现交通运输领域全面发展。这一理念也贯彻到了分方式专项规划之中，如何与其他交通运输方式形成合力成为在制定行业专项规划时考虑的重要因素。

三、规划目标日益多元，主动引领理念凸显

交通运输规划发展目标由单一逐步转向综合。在改革开放的前 30 年，交通运输规划主要是围绕构建网络格局和实现规模效益。随着网络框架逐步形成，特别是近 10 年来，规划目标不再局限于规模增长，而是更强调经济社会整体发展效益和质量的支撑和引领，直观地反映了经

济、政治、社会、技术、资源和环境等外部影响以及交通运输与外部影响各领域间的融合互动。

规划重点从面面俱到的发展部署逐步转向重点问题和目标导向，突出对重大战略、重大矛盾、重点问题的解决处理。根据所处阶段特征和主要矛盾，明确发展目标，提升规划的针对性、指导性和实用性，重点突破，避免“大而全”，强调与时俱进、因势利导、因地制宜，注重提升规划的编制效率和可操作性。

四、规划制定控制过程，实施手段更加丰富

规划具有宏观性、战略性、长期性的特征。改革开放初期，交通运输发展主要是通过计划中具体量化的目标值来衡量，直到“十一五”时期预期性与约束性指标出现。量化目标型的计划制定在一定时期内督促和激励了我国交通运输事业的发展，但注重结果的发展模式使得规划在实施过程中为达目的而缺乏系统性、可持续性。

在发展中，交通运输规划的制定从目标终极型向过程实施型转变，根据背景、条件等的变化给予规划执行一定的适应型和弹性，也给予规划实施更大的灵活性，以提升规划的实用性和可持续性。

第二节　我国交通运输规划编制关注的重点

改革开放 40 年来，交通运输规划作为我国整体发展规划体系中的重要组成部分，在承接经济社会总体规划的同时，需要与其他领域规划相互衔接。随着经济社会的不断发展，交通运输规划中其他领域的互动也更加突出，受制于生态环保、国土开发等要求，也需要更加充分地考虑经济发展、产业布局等内容。

一、以增量规划为主逐步转向增量和存量规划并重

规划说到底是对有限资源的配置，改革开放40年来，以增量扩张为主的规划扩张弊端逐步显现，可供开发的资源数量不断减少，其影响也逐步传递到交通运输规划。以国土开发为例，以往的增量规划逐步向存量空间管控转型，对交通运输用地的限制也逐步严格，在结构布局方面，由“功能定用地”向“用地调功能”转移；在规模控制方面，由用地总量控制向建设总量控制转移。由此交通运输规划也必须在遵从于整体规划限制下有所折衷，交通运输规划发展的优先发展位势逐步缓和。

二、作为“先手棋”交通运输规划视野从国内拓展向全球

随着我国经济发展水平的不断提升，我国的战略规划布局由国内逐步延伸，交通运输作为我国参与国际竞争合作的先手棋，其规划作为“前哨”参与到全球布局之中。同时，改革开放40年来积累的发展经验，众多发展中国家学习和借鉴“中国经验”，选择“中国方案”，以国家发展改革委综合运输研究所近年来参与的亚、非、南美洲等国家发展规划为代表，交通运输规划连同其他领域规划，作为技术服务输出，推动着其他发展中国家的发展进步。

三、发展不平衡不充分矛盾成为规划内容重点

十九大报告指出，新时代发展的主要矛盾是人民美好生活需要和不平衡不充分供给之间的矛盾。经过40年的发展，我国规划体系的立足点不再是满足物质短缺下的人民生活需求，而是着力突破不够充分、不够均衡问题，使发展成果切实惠及广大人民。基于此，围绕城乡一体化、协调发展等缩小发展差距的关键领域成为发展重点，也成为交通运输规划制定中的重要遵循。

四、交通网络日臻完善下交通运输系统协调优化的要求急迫

交通运输规划重点由网络建设逐步转向系统优化。40 年的发展较好地推动了我国交通运输网络布局，并能够基本适应经济社会发展。当前规划重点从“连通”变为“畅通”，结合整体发展需求，对系统进行优化，在发挥各运输方式经济技术优势的同时，推进系统的综合效益和整体效率提升，推动经济高质量发展，构建交通强国。

五、规划编制实施中生态环保压力日益严格

改革开放 40 年来，生态环境因素在规划制定中的重要性不断提升。交通运输是主要污染源、温室气体主要排放源头等，是生态环境提升中的关键环节。以近年来实行的“蓝天保卫战”为典型，为建设美好生态环境，交通运输领域规划编制实施均向生态环境建设倾斜，各级政府、多地出台相关政策，其中包括运输结构调整等部署。围绕相关部署，对规划内容、理念进行了调整，并根据具体领域情况，进一步加大了相关规划的落实力度，以生态环境发展需求对规划发展提出要求。

六、新技术新经济新业态发展趋势突出

改革开放 40 年来，交通运输领域新技术、新经济、新业态频现，及时响应新供给新需求、营造良好发展环境成为规划中越来越重要的部分。尤其是近年来的“互联网 +”交通发展迅猛，中国在共享经济等交通运输相关的新经济新业态中成为世界范围内的拓荒者，在规划中，需要对其进行有效回应，审慎与包容兼具，推动新技术广泛应用，引领新经济新业态可持续发展。

第六章

交通运输规划经验及存在的问题

我国交通运输发展实现了令世界惊叹的“中国速度”，交通运输规划发展也发生了深刻的转变，在阐释国家发展部署的同时，反映出规划制定者在政府与市场关系、公平与效率等核心问题上的积极探索与调整。

第一节　交通运输规划经验

一、形成了良好的规划实施机制

整体来看，规划体系自身在改革开放进程中不断调整的同时，为保障规划的顺利实施，业已形成一套较好的规划执行机制。

形成研究评估调整的动态模式。开展交通运输规划的前期研究，深入分析重点问题，对于集中存在的潜在问题进行大量的前期研究，为规划编制提供了有力支撑。同时，在规划实施过程中建立评估模式，总结和反馈具体情况，建立起动态调整和修订模式，对强制性和约束性目标进行调整，以提高交通运输规划实施的合理性和可操作性。

建立起有效的规划实施政策保障体系。联系规划发展中的实际需求，构建围绕规划实施的政策保障体系。结合使用行政手段、经济手段，增强规划体系的执行力和约束力，打通既有政策体系对于规划实施的桎梏和壁垒，畅通规划实施过程。充分发挥中央财政资金导向作用，为规划规划重点任务领域营造良好的政策保障体系。

营造良好的规划实施环境。以近10年来的发展最为典型，规划设置专门章节指导规划实施，规划的实操性越来越受到规划编制单位的重视。同时，围绕对接和落实，强化规划组织实施，健全政策支持体系，强化组合政策支持保障，将规划作为项目审核的重要依据，确保规划的权威性。

二、不断完善规划理念与体系

适时调整规划理念和机制。这是我国计划规划发展的核心特点，并始终贯彻于交通运输规划过程中。改革开放40年来，我国交通运输规划的预见性不断提升，规划“调控”和“指导”不断协调，规划的导向作用不断增强。

强化规划目标的精准性。从单纯量化目标转变为“兜底红线”性质的硬约束和体现发展方向预期性软指标的“软硬”结合。紧抓交通运输领域发展的主要矛盾和重点领域，对经济社会发展和人民关心的重点问题做出回应，设定相应规划目标。

完善规划内容与体系构成，形成规划“组合拳”。根据交通运输领域涵盖内容众多等特点，构建了长短结合、总分协调的规划体系，形成了整体优势。

加强规划衔接，形成合力。围绕交通运输功能和作用，通过不断调整规划内容，保持与经济发展要求相互匹配，并结合实际需求变化进一步提升支撑引领作用。依托综合交通运输体系规划统筹分行业分领域规划，实现分方式规划间的脉络串联，汇成源源不断的发展合力。

三、明确规划内容的边界与层次

整体来看，我国交通运输规划体系日益丰富，但多层次的规划在内容、范围等方面也形成彼此间的穿插和交叉，专项规划不够“专”，综合规划“散而平”，需要进一步明确规划内容和界面，减少碎片化、冗余的规划，突出对重点问题的布置与安排，提升规划的指导能力。

四、拓展规划视野和融合发展

改革开放 40 年来，交通运输与经济社会发展更加深入。在规划中，必须跳出传统交通运输自身发展的角度，从经济社会整体发展出发，充分将交通运输发展与产业布局、经济运行、城镇建设、进出口贸易以及生态环境等相结合，将交通运输发展紧密扣入发展大环境，提高规划站位。

交通运输作为经济社会发展中重要的服务性行业，需要根据经济社会发展变化不断顺应新需求。经过 40 年的发展，交通运输规划对于日益凸显的绿色化、智慧化、融合型发展的响应和保障能力不断提升。以综合交通运输体系规划为例，不仅通过完善综合运输网络使交通运输更有效地与我国产业布局相适应，为高质量发展提供支撑，还针对新经济新业态发展，转变综合运输体系规划发展模式和路径，在绿色发展、信息化、智慧化、融合发展方面，通过运输结构调整、新技术应用和管理模式创新等内容的改进和完善，推动交通运输与经济社会深度融合发展。

五、提升交通运输规划领域全域的引导能力

改革开放 40 年来，基础设施建设发展始终是规划的主要内容，但重设施轻服务、重建设轻运行的情况仍然存在。随着我国综合交通运输网络逐渐成形、新时代人民美好生活需要日益增长，以往着墨较少的服务、组织、运行等方面成为未来需要重视的重点领域，需提升交通运输规划对于全局的指导能力。

六、规避规划中的路径依赖

改革开放 40 年来，我国交通运输规划主要围绕基础设施建设和布局，指导我国交通运输快速发展，使我国成为交通大国，传统规划路径取得了显著效果，但并不是能永久解决我国交通运输规划问题的万灵药。未来发展中，应着眼新时代新要求，从交通大国转向交通强国，也需要依托规划引导适时转换发展路径，跳出以往发展路径依赖的“舒适区”，全面提升交通运输发展水平，将我国建成交通强国，彰显“道路自信”。

第二节　影响交通运输规划实施效果的主要问题

一、规划定位不够明晰

规划是一个多层级的维度体系，各维度之间彼此交织和覆盖，造成了规划定位的模糊。从当前发展情况来看，从行政层级看，国家发展规划的指令作用和指导约束功能不够，地方层面对国家发展规划的支撑落实不力；从物性维度看，综合交通运输规划对于分方式规划的约束和配置作用有限，分方式规划对于综合规划中的系统性优化调整的考虑贯彻不力。同时，结合前文所述，交通运输规划与其他领域规划的衔接不够充分，特别是既有规划与空间规划之间仍需进一步协同。

二、规划理念有待提升

交通运输规划中就交通谈交通的现象仍然明显，随着交通运输与经济社会融合联动的逐步深入，交通运输规划不能脱节于整体发展需求。明确交通运输对经济社会的支撑引领作用，在交通运输规划中，需要对当前经济发展、产业布局、生态环保、国土开发、军民融合等关键问题做出积极响应，并尽早规划、主动规划，创造发展先机。

三、规划内容存在冲突

交通运输规划涵盖涉及的领域众多，不同规划相互之间在内容上存在重复。一方面，交通运输规划与城市规划、区域规划、土地利用规划等之间互动频繁，在规划的城市定位、具体项目、用地安排等方面常常出现口径不一致的现象，混乱规划的实际实施效果。另一方面，在不同维度、不同层级的交通运输规划中，由于发展优先级不同、利益分配冲突等问题，交通运输规划之间的内容也有相斥，彼此没有较好地衔接。

四、规划层级体系仍待完善

交通运输理念的贯彻落实能力比较薄弱，日益丰富的规划内容和体系构成混乱了交通运输规划层次、边界划分，规划的宏观和战略性指导和约束能力被削弱。需要进一步完善规划的层级体系边界，在丰富的交通运输规划维度中勾勒更加清晰的界限，形成相互支撑、相互推进的规划体系。

五、规划实施机制亟待健全

规划是一个资源统筹调配的过程，并不局限在某一具体的领域，但整体看来，当前规划的条块分割仍然较为明显，规划的编制和执行都受制于部门机构设置约束，跨部门的规划联动十分缺乏，规划所能发挥的统筹作用也相应受限。

第三篇

基础设施

执笔人：尹震　王培良　李欠标　邓岩

第七章

交通基础设施发展进阶

我国交通网络发展总体上经历了从“瓶颈制约”到“初步缓解”、再到“基本适应”经济社会发展的奋斗历程，进而以“交通经济融合”支撑引领经济社会高质量发展的新阶段。在各个阶段，交通网络的发展虽然总体上呈现需求推动、规划指导、体制机制改革促进的一般规律，但是随着经济形势、供求关系、资金供给等因素的变化，呈现出不同的发展特征。

第一节　从“瓶颈制约”到“初步缓解”

1978—2000 年，我国交通运输从“瓶颈制约”到“初步缓解”。这一阶段我国经历了由计划经济向社会主义市场经济发展的改革阶段，交通相对国民经济发展来看“瓶颈制约”是常态，因此推动交通运输体制机制改革、加快交通运输各方式的发展、提升运输能力是主题，交通网络的恢复和建设成为“关键词”。

在 20 世纪 50 年代末期至 90 年代中期的发展阶段，由于我国经济未能处理好交通基础设施发展与经济发展的比例关系，中国在交通运输领域投资滞后，导致交通运输长期处于缓慢增长或被制约状态，交通运输严重滞后于经济发展速度，中国经济运行中的运输紧张局面始终未能得到很好的解除。

以 1978 年的十三届三中全会为转折点，我国进入以改革开放为动力、以开创中国特色社会主义经济建设道路为目标的经济发展期。我国交通基础设施建设也经历了一段调整变革时期。“六五”时期，国家重新调整产业政策，决定集中力量搞好以交通为中心的重点建设，这是使整个国民经济转向主动做出的重要决策。但总体来看，20 世纪 80 年代我国交通运输总体落后，基本网络尚未形成，网络规模小，结构层次低，运输能力全面紧张，交通运输制约国民经济发展的矛盾非常突出，运货难、出行难成为当时社会经济活动的严重问题。

1992 年党的十四大召开，统一了全党关于经济发展和改革开放方面的认识，制定了以建立社会主义市场经济为改革方向、抓住机遇加快发展的正确决策，到 2000 年基本建立起社会主义市场经济体制的框架。但随着经济总量规模和建设规模的不断增大、商品经济的发展、居民收入的增加，客货运输需求量大幅增长，90 年代中期前运输紧张状况进一步加剧。我国政府逐渐重视基础设施产业在国民经济发展中的战略地位，加大了对基础设施的投资力度，交通运输不断加大改革开放力度，各种运输方式发展取得突破性进展。这一时期，铁路突出干线通道建设，组织建设大会战；公路加快推进国道主干线建设，加大覆盖区域；水域重点加快内河水运主通道建设，发展专业化码头系统；民航加速融入地方，多方办航空、建机场；管道侧重调整管网结构。

一、以体制改革为动力，拉开加快交通运输基础建设的序幕

20 世纪 80 年代中期以来，我国交通运输领域开始推动一系列改革。铁路实行经济承包责任制；出台了提高养路费征收标准、开征车辆购置附加费以及“贷款修路、收费还贷”等扶持公路发展的三项政策；公路、水运工程建设项目开始实行招投标制度；港口率先对外开放，海运业最早实现“走出去”；民航走上了企业化发展道路，航空运输市场开始形成；打破单一所有制限制，“有河大家走船，有路大家走车”，吸引社会

资本参与基础设施建设。到 2000 年，我国综合交通网络里程（不含民航航班里程）达到 189 万公里，年均增长 2.6%；尤其是 1990 年之后伴随着公路的大发展，综合交通网络里程增长速度明显加速，年均增长率达到 4.6%。1978—2000 年中国交通网络里程变化情况见表 7–1。

表 7–1　1978—2000 年中国交通网络里程变化

单位：万公里

	年份	合计	铁路	公路	水运	管道
里程	1978	108.62	5.17	89.02	13.60	0.83
	1985	111.84	5.52	94.24	10.91	1.17
	1990	121.13	5.79	102.83	10.92	1.59
	1995	134.72	6.24	115.70	11.06	1.72
	2000	189.25	6.87	167.98	11.93	2.47
年均增速	1978—2000	2.6%	1.3%	2.9%	-0.6%	5.1%
	1978—1985	0.4%	0.9%	0.8%	-3.1%	5.0%
	1978—1990	0.9%	0.9%	1.2%	-1.8%	5.6%
	1990—2000	4.6%	1.7%	5.0%	0.9%	4.5%

资料来源:《中国经济统计年鉴》。

铁路着力加强干线铁路通道建设。“八五”后三年开始，铁道部组织建设大会战建成了一批重点工程：新建贯通南北的又一大通道——京九铁路和连接大西南的出海通道——南昆铁路；大秦重载铁路和广深准高速铁路通车，揭开了我国铁路向货运重载和客运高速发展、走向交通现代化的序幕。到 2000 年年底，全国铁路营业里程已达 6.87 万公里，居亚洲第一。

公路制定并推动国道主干线规划建设。20 世纪 80 年代初制定了国家干线公路网，划定了以首都北京为中心的 11 万公里国道干线，在继续扩大通达范围的同时，加强了道路技术水平的改善。80 年代末，为解决主要干线公路超负荷、混合交通严重、车速低、油耗高、事故多的状况，交通部编制了五纵七横 12 条线路组成，贯通首都、各省省会（直辖市、自治区首府）、经济特区、主要交通枢纽和重要对外开放口岸以高速公路为主、总长3.5万公里的《国道主干线系统规划布局方案》，也由此揭开了大规模建设公路的序幕。到2000年年底，全国公路里程已达168万公里，是1978年的近2倍。

水运加快重点沿海港口发展。1983年交通部提出“谁建、谁用、谁受益”的原则，提倡货主单位自建货主专用码头；1985年国务院制定和发布了《关于中外合资建设港口码头优惠待遇的暂行规定》；结合港口管理体制改革，对下放地方领导为主的港口实行以收抵支的“以港养港”政策等。在一系列政策的支持下，重点建设了集装箱、煤炭、客货滚装等三大运输系统的码头设施，基本形成了以大连、秦皇岛、天津、青岛、上海、深圳等主枢纽港为骨干，以区域性重要港口为辅助，地方中小港口为补充的层次分明的沿海港口布局。2000年年底，沿海规模以上主要港口泊位数达1772个，是1978年的4倍多，其中万吨级以上泊位518个，是1978年的近4倍，港口吞吐能力显著提升。

民航推动管理体制改革，建设步伐加快。1987—1994年，中国民航实施了政企分开改革，进行地区管理局、航空公司和机场的分设，先后在宝鸡、上海、广州、成都、西安、沈阳设立民航华北、华东、中南、西南、西北、东北6个地区管理局，组建了中国国际、东方、南方等八大航空公司，并相继批准成立了16家地方航空公司。这一改革基本建立了现代民航业架构，机场建设发展速度明显加快，新建大中型机场和搬迁老机场、军民合用机场并举。2000年年末，全国民用和军民合用有航班运营的机场达139个，比1978年增加61个。

二、以提升技术等级为主力，提升综合运输能力

改革开放初期，各方式运输设施能力恢复和改造升级就率先提上日程。铁路以对主要繁忙干线的强化改造为主，先后增建胶济、同蒲、石德、陇海东段、京广南段、沪宁等铁路第二线，对丰沙大、石太、太焦、成渝、贵昆等铁路进行了电气化改造。铁路电气化里程从1978年的1000公里迅速增加到2000年的1.49万公里，成为世界上第九个拥有1万公里以上电气化铁路的国家。1988年沪嘉高速公路通车，实现

中国大陆高速公路零的突破，到2000年达到1.63万公里；等级公路增长了近3倍，达到132万公里。内河航道建设进入规划性治理阶段，以两纵三横内河主航道为主体建设通航千吨级和部分500吨级船舶为主的骨架航道。这个阶段，内河航道总里程虽然一直在11万公里左右，但等级以上的航道达到6.0万公里，占到总里程的51.4%，通航条件明显改善。民航在1997年年末，全国民用和军民合用有航班运营的机场达121个，能起降波音737飞机的增加到90个，占比提高到74.4%，其中可起降波音747飞机的17个。我国交通运输网络主要技术等级指标变化情况见表7–2。

表7–2　我国交通运输网络主要技术等级指标变化

单位：万公里

年份	电气化里程	等级以上公路	高速公路	内河等级航道里程
1978	0.10	50.6	0	5.7
1990	0.69	74.1	0.05	6.0
1995	0.97	91.1	0.21	6.4
2000	1.49	131.6	1.63	6.0

资料来源:《中国经济统计年鉴》。

第二节　从“初步缓解”到“基本适应”

2000—2010年，交通基础设施从“初步缓解”到“基本适应”。

2001年随着我国加入WTO，全球化进程加快，经济发展进入了快车道，同时也进入了重工业化大发展阶段。这一阶段，基础设施规模扩展迅速，运输服务效率与水平也得到极大提高，供给能力突飞猛进，与经济社会发展之间的“供不应求”矛盾得到初步逆转，交通运输能力紧张局面得到初步缓解，开始注重各种交通运输技术经济特点和优势的合理发挥，大力发展综合运输体系。这一阶段，推动各运输方式合理布局和发展，提升综合运输服务（体现在网络上主要是快速化）和专业化系统建设成为重点。

“十五”时期，交通运输五年发展计划第一次以“综合交通体系发展‘十五’重点专项规划”形式发布，提出“通过深化改革，基本建立比较完善的交通运输市场体系；综合运输能力继续增强，结构进一步趋于合理，运输质量明显提高；初步形成大城市间的快速客运系统、多种运输方式协调配套的集装箱运输系统、大宗散货运输系统和特种物资运输系统；以信息化、网络化为基础，加快智能型交通的发展，在市场机制较完善、交通基础设施较发达的地区，推进现代物流系统的形成”的总体目标。

这一时期，开展铁路建设大会战，1997 年起铁路进行了连续六次大提速。公路和水运实施公路主骨架、水运主通道、港站主枢纽和支持保障系统的“三主一支持”规划，制定了加快建设步伐的目标任务。民航机场建设费和基础设施建设基金、铁路建设基金、内河航运建设基金先后设立。为应对东南亚金融危机，中国实施积极的财政政策，公路建设投资进入“快车道”，高速公路建设大规模兴起。实施西部大开发战略，全面加强西部地区铁路、公路、机场、天然气管道干线建设。提出“修好农村路，服务城镇化，让农民兄弟走上油路和水泥路”发展目标，掀起农村公路建设新高潮。深化港口管理体制改革，加快港口建设。《中长期铁路网规划》《国家高速公路网规划》《全国沿海港口布局规划》《综合交通网中长期发展规划》等一系列规划陆续出台。大力提升交通运输基本公共服务水平，全面加强城乡客运、城市公共交通、交通运输安全应急救助等领域建设。2008 年组建交通运输部，交通运输大部门体制改革迈出实质性步伐。同年，京津城际铁路通车运营，中国开启了“高铁时代”。

一、综合运输体系规划指导各运输方式协调发展

“八五”以来，“综合运输体系”开始提出并在规划中得到体现。“八五”提出，要“搞好综合运输体系的建设，以增加铁路运力为重点，同时积极发挥公路、水运、空运、管道等多种运输方式的优势，并使各

种运输方式衔接配套”；“九五”再次明确，要“以增加铁路运输能力为重点，充分发挥公路、水运、空运、管道等多种运输方式的优势，加快综合运输体系的建设，形成若干条通过能力强的东西向、南北向大通道”。“十五”时期，交通运输五年发展计划第一次以“综合交通体系发展‘十五’重点专项规划”形式发布。“综合运输体系”进入规划层面，奠定了交通运输各方式开始进入系统化发展新阶段。

二、快速化成为推动网络质量提升的重要手段

从 1997 年 4 月起至 2007 年 4 月，铁路先后进行了 6 次提高列车运行速度的线路改造和车辆更新，列车运行时速从 90 公里逐步提高，分别达到 120 公里、160 公里、200 公里、250 公里。尤其是第六次实施的大面积提速，涉及的铁路线多达 18 条，旅客列车最高运行时速达到 120 公里及以上的线路延展里程 2.2 万公里，时速 200 公里的线路延展里程一次达到 6003 公里，时速 250 公里的线路延展里程也达 846 公里。货运“五定”班列、集装箱专列同步提速。

铁路 6 次大提速基本情况如下：

（1）1997 年 4 月 1 日第一次提速。提速主要在京广、京沪、京哈三大干线进行。首次开行了狭义快速列车和夕发朝至列车 78 组，快速列车 40 组。全国客车平均时速由年初的 48.1 公里提到 54.9 公里。允许时速超过 120 公里的线路延长为 1398 公里，时速超过 140 公里的线路延长为 588 公里，时速超过 160 公里的线路延长为 752 公里。

（2）1998 年 10 月 1 日第二次提速。提速范围重点还是京广、京沪、京哈三大干线。允许时速超过 120 公里的线路延长为 6449 公里，时速超过 140 公里的线路延长为 3522 公里，时速超过 160 公里的线路延长为 1104 公里。广深快速列车最高时速达 200 公里。

（3）2000 年 10 月 21 日第三次提速。提速范围主要是陇海、兰新、京九和浙赣线。允许时速超过 120 公里的线路延长为 9581 公里，时速超过 140 公里的线路延长为 6458 公里，时速超过 160 公里的线路延长为 1104 公里。客车平均时速达到 60.3 公里。列车七个等级调整为三个。

扩大了中高级普铁的范围。

（4）2001 年 10 月 21 日第四次提速。提速范围主要是京九线、武昌—成都（汉丹、襄渝、达成）、京广线南段、浙赣线和哈大线。允许时速超过 120 公里的线路延长为 13166 公里，时速超过 140 公里的线路延长为 9779 公里，时速超过 160 公里的线路延长为 1104 公里。全国客车平均时速达到 61.6 公里。

（5）2004 年 4 月 18 日第五次提速。提速线增加了 3500 公里，增开 19 对最高时速 160 公里的直达特快列车，几大干线的部分地段线路基础达到时速 200 公里的要求即升级为中级快速铁路，引进外国动车组，货车系统大改革，平均时速达到 65.7 公里，直达特快列车平均时速达到 119 公里，特快列车平均时速达到 92.8 公里。

（6）2007 年 4 月 18 日第六次提速。时速 120 公里以上的线路延展长度将达到 22000 多公里，其中时速 200 公里线路达到 5300 多公里。开行时速 200 公里以上的车组 52 对，出现了中国品牌的高速列车 CRH，形成一批快速客运通道，快速铁路进一步大发展。武九、沪昆、京包、京九、浙赣等铁路时速提升至 200 公里，京哈、京沪、京广、胶济、秦沈最高时速达 250 公里，为下一步发展高铁提供了条件。

2004 年年初，国务院通过了国家《中长期铁路网规划》，明确提出在 2020 年前建设由“四纵四横”8 条客运专线及环渤海、长三角、珠三角 3 个城际客运系统组成的，总长 1.2 万公里、时速 200 公里及以上的我国铁路客运专线系统的规划目标；2008 年 10 月，国家又通过《中长期铁路网规划（2008 年调整）》，客运专线规模调整到 1.6 万公里以上。这标志着中国铁路进入“高速时代”。2013 年，秦沈铁路作为中国第一条客运专线铁路正式投入运行，线路全长 404 公里；截止到 2010 年年底，中国高铁运营线路达到 17 条，里程达到 8358 公里，在建里程 1.7 万公里，均居世界第一。

2000 年以来以“五纵七横”国道主干线系统为主的高速公路建设也进入了快速发展期，年均通车里程超过 4000 公里。2005 年国家出台了《国家高速公路网规划》，在“五纵七横”基础上采用放射线与纵横网格相结合布局方案，由 7 条首都放射线、9 条南北纵线和 18 条东西横线组成，简称为“7918”网，总规模约8.5万公里，其中主线6.8万公里，地区环线、联络线等其他路线约1.7万公里。到2007年年底，“五纵七横”高速公路网基本建成，极大地提高了我国公路网的整体技术水平；到2010年，高速公路里程达到7.41万公里，是2010年的4倍多。我国高速公路、高速铁路指标变化情况见表7–3。

表7–3　我国高速公路、高速铁路指标变化

单位：万公里

年份	高速铁路（客专）	高速公路
2000	0	1.63
2005	0.04	4.10
2010	0.84	7.41

资料来源：《中国经济统计年鉴》、历年统计公报。

三、沿海港口建设进入黄金10年

随着2001年我国加入WTO和2002年港口管理体制深化改革，为适应我国重工业化阶段的发展需求，我国沿海港口进入了发展的最好时期，也是发展最快的时期。在《全国沿海港口布局规划》（2006）和《港口法》（2006）等的指导下，我国沿海港口总体形成了环渤海、长三角、珠三角、东南沿海和西南沿海五大区域港口群，明确了沿海24个主要港口，建立了煤炭、原油、矿石、集装箱等主要货类运输系统。2000年以来的10年间，全国沿海港口拥有的生产性码头泊位数仅增加了近60%，但沿海港口万吨级泊位（由于万吨级以上泊位主要集中在沿海港口，出于数据可得性原因，将表7–4中数据视作沿海港口数据考虑）无论从数量上还是能力上都增长迅猛，数量增长了2.5倍，泊位最大靠泊船舶规模达到30万吨。其中集装箱码头发展最快，从2000年的80个增加到2007年的298个，增长近3倍，煤炭、原油、成品油及液化气专业码头分别增加91个、32个和67个。港口能力短缺已不是沿海港口发展中的主要矛盾。我国港口泊位主要指标结构变化情况见表7–4。

表 7-4　我国港口泊位主要指标结构变化

单位：个

年份	万吨级以上泊位	煤炭	金属矿石	原油	成品油及液化气	液体化工	粮食	集装箱
2000	784	82		37	42		24	80
2005	1034	119	17	55	97	35	31	175
2009	1554	168	44	66	108	106	24	280
2010	1661	173	46	69	109	113	27	298

资料来源：历年交通运输行业统计公报。万吨级以上泊位主要集中在沿海港口。

四、西部地区和农村公路建设开始发力

1999 年西部地区大开发战略提出，国家加快了对西部地区包括公路在内的交通基础设施投资建设。10 年间西部地区铁路在运输结构的比重上升 1.7 个百分点；公路总里程在结构的比重虽然没有上升，但是在高速公路和在二级及以上公路指标中呈现出逐步扩大的趋势；内河随着国家指导意见的出台，西部地区加大开发力度，内河通航里程提升了近 7 个百分点。我国公路、铁路区域结构变化情况见表 7-5。

表 7-5　我国公路、铁路区域结构变化

年份	地区	各方式里程（万公里）					各方式里程在东中西部的比重（%）				
		铁路	内河	公路	等级公路	高速	铁路	内河	公路	等级公路	高速
2000	东部	1.5	5.8	44.3	41.3	0.9	25.3	49.8	31.6	33.9	55.6
	中部	2.2	3.7	40.6	34.9	0.4	37.0	31.4	28.9	28.7	21.8
	西部	2.2	2.2	55.4	45.5	0.4	37.7	18.8	39.5	37.4	22.5
2005	东部	2.1	5.3	56.9	52.2	1.8	28.1	43.1	29.5	32.8	45.1
	中部	2.7	3.9	58.1	48.5	1.2	35.4	31.8	30.1	30.5	29.2
	西部	2.8	3.1	78.0	58.4	1.1	36.6	25.0	40.4	36.7	25.7
2010	东部	2.5	5.3	109.7	101.6	3.0	27.0	42.9	27.4	30.7	39.9
	中部	3.1	3.9	134.3	112.6	2.3	33.5	31.6	33.5	34.1	31.4
	西部	3.6	3.2	156.8	116.3	2.1	39.4	25.5	39.1	35.2	28.7

资料来源：根据历年统计资料整理。由于统计口径变化，采集口径不同等因素，数据有一定偏差，但总体不影响结论。

2003年，为贯彻落实中央农村工作会议精神，切实解决“三农”问题，全面推进农村小康建设，农村公路建设开始得到较多重视。交通部提出了“修好农村路，服务城镇化，使农民兄弟走上沥青路和水泥路”的农村公路建设总体目标，并安排专项资金用于农村公路通达工程和通畅工程建设。这是继西部地区通县公路建设之后更大规模的农村交通基础设施建设，各地农村公路建设步伐显著加快。

2005年8月，交通部出台了《农村公路建设规划》，从全国范围系统性地明确了农村公路建设的发展方向、目标、资金保障措施，强化东、中、西部地区间公路路网密度、技术等级、路况的平衡发展以及公路建设与养护协调发展，以适应农村经济社会发展和提高农民生活质量的要求。2010年年底，全国农村公路（仅含村道口径）里程达到190万公里。

第三节　从“基本适应”向“交通经济融合”发展

2010年以后，交通运输从“基本适应”向“交通经济融合”发展。

自2008年金融危机以来，全球经济发展模式正在经历重大转型，调整转型至今仍处于探索阶段。中国作为经济全球化的最重要参与者，在全球经济发展模式调整中也受到了较大的冲击和影响。党的十八大以来，党中央对我国经济发展做出了重大调整，明确中国经济处于新常态阶段，提出了“五位一体”总体布局和“四个全面”战略布局，牢固树立并贯彻落实创新、协调、绿色、开放、共享的发展理念。党的十九大报告又进一步指出，中国特色社会主义进入了新时代，我国经济发展也进入了新时代，基本特征就是我国经济已由高速增长阶段转向高质量发展阶段。推动高质量发展是当前和今后一个时期确定发展思路、制定经济政策、实施宏观调控的根本要求。

交通运输进入了加快推进现代综合交通运输体系和建设“交通强国”的新阶段。“十二五”综合交通运输体系规划明确提出，“加快转变交通发展方式，实现各种运输方式从分散、独立发展转向一体化发展，初步形成网络设施配套衔接、技术装备先进适用、运输服务安全高效的综合交通运输体系，总体适应经济社会发展和人民群众出行需要”。

“十三五”综合交通运输体系规划指出，“坚持交通运输服务人民的根本要求，以提高发展质量和综合效率为中心，以优化服务供给结构为主线，着力推进基础设施网络完善、运输服务一体衔接、运营管理智能高效、发展模式绿色安全，加快完善现代综合交通运输体系，更好发挥交通运输对经济社会发展的先行引领作用，为全面建成小康社会提供战略支撑，为实现交通运输现代化奠定坚实基础”。

这一时期，铁路实现政企分开，交通运输大部门体制改革基本落实到位。交通运输全面深化改革，建设法治政府部门，加快综合交通、智慧交通、绿色交通、平安交通“四个交通”建设，围绕“一带一路”建设、京津冀协同发展、长江经济带建设三大国家战略制定发展规划。加快综合交通运输基础设施成网，推进多种运输方式有效衔接。促进现代物流业发展，提升综合运输服务保障水平。加强交通运输基本公共服务供给和管理，支持集中连片特困地区交通运输基础设施、城乡客运、城市公共交通发展。推进东、中、西、东北“四大板块”区域交通协调发展，西部地区高铁加快发展，中西部地区交通条件显著改善。2013 年，西藏墨脱公路建成通车，中国真正实现了县县通公路。

未来我国交通运输发展的趋势特征如下：

*以交通经济融合的二代综合运输体系指导交通建设。*从“十二五”“十三五”国家综合交通专项发展规划来看，综合运输体系发展的时代背景已经发生根本转变，综合运输体系建设成为发展的主线。交通运输在经济发展中所扮演的角色已经由单一的基础设施行业转变成经济发展的服务、保障甚至引导性行业，促使我国的综合运输体系规划也开始从基础设施建设和布局规划转向注重中长期发展的战略性规划，从“被动适应性规划”转变为“主动适应性规划”，建设更加关注对需求的适应性。同时，通过《当前更好发挥交通运输支撑引领经济社会发展作用的意见》《营造良好市场环境推动交通物流融合发展实施方案》《关于打造现代综合客运枢纽提高旅客出行质量效率的实施意见》等文件的出

台，推动满足人民美好生活的基础设施发展，加快交通与经济社会发展的融合。

“一带一路”建设推进国际互联互通。“一带一路”倡议是以政治互信、合作共赢、文化包容为核心价值观，构建开放型经济新体制、形成全方位开放新格局的战略实践。基础设施互联互通是“一带一路”建设的优先领域，通过中巴、孟中印缅、亚欧大陆桥和海上现代化战略大通道以及海外重要战略节点的建设，夯实实施“一带一路”倡议的设施基础和保障。

*长江水运新通道建设推进长江经济带发展。*打造长江经济带是带动东、中、西部全局复兴的国家战略，将形成联动化、整体化和特色化的区域发展新格局。要加快打造长江黄金水道，扩大交通网络规模，优化交通运输结构，强化各种运输方式的衔接，提升综合运输能力，率先建成网络化、标准化、智能化的综合立体交通走廊，为建设中国经济新支撑带提供有力保障。到2020年，建成横贯东西、沟通南北、通江达海、便捷高效的长江经济带综合立体交通走廊。

*以枢纽建设推动多式联运发展。*综合交通枢纽是综合运输体系发展到高级阶段的核心回归，是基于互联网＋交通（信息化）平台基础上，复合了城市＋交通（人流）、园区＋交通（物流）、口岸＋交通（开放）等多重功能的综合体，是发展现代全程物流的重要平台。要以枢纽平台为核心、大通关为支撑、便捷多元的综合运输体系为通道、多式联运为运输组织形式，形成推动现代物流发展的多式联运网络体系。

*拓展交通运输新领域新业态。*围绕新消费、新动能和新模式，推动邮轮游艇产业发展，大力发展自驾车、房车营地，鼓励企业发展城市定制公交、农村定制班车、网络预约出租汽车、汽车租赁等新型服务；积极培育壮大高铁经济，加快建设国际航运中心，发展临空经济，提升产业发展水平，延伸和拓展产业链；推动交通与物流一体化，推广“平台＋”物流交易、供应链、跨境电商等合作模式，鼓励“互联网＋城乡配送”“物联网＋供应链管理”等业态模式的创新发展。

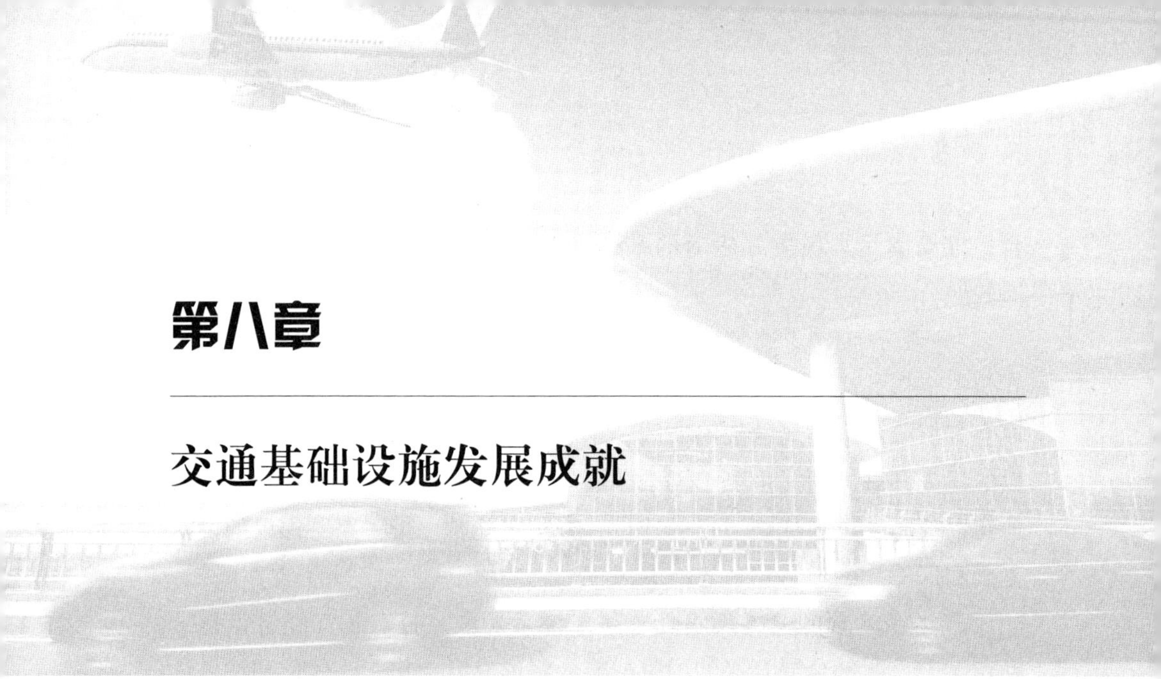

第八章

交通基础设施发展成就

第一节　交通网络总体规模位居世界第一位

一、交通网络规模持续扩大

改革开放初期，我国交通运输业的基础十分薄弱，运输线路总量不足。1978 年，我国运输线路总里程（不含民用航空线路，以下均同）只有 108.6 万公里，其中铁路 5.2 万公里、公路 89.0 万公里、内河航道 13.6 万公里、管道 0.8 万公里；相对于人口和国土面积来说，不仅无法与美国、苏联等发达国家相比，而且远落后于印度等发展中国家。经过近 40 年的发展，到 2017 年年底，全国运输线路总里程达到 514.6 万公里，增长了 4.7 倍。其中，铁路营业公路里程达 12.7 万公里，增长了 7.5 万公里，增幅为 2.6 倍；公路里程从 1978 年的 89.0 万公里增加到 477.4 万公里，增长了 5.4 倍（公路里程增长幅度较大，主要是由于统计指标口径两次调整原因）。内河航道里程为 12.7 万公里，比 1979 年稍有增长；民航航线受惠于国内经济高速发展和我国对外开放领域的不断扩大，国内外航线里程均大幅增加，2016 年民航航线总里程达 634.8 万公里，增长幅度是几种运输方式中最快的，较 1978 年增长了 42.6 倍；民航机场也从 88 个增加到 229 个；管道里程达 11.8 万公里，增长了 14.2 倍。

此外，沿海港口泊位数从1978年的311个增加到2017年的5830个，内河港口泊位从 424 个快速增加到 21748 个。另外，在国家大力发展农村公路的政策下，农村公路建设得到全面改善和发展，于 2005 年开始作为我国运输线路的重要组成部分正式纳入统计范畴，2017 年（县道口径）达 230 万公里，较 2005 年增加 1.6 倍。

二、交通网络密度和人均拥有量不断增长

从路网密度来看，到 2017 年年底，全国运输线路总里程密度为 53.6 公里 / 百平方公里，增长了 3.7 倍。其中，铁路密度达 1.3 公里 / 百平方公里，增幅为 1.6 倍；公路密度从 9.3 公里 / 百平方公里增加到 49.7 公里 / 百平方公里，增长了 4.4 倍。尤其从公路来看，通达深度和公路密度稳步提升，通镇和通村百分比分别由 1978 年的 90.5% 和 65.8% 上升到 2017 年的 99.99% 和 99.98%。从人均占有线路长度来看，1978 年年底，全国人均运输线路长度为 11.28 公里 / 万人，其中铁路 0.54 公里 / 万人、公路 9.25 公里 / 万人、管道 0.09 公里 / 万人；到 2017 年年底，全国人均运输线路长度为 37.02 公里 / 万人，其中铁路 0.91 公里 / 万人、公路 34.34 公里 / 万人、管道 0.85 公里 / 万人，分别增长了 2.3 倍、0.7 倍、2.7 倍和 8.8 倍。具体数据分别见表 8–1、表 8–2、表 8–3。

表 8–1　改革开放 40 年全国运输线路里程增长表

单位：万公里

年份	合计	铁路	公路	水运	管道
1978	108.6	5.2	89.0	13.6	0.8
1980	105.9	5.3	88.8	10.9	0.9
1981	107.0	5.4	89.8	10.9	1.0
1982	107.9	5.3	90.7	10.9	1.0
1983	108.9	5.5	91.5	10.9	1.1

续表

年份	合计	铁路	公路	水运	管道
1984	110.2	5.5	92.7	10.9	1.1
1985	111.8	5.5	94.2	10.9	1.2
1986	114.1	5.6	96.3	10.9	1.3
1987	116.2	5.6	98.2	11.0	1.4
1988	118.0	5.6	100.0	10.9	1.4
1989	119.5	5.7	101.4	10.9	1.5
1990	121.1	5.8	102.8	10.9	1.6
1991	122.5	5.8	104.1	11.0	1.6
1992	124.0	5.8	105.7	11.0	1.6
1993	126.9	5.9	108.4	11.0	1.6
1994	130.4	5.9	111.8	11.0	1.7
1995	134.7	6.2	115.7	11.1	1.7
1996	138.1	6.5	118.6	11.1	1.9
1997	142.3	6.6	122.6	11.0	2.0
1998	147.8	6.6	127.9	11.0	2.3
1999	156.1	6.7	135.2	11.7	2.5
2000	189.2	6.9	168.0	11.9	2.5
2001	191.7	7.0	169.8	12.2	2.8
2002	198.9	7.2	176.5	12.2	3.0
2003	203.9	7.3	181.0	12.4	3.3
2004	210.7	7.4	187.1	12.3	3.8
2005	358.8	7.5	334.5	12.3	4.4
2006	370.6	7.7	345.7	12.3	4.8
2007	384.0	7.8	358.4	12.3	5.4
2008	399.1	8.0	373.0	12.3	5.8
2009	413.9	8.6	386.1	12.4	6.9
2010	430.2	9.1	400.8	12.4	7.8
2011	440.8	9.3	410.6	12.5	8.3
2012	455.2	9.8	423.8	12.5	9.2

续表

年份	合计	铁路	公路	水运	管道
2013	468.4	10.3	435.6	12.6	9.8
2014	480.8	11.2	446.4	12.6	10.6
2015	493.4	12.1	457.7	12.7	10.9
2016	506.1	12.4	469.6	12.7	11.3
2017	514.6	12.7	477.4	12.7	11.8

资料来源：国家统计局。2005 年起公路里程包括村道。

表 8-2　改革开放 40 年全国运输线路密度增长表

单位：公里 / 百平方公里

年份	合计	铁路	公路	水运	管道
1978	11.3	0.5	9.3	1.4	0.1
1980	11.0	0.6	9.3	1.1	0.1
1981	11.1	0.6	9.3	1.1	0.1
1982	11.2	0.6	9.4	1.1	0.1
1983	11.3	0.6	9.5	1.1	0.1
1984	11.5	0.6	9.7	1.1	0.1
1985	11.7	0.6	9.8	1.1	0.1
1986	11.9	0.6	10.0	1.1	0.1
1987	12.1	0.6	10.2	1.1	0.1
1988	12.3	0.6	10.4	1.1	0.1
1989	12.5	0.6	10.6	1.1	0.2
1990	12.6	0.6	10.7	1.1	0.2
1991	12.8	0.6	10.8	1.1	0.2
1992	12.9	0.6	11.0	1.1	0.2
1993	13.2	0.6	11.3	1.1	0.2
1994	13.6	0.6	11.6	1.1	0.2
1995	14.0	0.6	12.1	1.2	0.2
1996	14.4	0.7	12.4	1.2	0.2
1997	14.8	0.7	12.8	1.1	0.2
1998	15.4	0.7	13.3	1.1	0.2

续表

年份	合计	铁路	公路	水运	管道
1999	16.3	0.7	14.1	1.2	0.3
2000	19.7	0.7	17.5	1.2	0.3
2001	20.0	0.7	17.7	1.3	0.3
2002	20.7	0.7	18.4	1.3	0.3
2003	21.2	0.8	18.9	1.3	0.3
2004	21.9	0.8	19.5	1.3	0.4
2005	37.4	0.8	34.8	1.3	0.5
2006	38.6	0.8	36.0	1.3	0.5
2007	40.0	0.8	37.3	1.3	0.6
2008	41.6	0.8	38.9	1.3	0.6
2009	43.1	0.9	40.2	1.3	0.7
2010	44.8	0.9	41.8	1.3	0.8
2011	45.9	1.0	42.8	1.3	0.9
2012	47.4	1.0	44.1	1.3	1.0
2013	48.8	1.1	45.4	1.3	1.0
2014	50.1	1.2	46.5	1.3	1.1
2015	51.4	1.3	47.7	1.3	1.1
2016	52.7	1.3	48.9	1.3	1.2
2017	53.6	1.3	49.7	1.3	1.2

资料来源：根据国家统计局数据计算。2005 年起公路里程包括村道。

表 8-3 改革开放 40 年全国人均占有运输线路增长表

单位：公里 / 万人

年份	合计	铁路	公路	水运	管道
1978	11.28	0.54	9.25	1.41	0.09
1980	10.73	0.54	9.00	1.10	0.09
1981	10.69	0.54	8.97	1.09	0.10
1982	10.62	0.52	8.92	1.07	0.10
1983	10.58	0.53	8.88	1.06	0.10
1984	10.56	0.52	8.88	1.05	0.11

续表

年份	合计	铁路	公路	水运	管道
1985	10.57	0.52	8.90	1.03	0.11
1986	10.61	0.52	8.96	1.02	0.12
1987	10.63	0.51	8.99	1.00	0.13
1988	10.62	0.51	9.00	0.99	0.13
1989	10.61	0.51	9.00	0.97	0.13
1990	10.59	0.51	8.99	0.96	0.14
1991	10.57	0.50	8.99	0.95	0.14
1992	10.59	0.50	9.02	0.94	0.14
1993	10.70	0.49	9.14	0.93	0.14
1994	10.88	0.49	9.33	0.92	0.14
1995	11.12	0.52	9.55	0.91	0.14
1996	11.28	0.53	9.69	0.91	0.16
1997	11.51	0.53	9.92	0.89	0.17
1998	11.85	0.53	10.25	0.88	0.19
1999	12.41	0.54	10.75	0.93	0.20
2000	14.93	0.54	13.25	0.94	0.19
2001	15.02	0.55	13.30	0.95	0.22
2002	15.48	0.56	13.74	0.95	0.23
2003	15.78	0.56	14.00	0.96	0.25
2004	16.21	0.57	14.39	0.95	0.29
2005	27.44	0.58	25.58	0.94	0.34
2006	28.19	0.59	26.30	0.94	0.37
2007	29.06	0.59	27.12	0.93	0.41
2008	30.05	0.60	28.09	0.92	0.44
2009	31.02	0.64	28.93	0.93	0.52
2010	32.08	0.68	29.89	0.93	0.59
2011	32.71	0.69	30.48	0.92	0.62
2012	33.62	0.72	31.30	0.92	0.68
2013	34.42	0.76	32.01	0.92	0.72
2014	35.15	0.82	32.64	0.92	0.77

续表

年份	合计	铁路	公路	水运	管道
2015	35.89	0.88	33.30	0.92	0.79
2016	36.60	0.90	33.96	0.92	0.82
2017	37.02	0.91	34.34	0.91	0.85

资料来源：根据国家统计局数据计算。2005 年起公路里程包括村道。

第二节　高速路网和港口规模世界第一

一、高速铁路建设

尽管铁路总里程从 1978 年至 2007 年的增幅为 2.5 倍，但同期电气化铁路增长更快，2017 年达到 8.7 万公里（位居世界第一位），比 1978 年增加了 86 倍，年均增长 12.1%，铁路运输能力和效率大幅提高。中国电气化铁路里程增长趋势见图 8-1。

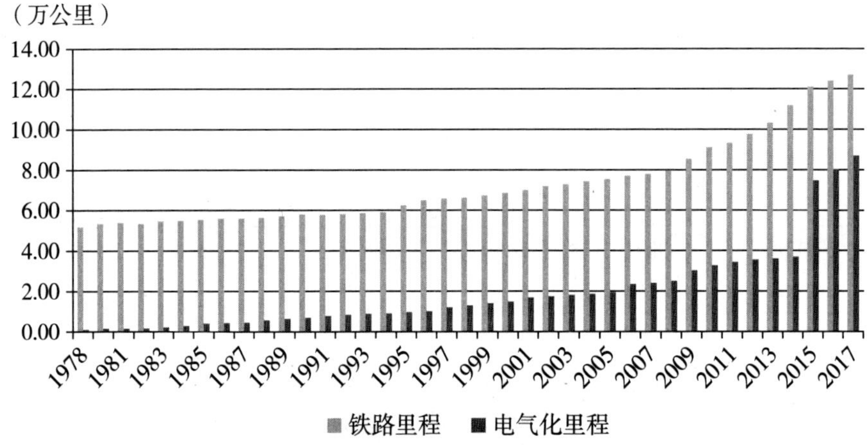

图 8-1　中国电气化铁路里程增长趋势示意图

注：电气化里程 2015 年前采用国家铁路口径，2015 年后采用全口径。

资料来源：国家统计局、交通运输行业统计公报。

高速铁路规划和建设是铁路发展史上最为浓墨重彩的一笔。高速铁路建设后来居上，2013 年秦沈铁路作为中国第一条客运专线铁路正式投入运行，线路全长 404 公里；截止到 2010 年年底，中国高铁运营线路达到 17 条，里程达到 8358 公里，在建里程 1.7 万公里，位居世界第一；到 2017 年，运营线路超过 60 条，里程达到 2.5 万公里，继续位居世界第一，占世界高铁总量的 66.3%。

中国高速铁路里程增长趋势见图 8-2。

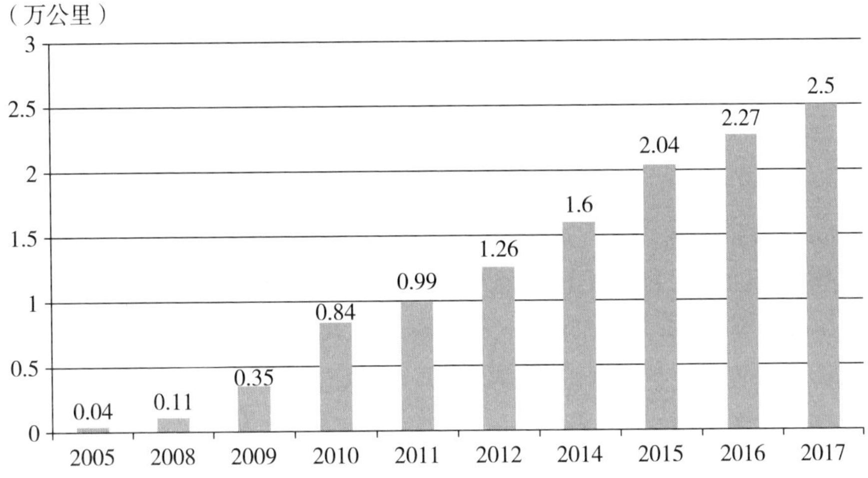

图 8-2　中国高速铁路里程增长趋势示意图

资料来源：根据交通运输行业统计公报和公开数据整理。

高速铁路建设的重要事件如下：

（1）2003 年 10 月 12 日，秦沈铁路作为中国第一条客运专线铁路正式投入运行。线路全长 404 公里，总投资约 150 亿元，设计时速为 200 公里，初始开行列车时速为 160 公里。不管是否把秦沈客专定义为中国第一条高铁，它在中国高速铁路发展史上的地位都是极其重要的。

（2）2008 年 8 月 1 日，京津城际高速铁路开通运营，全长 120 公里，设计时速 350 公里，北京、天津两大直辖市间运行时长由原来的 2 小时左右缩短至 30 分钟左右，形成同城效应。京津城际铁路是中国第一条具有自主知识产权、当时运营速度世界最快的高速铁路。

（3）2009 年 12 月 26 日，武广高速铁路的开通运营，标志着中国正飞速进入高铁时代。2011 年 12 月 26 日，广深港高铁广深段正式开通营运。2012 年 12 月 26 日，京广高铁全线贯通运营，成为世界上干线最长的高速铁路。

（4）2011 年 6 月 30 日，世界上一次建成里程最长的京沪高速铁路建成通车，线路全长 1318 公里，设计时速 350 公里，初期运营时速 300 公里。京沪高速铁路北接京津冀地区、南衔长江三角洲，通道吸引区域人口占全国人口的比例超过 1/4。

（5）2014 年 12 月 26 日，横贯东西的现代“钢铁丝绸之路”——兰新高铁全线开通运营。线路东起甘肃兰州；途经青海西宁，甘肃张掖、酒泉、嘉峪关，新疆哈密、吐鲁番；西至新疆乌鲁木齐。全长 1777 公里，再次刷新一次性建设里程世界最长纪录。

（6）2010 年 12 月 30 日，海南省交通史上的一号工程——东环铁路正式建成通车；2015 年 12 月 30 日，全长 345 公里的海南环岛高铁西段线路通车，与海南东环高铁形成全球唯一环岛高铁。

（7）2016 年 12 月 28 日，中国东西向线路里程最长、经过省份最多的高速铁路——沪昆高铁全线开通，标志着早期规划的“四纵四横”高铁干线网基本成型。

二、高速公路建设

公路建设质量变化巨大，1979 年全国 87.6 万公里公路中，等级路为 50.6 万公里，占 57.8%；到 2017 年，公路里程达到 477.4 万公里，等级路为 433.9 万公里，占公路里程的比重提升到 90.9%，上升了近 30 个百分点。

我国到 1988 年（也就是改革开放 10 周年），大陆第一条高速公路沪嘉高速公路建成通车，当年拥有高速公路里程 147 公里。到 1997 年年底（改革开放 20 周年），高速公路里程为 4771 公里，10 年间增加 4624 公里。到 2007 年年底（改革开放 30 周年），高速公路里程为 5.39 万公里，10 年间增加 49124 公里。到 2017 年年底（改革开放 40 周年），高速公路通车里程已达 13.65 万公路，名列世界第一，10 年间增加 82587 公里。国家高速公路网“7918”基本建成，并进一步扩大规划高速路网到国家高速公路网“71118”。

三、水运通过能力

改革开放 40 年来，我国沿海港口经历了两次建设高潮：一是随着港口率先对外开放和“三主一支持”交通发展规划实施，沿海港口在 20 世纪 80 年中期至 90 年代中期迎来了第一次发展高潮；二是随着 2001 年我国加入 WTO 和 2002 年港口管理体制深化改革，在《全国沿海港口布局规划》的指导下，我国沿海港口在 21 世纪前 10 年进入了发展的最好也是发展最快的时期。目前，沿海基本建立了包括主要港口、地区性重要港口和其他一般港口三个层次的港口体系，在长江三角洲、珠江三角洲、环渤海湾、东南沿海、西南沿海五大区域形成了规模庞大并相对集中的现代化港口群，港口大型化、深水化、专业化、自动化水平进一步提升。

截至 2017 年年底，全国沿海港口拥有生产性码头泊位 5830 个，其中万吨级及以上泊位 1948 个，分别是 1978 年的 18.7 倍和 14.6 倍；煤炭、原油、金属矿石、集装箱等专业化泊位达 1254 个，具备靠泊世界最大的 2 万多标箱集装箱船、40 万吨级矿石船、40 万吨级油轮的能力，装卸效率、质量位居世界前列。内河在《全国内河航道与港口布局规划》的指导下，特别是在长江经济带战略发布实施后，航道和港口迎来大发展的春天。

2017 年，内河航道通航里程达 12.7 万公里，等级航道（6.62）占 52.2%，高等级航道达标里程 1.25 万公里，长江、西江、京杭运河等航道通航条件不断改善，初步建成了以“两横一纵两网十八线”为主体的内河航道体系。建成了一批集装箱、大宗散货和汽车滚装等专业化泊位，港口机械化和专业化水平不断提高。2017 年年底，全国内河港口拥有生产性码头泊位 2.2 万个，是 1978 年 51.3 倍；其中万吨级及以上泊位从无到有，达到 418 个。

第三节　区域交通运输网络结构显著优化

经过改革开放40年的建设与发展，交通运输网布局在线路密度上、地区分布上、各种运输方式协调发展上获得显著优化。

公路因其自身特点和优势，在综合运输线网中占据重要地位。公路通达深度和公路密度稳步提升，通镇和通村百分比分别由1978年的90.5%和65.8%上升到2017年的99.99%和99.98%，公路密度则由9.27公里/百平方公里（不包括村道）提高到49.72公里/百平方公里（包括村道）。近10年来，中、西部地区公路建设步伐加快，公路总里程及高速公路建设里程的增长速度逐步赶超东部地区，有利于缩小地区间路网差距，但在密度上仍大大落后于东部地区。

铁路历来是我国运输关系国计民生重点物资的主力，铁路运输网布局与国家煤炭、石油、粮食、棉花等大宗物资产地、销地间流量需求密切相关。40年来，国家铁路营运线路建设中，中部和西部地区发展基本与东部地区保持同步，但近20年，西部和中部地区国家铁路营运里程增长步伐明显加快。在各地区线路增长中，东部地区主要集中在河北和山东，中部地区主要集中在河南和安徽，西部地区则集中在新疆、内蒙古和陕西。尽管国家铁路营运线路增长呈现西部快于中部、中部快于东部的态势，但是从线网密度看，东部和中部地区始终远远高于西部地区。东、中、西部地区铁路比例2000年为25.3∶37.0∶37.7，2016年为27.8∶31.7∶40.5，东部和西部地区比例在提升、中部地区在下降。

第四节　交通网络建造技术世界领先

通过改革开放40年来的不断积累、研发与实践，中国的高速铁路、高寒铁路、高原铁路、重载铁路技术已迈入世界先进行列，高速铁路更成为“中国制造”和“走出去”的新名片。高原冻土、膨胀土、沙漠等特殊地质的铁路、公路建设技术克服了世界级难题，青藏公路、青藏铁路先后建成通车运营。离岸深水港建设关键技术、巨型河口航道整治技术、长河段航道系统治理技术以及大型机场工程建设技术世界领先，实施了 40 万吨级矿石泊位、洋山港集装箱码头、长江口深水航道治理等系列重大工程。中国还陆续建成一批世界级特大桥隧，特大桥隧建造技术达到世界先进水平。

一、重载技术发展成就

重载运输代表了铁路货物运输领域的先进生产力，已被国际公认是铁路货运发展的方向。中国的重载铁路从运输量和运输密度来讲，均位于世界前列。中国重载铁路运输发展大致经历了改造既有线开行重载列车、改造繁忙干线开行 5000 吨重载混编列车、新建大秦铁路开行重载单元列车、大秦铁路开行 2 万吨列车四个主要阶段。车辆轴重主要由普通线路上运行的 21 吨、23 吨轴重通用货车，运煤专线主要运行轴重 25 吨的专用货车，逐步向轴重 27 吨和 30 吨发展。

在中国重载技术的发展进程中，最值得称道的是大秦铁路建设托起货运重载发展。中国于 1992 年年底建成中国第一条大同至秦皇岛双线电气化重载运煤专线，全长 653 公里。建成初期开行重载单元列车，到 2002 年达到 1 亿吨年运量的目标。此后，经过 2 年多的科学论证和试验，通过系统集成创新，2006 年 3 月 28 日，在大秦线正式开行了 2 万吨重载组合列车，大幅度提高了大秦铁路的运输能力，使中国铁路重载运输技术水平跨入了世界先进行列。

大秦铁路扩能取得了多项技术创新成果：一是实现了国产电力机车与无线同步操纵系统集成的机车同步操纵技术。二是自主研制 C80 货车及关键装备，C80 货车轴重达到 25 吨，载重由 60 吨提高到 80 吨，时速由 80 公里提高到 100 公里。三是实现了机车无线同步操纵技术与 GSM-R 技术集成与应用，满足了 2 万吨重载组合列车网络化同步操纵控制的要求。四是自主研制了主体化机车信号车载系统、150mm^2 大截面接触线及配套的接触网零件，与国内钢铁企业共同研制了新型 75kg/m 钢轨等。五是创新运输组织，实现了集、疏、运一体化，形成了重载列车以 80 公里 / 小时运行、日均开行 87 对、日均运量 83.2 万吨的运输组织模式。

二、青藏铁路

青藏铁路为国铁 I 级铁路，起于青海省西宁市，途经格尔木市、昆仑山口、沱沱河沿，翻越唐古拉山口，进入西藏自治区安多、那曲、当雄、羊八井、拉萨；全长 1956 公里，是重要的进藏路线，是世界上海拔最高、在冻土上路程最长的高原铁路，是中国新世纪四大工程之一，2013 年 9 月入选“全球百年工程”，是世界铁路建设史上的一座丰碑。

青藏铁路创造了多个世界之最：一是世界海拔最高的高原铁路。铁路穿越海拔 4000 米以上地段达 960 公里，最高点为海拔 5072 米。二是世界最长的高原铁路。青藏铁路格尔木至拉萨段，穿越戈壁荒漠、沼泽湿地和雪山草原，全线总里程达 1142 公里。三是世界上穿越冻土里程最长的高原铁路。铁路穿越多年连续冻土里程达 550 公里。四是海拔 5068 米的唐古拉山车站，是世界海拔最高的铁路车站。五是海拔 4905 米的风火山隧道，是世界海拔最高的冻土隧道。六是全长 1686 米的昆仑山隧道，是世界最长的高原冻土隧道。七是海拔 4704 米的安多铺架基地，是世界海拔最高的铺架基地。八是全长 11.7 公里的清水河特大桥，是世界最长的高原冻土铁路桥。九是建成后的青藏铁路冻土地段时速将达到 100 公里，非冻土地段达到 120 公里，这是火车在世界高原冻土铁路上的最高时速。

三、中国桥梁

世界最高的悬索桥——矮寨特大悬索桥。位于湖南省湘西州吉首市矮寨镇境内，是国家高速公路 G65 包茂高速公路湖南段的重点工程，于 2012 年 3 月 31 日建成通车。该工程在地形险要、地质复杂、气象多变的环境下建设，工程为双层公路、观光通道两用桥梁，四车道高速公路特大桥。桥型方案为钢桁加劲梁单跨悬索桥，全长 1073.65 米，悬索桥的主跨为1176米，创造了四项世界第一。一是大桥主跨1176米，跨峡谷悬索桥，创世界第一；二是首次采用塔、梁完全分离的结构设计方案，创世界第一；三是首次采用轨索滑移法架设钢桁梁，创世界第一；四是首次采用岩锚吊索结构，并用碳纤维作为预应力筋材，创世界第一。大桥建成后，从长沙到重庆、成都之间，再也不需要经历原来那惊心动魄的矮寨公路，使“天堑变通途”。矮寨特大悬索桥成为“公路奇观”。

世界上最长的跨海大桥——杭州湾跨海大桥。杭州湾跨海大桥北起嘉兴市，跨越宽阔的杭州湾海域后直达宁波慈溪，总投资118亿元，是我国国道主干线——同三线跨越杭州湾的便捷通道，2008年5月1日正式通车。杭州湾跨海大桥成为继青岛胶州湾大桥和美国庞恰特雷恩湖桥后的目前世界上最长的跨海大桥和世界第三长的桥梁。杭州湾跨海大桥在大型基础设施投资模式上实现了重大创新，是国内第一家以地方民营企业为主体、投资超百亿的国家特大型交通基础设施项目。大桥资本金38.5亿元，其中民营资本占了50%以上，共有17家省内民营企业凭着日益增强的经济实力投资入股。

世界上最长的海底沉管隧道桥——港珠澳大桥。港珠澳大桥跨越珠江口伶仃洋海域，是以公路桥的形式连接香港、珠海及澳门的大型跨海通道。2017年7月7日，港珠澳大桥主体工程贯通。港珠澳大桥是世界上最长的海底沉管隧道和全球唯一的深埋沉管隧道，全长5664米的海底隧道由33节钢筋混凝土结构的沉管对接而成，每节沉管隧道的排水量约75000吨，成为全球最大。港珠澳大桥不仅为世界海底隧道工程技术提供了独特的样本和宝贵的经验，还是中国首座涉及“一国两制”三地的世界级跨海大桥，将采取“三地三检”的通关模式。“一国两制”下，通过理念、制度、组织、管理等创新，妥善解决了大桥工程立项规划、投融资、工程建设、营运等决策过程中三地之间法律、体制、文化、管理等一系列矛盾与冲突，成功实现了粤港澳在重大工程领域的密切合作，取得了丰富的系统性经验。这些经验，将为跨国、跨不同制度之间的基础设施互联互通建设提供极有价值的借鉴。

中国装备制造技术出现快速进步。以高速列车、大功率机车为代表的一批具有自主知识产权的高性能铁路装备技术达到世界先进水平，部分达到世界领先水平。中国的振华港机已经覆盖世界90%以上的市场。中国自主研制的支线客机、通用飞机、直升机已交付使用，C919大型客机总装下线，使中国成为世界上为数不多的能够自主研制大飞机的国家。大型专业化码头装卸设备制造、海工机械特种船舶、集装箱成套设备制造技术领先世界，上海振华重工连续20年保持岸桥产品全球市场占有率第一，全球市场份额占有率超过80%。

信息化智能化技术也得到了广泛应用。尤其大数据、云计算、物联网、移动互联网等信息通信技术在中国交通运输领域广泛应用，线上线下结合的商业模式蓬勃发展。中国铁路建成了客运联网售票系统，实现了运输生产调度指挥信息化。中国港口集装箱自动化码头投入使用，上海洋山是最大单体全自动化码头。中国自行研制的北斗导航系统成为第三个面向国际航海应用的全球卫星导航系统。

第五节 “走出去”实现重大突破

交通基础设施“走出去”步伐不断加快，高速公路、城市轨道交通及港口建设走向世界，高铁成为“走出去”的新名片，中国连任国际海事组织A类理事国、国际民航组织一类理事国、万国邮联经营理事国，国际影响力、话语权进一步提升。港航和中欧班列成为“走出去”的最大亮点。

中欧班列是由中国铁路总公司组织，按照固定车次、线路、班期和全程运行时刻开行，运行于中国与欧洲以及“一带一路”沿线国家间的集装箱等铁路国际联运列车。目前，中欧班列主要依托西伯利亚大陆桥和新亚欧大陆桥，以中亚、中东欧和西欧地区的波兰、捷克、德国等国家为目的地。2011年，“渝新欧”的开行标志着中欧班列的发展进入“快车道”，也意味着沉寂20多年的陆桥经济的重启。到2017年年底，我国累计开行中欧班列6637列，运行线超过60条，实现进出口贸易总额580多亿美元。自2011年中欧班列开行以来，各省份纷纷主动加入序列，开行列数也呈现爆发性增长，年均增长率超过 128%。2016 年，国家出台了《中欧班列建设发展规划（2016—2020 年）》，绘制了中欧班列发展的美好蓝图。到 2020 年基本形成布局合理、设施完善、运量稳定、便捷高效、安全畅通的中欧班列综合服务体系。中欧铁路运输东中西三大通道基本完善，中欧班列枢纽节点基本建成，中欧班列年开行 5000 列左右（年集装箱运量 40 万 TEU 左右），回程班列运量明显提高，打造成为具有国际竞争力和良好商誉度的世界知名物流品牌。

港航是我国最早迈出国门的领域，中远集团在 20 世纪 80 年代就在海外主要国家设立合资合营公司。伴随“一带一路”倡议的提出，我国港航领域融入全球的步伐进一步加快。自 1989 年起，我国已连续 14 次当选国际海事组织 A 类理事国，在海运标准和规范制订中具有重要影响力。海上支点港口建设运营成效显著，瓜达尔港、科伦坡港口城等项目有序推进，吉布提多哈雷新港完成建设并开港运营，获得斯里兰卡汉班托塔港特许经营权，控股投资希腊比雷埃夫斯港取得良好业绩。目前，不含港澳台地区，中远海运集团已经投资参资 18 个海外码头，招商局已经直接投资参资 10 个海外码头（不含达飞轮船 Terminal Link 港口公司收购项目，间接涉及 15 个码头）。在港口工程承包领域也成果斐然，中国交通建设集团承建海外港口项目超过 100 个。

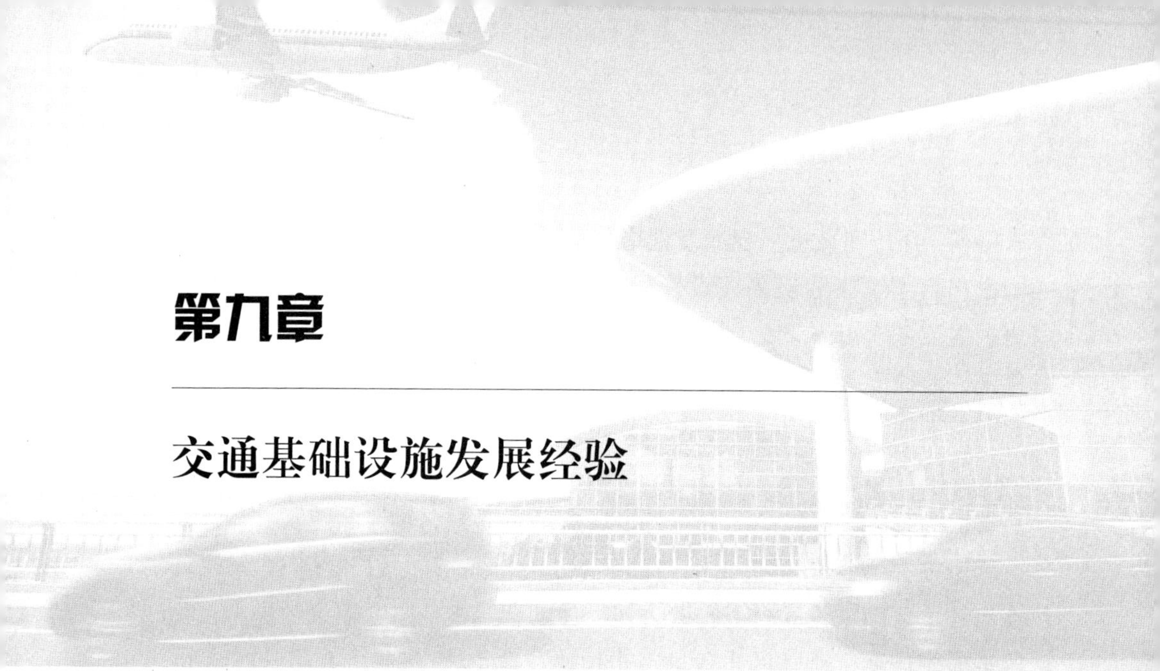

第九章

交通基础设施发展经验

第一节　发展蓝图引导发展

我国交通基础设施发展所取得的巨大成就离不开交通规划的蓝图指引。从中央到地方，从综合到部门，从发展战略到建设布局，我国形成了完整的交通规划体系，为不同时期的交通发展绘就了华丽蓝图。国民经济和社会发展五年规划作为中国最高层级政府规划，是交通规划的统领，在此基础上形成了各层级和类别的交通运输规划，既有面向中长期的《综合交通网中长期发展规划》，也有面向近期的交通运输体系五年发展规划；既有综合交通运输体系规划，也有《中长期铁路网规划》《国家公路网规划》《全国沿海港口布局规划》《全国内河航道与港口布局规划》《全国民用机场布局规划》等专项规划；同时，各省、市也在中央规划的指导下，根据自身实际情况编制自己的交通运输五年规划和中长期规划，为各地区的交通运输发展提供具体指导。在强调规划先行的同时，我国也加强了对规划的落实，维护规划的严肃性，严格依照规划要求，督促督察重大建设项目实施，通过中期评估、后评估等方式，总结规划实施的问题，完善保障措施。

第二节　改革开放激发活力

改革开放以来，我国交通运输发展道路是一条对内对外双向开放之路，是一条解放和发展运输生产力之路，使我国成功地实现了从计划经济向社会主义市场经济的根本变革。事实证明，每次正确的改革开放都会掀起建设新高潮。“有水大家行船、有路大家行车”是推进计划经济向社会主义市场经济的生动写照，激发了社会办交通的积极性和主动性。高速公路建设，引入市场机制，发展成为世界里程最长的国家；地方铁路发展，发挥社会各方的积极性和主动性，逐步解决铁路单一性问题；港口实行属地化改革、企业化经营，鼓励各方积极参与港口建设和运营，建成了世界上规模最大的港口群。

第三节　政府市场合力推进

交通运输属于准公共产品，在交通基础设施可以发力的领域，包括交通基础设施规划、用地保障、建设协调等，充分、有效地发挥政府主导作用，推动了交通基础设施高速发展；在市场应该发挥决定性作用的领域，包括运营管理、运输组织等，使市场在资源配置中起决定性作用。改革开放 40 年来基础设施发展的成就，既体现了正确处理好政府与市场关系的成功实践，也充分体现了中国特色社会主义制度集中力量办大事的优势和能力。

第四节　区域统筹协调发展

由于我国地区经济发展不平衡，交通基础设施建设在东、中、西部地区间的发展差别很大。如果完全依靠地方自身经济能力建设交通基础设施，只能使差距变得更大，政策扶持是缓解决区域间发展不平衡的必要手段。为应对1998年亚洲金融危机，我国推出了积极的财政政策和稳健的货币政策，实施增加投入、扩大内需为主的一系列方针政策；1999年又提出并实施西部大开发战略，在政策扶持和配套措施的支持下，西部地区交通基础设施得到明显改善。尤其是中共十六届三中全会提出积极推进西部大开发、振兴东北地区等老工业基地、促进中部地区崛起、鼓励东部地区率先发展的区域发展总体战略，使得中西部地区交通基础设施建设得到明显加强。当前，交通发展中的不平衡、不协调问题成为未来建议发展重点，国家也正在积极谋划新的西部大开发战略，相信西部、中部地区的交通基础设施又将迎来建设新局面。

第四篇

客运市场

执笔人：李名良

第十章

客运市场发展历程

改革开放40年来，面对人民群众日益增长和多样化的出行需求，我国客运市场持续推进改革，加大开放力度，市场活力得到空前释放，市场规模快速扩大，服务效率和质量稳步提升，完成了从计划经济向社会主义市场经济转型。全社会客运量从1978年的25.4亿人次上升至2017年的278.9亿人次，年均增速高达6.3%；人均出行次数从1978年为2.6人次上升至2017年的20.1人次，2017年人均出行次数是改革开放初期的7.7倍（本研究所指客运市场仅包括铁路客运、航空客运和水路客运，以及现有交通运输公报统计口径所指的营业性公路客运）。根据我国客运市场供需关系演化，以及国民经济和社会改革进程，改革开放40年来我国客运市场发展总体上可划分为四个阶段。回顾我国客运发展历程，总结发展经验，有助于从历史的视角审视当前我国客运市场的发展，更好地推动我国客运服务业的转型升级。

第一节　改革激发市场活力，缓解积累多年的供需矛盾

1978—1991年，我国客运市场通过改革激发市场活力，缓解了积

累多年的供需矛盾。

1978 年以前，我国实行计划经济，经济活动和资源配置都按政府制定的计划进行，市场激励缺失，商品和服务供给不足、供给质量和效率低成为突出问题；改革开放后，开始探索引进市场机制激发供给活力，正确处理计划与市场的关系、搞活企业、建立价格激励机制成为当时的改革重点。1982 年，党的十二大强调实行“计划经济为主，市场调节为辅”的原则。1984 年，十二届三中全会出台《中共中央关于经济体制改革的决定》，明确提出“社会主义经济是公有制基础上有计划的商品经济”，拉开了社会主义市场化改革的序幕。

一、放开搞活大幅提升市场活力

与全国的改革思路一致，在客运领域，面临的主要问题是如何建立市场机制，通过市场力量扩大供给能力。在建立客运市场化供给机制方面，改革重点是“政企分离”和“放开搞活”，通过厘清政府与市场关系，确定企业是市场客运服务的供给主体。公路客运的改革推进最为顺利。交通部在 1982 年率先提出“放宽政策，搞活交通运输”、“有河大家走船，有路大家行车”的政策，迅速完成了公路运输和内河、沿海水运的政企分开，为公路和水路客运市场化改革奠定了基础。1985 年国务院正式批准《关于民航管理体制改革的报告》，开启了民航管理局、航空公司、机场三者分立的体制改革，实行政企分开，国有航空运输企业出现。1981 年，铁道部开始扩大铁路局自主权试点工作。总体而言，各种运输方式市场化改革取得了重大突破。

二、国有企业改革促进客运效率改善

在改革政府与企业关系的同时，国有运输企业的效率受到关注，政府管理企业（包括民营企业）的手段有所变化。1985 年，交通部开始对国有运输企业进行改革，大范围实施承包经营、租赁经营、资产负责制等灵活运营方式。1986 年，为避免市场出现无序竞争和过度竞争，开始提高公路运输进入门槛，将登记制转变为经营许可制，市场竞争环境有所改善。1987 年，公路领域开始推行运输企业承包责任制，1989 年在全国推广，市场化改革步伐加快并取得良好效果。1986 年，铁路领域推行承包责任制，铁道部全面承包运输、造车和基本建设，铁路运输一家独大的局面由此形成。1987 年，航空运输公司与机场分离运营，1988 年进一步对航空运输企业试行承包经营责任制，拉开了民航企业改革的序幕。

三、客运市场化定价改革推进缓慢

与处理政府与市场关系、客运企业供给效率改革相比，客运价格市场化改革相对滞后。民航、铁路仍实行严格的政府定价，水路客运以政府定价为主，公路客运价格有所放开，实行政府指导价，企业有了一定程度的定价权。

总体来看，我国客运市场主体特别是公路客运经营的积极性明显提高，供给能力得到释放，缓解了积累多年的供需矛盾。其中，公路、水路和航空客运市场化探索成效较为显著，铁路相对滞后。与此同时，公路、水路和航空基础设施供给与旅客运输服务供给实现了分离，自负盈亏的运输企业成为我国客运市场服务供给的主体，为我国客运市场化改革奠定了良好基础。当然，在如何激发企业有序竞争、增强服务供给能力和质量等方面，我国客运市场化发展任重道远。

第二节　旅客出行需求快速膨胀，供需矛盾出现反弹

1992—2001 年，我国客运发展的特点可以概括为旅客出行需求快速膨胀，供需矛盾出现反弹。

经过十多年的改革探索，1993 年十四届三中全会通过了《中共中央关于建立社会主义市场经济体制若干问题的决定》，提出我国经济

体制改革目标是建立社会主义市场化经济体制。建立社会主义市场经济体制是一个系统性工程，主要包括现代企业制度、全国统一的市场体系、宏观调控体系、收入分配体系和社会保障制度等，由此我国改革的范围进一步扩大，社会主义市场经济体制有了一个系统性、纲领性构想。

一、劳动力跨区域流动加速客运市场需求膨胀

随着社会主义市场化改革的推进，沿海、沿江重要城市开放程度加大，产业在沿海沿江地区集中布局。与此同时，劳动力市场改革取得重大突破，《中共中央关于建立社会主义市场经济体制若干问题的决定》指出，“改革劳动制度，逐步形成劳动力市场”，“鼓励和引导农村剩余劳动力市场逐步向非农产业转移和地区间的有序流动”。劳动力市场成为市场体系的重要组成部分，劳动人口跨区域流动加快，客运需求快速膨胀，市场需求成为我国客运市场发展的主导力量。

二、客运领域现代化企业制度建设取得新突破

客运企业改革从激发活力向制度建设转变，政府调控市场的手段进一步规范。

1992 年交通部发布《关于深化改革、扩大开放、加快交通发展的若干意见》，1995 年发布《关于加快培育和发展道路运输市场的若干意见》，公路运输市场进一步开放，市场化进程加快。在全面建设现代企业制度的要求下，交通部在 1997 年年初印发了《关于深化改革加强管理搞好公有制大中型汽车运输企业的若干意见》，国有大中型公路运输企业改革进入新阶段。与公路客运类似，水路客运也开启了一轮改革，客运供给能力迅速增长，企业资质审批、市场准入审查和市场秩序管理等成为政府管理客运企业的主要手段。

民航和铁路客运在提高供给能力方面也进行了有益探索。民航总局于 1993 年颁布《关于国内投资经营民用航空企业有关政策的通知》，

民航市场扩大开放，鼓励国内资本投资民航，地方政府所属民航公司相继成立。为避免航空公司之间的过度竞争，1996 年民航总局提高市场准入门槛，鼓励航空公司兼并和重组，民航客运逐步形成寡头垄断的市场结构。1998 年铁道部出台《铁路局资产经营责任制的实施办法》，铁路局资产经营责任制在全国全面推开，路局确立了在铁路运输上的市场主体。2000 年铁路组建铁路客运公司，探索“网运分离”，但是由于客运公司大额亏损，改革被迫终止，客运职能重回路局。

三、价格改革推进客运服务产业化初步形成

价格政策是政府管理市场的重要手段，受全国价格改革影响，客运价格改革有新进展。到 1996 年，除客运班线外，公路客运基本实现企业自主定价；1992 年开始，政府规定基础票价，允许航空公司在规定幅度内自行制定符合一定限制条件的特种票价；2001 年起，全面放开水路客运价格；国家对铁路客运价格进行了多次调整。

随着客运市场需求快速膨胀，客运市场买方力量不断增强，成为客运改革的重要推动力，公路、水路和航空客运市场化深入推进，铁路在市场化改革方面也进行了一定尝试。公路、水路和航空企业基本确立了市场化经营理念，客运服务产业化初步形成。市场准入、企业资质、价格政策和市场秩序等成为政府管理市场的主要手段。但是，受基础设施和客运组织等因素限制，客运市场供给能力提升遇到瓶颈，供给增长远不及需求膨胀，供需矛盾出现一定程度的反弹。

第三节　客运供给能力快速提高，供需矛盾持续缓解

2002—2012 年，我国客运市场发展特征可以归纳为客运供给能力快速提高，供需矛盾持续缓解。2001 年年底我国正式加入世界贸易组织（WTO），我国经济与世界经济加速融合，适应世界贸易组织规则

成为改革动力和压力。以当期人民币对美元汇率计算，2003 年全国人均 GDP 达到 1090 美元，首次突破 1000 美元，此时既是“黄金发展期”也是“矛盾凸现期”，经济结构、社会需求和社会格局正在发生深刻变化。2003 年十六届三中全会通过了《关于完善社会主义市场经济体制若干问题的决定》，提出“科学发展观”和“以人为本”等重要发展理念，在深化国有企业改革、规范市场秩序、加快转变政府职能等方面做出了新部署。

一、在经济危机中夯实基础设施和补齐客运硬件短板

随着社会主义市场经济体制完善工作的推进，公路、水路和民航客运供给侧体制、机制创新难度加大，铁路客运改革也进入焦灼状态。面对快速膨胀的市场需求，软环境改进空间难以取得突破，客运市场供需矛盾越来越突出，基础设施等硬条件受到关注。1998 年亚洲金融危机后，为缓冲经济下行压力，以及扭转交通基础设施供给不足的局面，我国加快了交通基础设施建设。随着大量设施投入运营，客运服务供给能力再次跃升，极大缓解了客运市场供需矛盾，从此我国客运市场迈入了运营管理和设施建设相结合提高供给能力的发展阶段。特别是在 2000 年铁路客运市场改革困难的背景下，为了释放货运能力，铁路进行了多次提速，并开始探索建设客运专线，铁路客运供给能力快速提高，带动了铁路客运市场的繁荣。2008 年金融危机时期，投资拉动内需稳定经济增长的政策再次使我国交通基础设施迎来了一个投资高峰期，客运服务的基础设施短板得到有效缓解，供给能力快速提升。

二、客运专线为铁路客运大发展建立基础

自 1998 年以来铁路经过了 6 次大提速，但是面对铁路货运的快速增长，铁路运输能力仍然紧张。经过多轮研究，发展客运专线的方案受到重视。从“十五”期开始推进客运专线，2004 年国务院批复《铁路中长期铁路网规划》，并在 2008 年进行修编，同年，我国第一条具有

完全自主知识产权、达世界水平的时速350公里高速铁路——京津城际铁路通车运营，我国铁路客运市场竞争力大幅提升。

第四节　供需基本适应，从规模扩张向品质提升转变

2013年至今，我国客运市场发展特征可以归纳为供需基本适应，从规模扩张向品质提升转变。

党的十八大以来，经济步入新常态，供给侧结构性矛盾加剧，国际环境日益复杂化，全面深化改革步入深水区和攻坚期。2013年十八届三中全会通过《中共中央关于全面深化改革若干重大问题的决定》，形成了以新发展理念为指导、以供给侧结构性改革为主线的发展纲领，引领我国经济持续健康发展。2018年党的十九大报告《决胜全面建成小康社会夺取新时代中国特色社会主义伟大胜利》宣布中国特色社会主义进入新时代，我国社会的主要矛盾已经转化为人民日益增长的美好生活需要和不平衡不充分的发展之间的矛盾，我国经济由高速增长阶段转向高质量发展阶段。

一、客运市场化改革加快，发展环境更加成熟

2013年以来，客运市场实现了全方位式发展，包括制度和政策领域的创新。2013年，撤销铁道部成立中国铁路总公司，铁路系统基本实现政企分离；2017年年底，中国铁路总公司深化改革，将运营管理权进一步下放至区域性路局集团，铁路客运服务供给主体的市场服务意识和服务能力明显增强。民航客运受高速铁路客运的竞争，民航企业加快服务创新，通用航空产业也受到重视。

在价格改革方面，客运市场取得了新突破。一方面，放开满足旅客较高品质出行需求、与其他运输方式形成竞争的高铁动车组等旅客票价，允许根据市场需求进行上下浮。另一方面，优化民航票价政府指导

价管理方式，由政府直接核定改为政府制定定价规则和公式，航空公司依规自行测算确定基准票价。

二、多措并举提高客运系统应对高峰客流能力

2012年下半年推行的重大节假日免收小型客车通行费，使"五一""十一"等"黄金周"单日出行客流超过春节，大城市居民选择私家车出游比例不断上升，分摊了大量传统公路客流，导致公路客运市场出现萎缩。与此同时，长期受"春运"和"黄金周"等高峰客流考验，我国客运服务系统通过加大设施供给、加强部门协调、优化客运组织等方式，在应对高峰客流瓶颈问题方面积累了丰富的经验，特别是政府对客运市场的管理能力，如客运安全保障、市场秩序维护、客运组织优化、运输部门协调等方面能力有了显著提升，客运市场发展更加成熟。

三、从规模扩张向品质提升转变

与全国宏观经济和社会发展形势相一致，我国客运服务业也进入转型升级期，从规模扩张向品质提升转变，产业升级需求迫切。

一是居民出行需求呈高端化、个性化发展趋势。2015年我国人均GDP突破8000美元，居民出行需求结构进入快速变化期，度假休闲、观光旅游和出国旅行等需求日益增多，出行需求呈个性化和多元化趋势，自驾游持续升温，休闲出行更加重视体验和品质。

二是人们生活方式变化对客运影响增强，城市间短距离快速客流增多。随着我国城镇化推进，产业服务化加快，中心城区布局服务业，制造业向外围城镇转移，建设都市圈和城市群等城镇空间新形态取得新突破，改变了人们的居住、生活和工作习惯，城际间和城市内快速、便捷、一体化的出行需求日益增多。

三是城乡居民往来更加频繁，客运一体化加快。2018年政府工作报告指出，2013年来，我国有8000多万农业转移人口成为城镇居民。

随着我国城市建成区扩围，更多城郊结合部人口划入城市，越来越多的农村人口实现市民化，外出农民工实现就近就业，城镇与农村工作和生活加快融合，人员往来更加频繁。

四、客运服务高质量发展取得良好开端

在供需基本相适应的背景下，我国客运服务已经具备高质量发展的基础，并取得了良好开端。一方面，我国客运服务高质量发展有良好的设施基础。一是交通基础设施供给质量快速提升，为提供高品质出行服务奠定基础。据 2018 年全国交通运输工作会议，高速公路覆盖范围扩大，高速铁路加快成网，国内外航线加密，截至 2017 年年底，高速公路已覆盖 97% 的 20 万人口城市及地级行政中心，高铁覆盖了 65% 以上的百万人口城市，定期航班通航城市达 224 个。二是打造现代综合客运枢纽，促进了旅客出行的无缝衔接。2016 年国家发展改革委印发《关于打造现代综合客运枢纽提高旅客出行质量效率的实施意见》，在全国重要综合交通枢纽城市，打造 100 个大型高铁车站为主和 50 个以机场为主的现代化、立体式综合客运枢纽，其中虹桥机场、杭州东站和广州南站等一批综合客运枢纽建设取得积极进展。

另一方面，客运领域涌现了大量新技术和新模式。一是互联网在客运领域运用越来越广泛，客运智能化步伐加快。2015 年政府工作报告提出制定“互联网 +”行动计划，随后国务院印发《关于积极推进“互联网 +”行动的指导意见》，通过基础设施、运输工具、运行信息等互联网化提升交通运输服务品质。二是旅客出行联程运输服务、客运与其他产业融合加快发展。铁路系统加强与航空合作提供联程运输产品，携程和智行等联程运输服务平台企业市场影响力不断扩大，客运与旅游等产业融合加快，高新技术型客运企业成为客运市场服务创新主体。

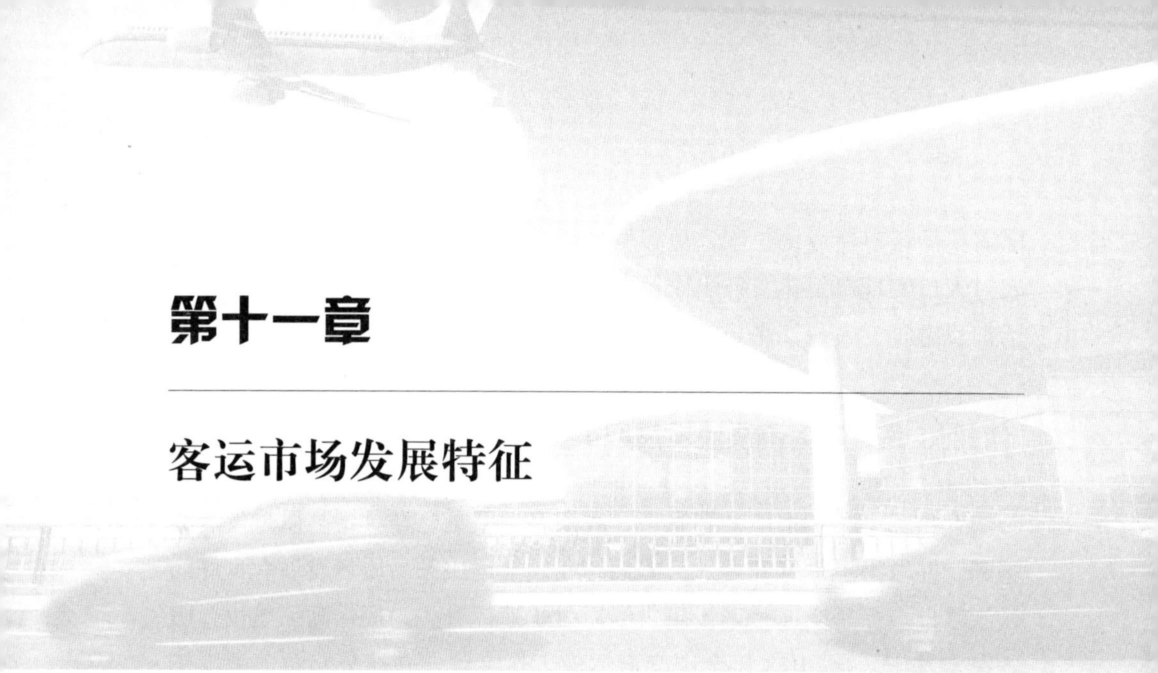

第十一章

客运市场发展特征

第一节　客运市场不断完善

改革开放前，我国客运供给几乎完全由政府主导，普通百姓的出行需求受到抑制，客运市场化改革成为满足出行需求的首要前提。一是我国客运市场供给主体活力不断增强。2013 年中国铁路总公司成立，标志着我国客运市场政企分离基本完成，铁路总公司也正在加快构建现代企业管理体制机制。在公路、水运和民航方面，市场结构基本稳定，客运企业保持适度竞争。二是客运市场形成了以政府指导和市场调控相结合的价格体系。其中，公路和水路客运分别实行以政府指导价和政府定价为主，民航客运建立了以政府指导价为主的价格机制，铁路运输企业依法自主制定票价的空间在不断扩大。三是政府管理客运市场手段更加规范，管理能力持续提高。

经过多年努力，逐步摆脱运用行政手段管理客运企业，形成以价格调节、市场准入、规范制定和市场秩序维护等为一体的管理体制。

第二节　客运规模持续大增

全社会客运量从 1978 年的 25.4 亿人次上升至 2017 年的 278.9 亿人次，是改革开放初期的 11 倍；旅客周转量从 1978 年的 1743.1 亿人公里增至 2017 年的 32812.7 亿人公里，年均增速为 7.8%，而美国在 1960 年至 1995 年间全国旅客周转量年均增速仅为 3.2%，其中，公路、铁路和民航客运市场规模扩张最明显。

在公路方面，不仅客运量增长快，2017 年公路客运量是 1978 年的 16 倍，而且市场运输供给主体增多，2017 年市场拥有载客汽车 81.6 万辆，其中大型客车 30.6 万辆，而在 1978 年，民用客运汽车仅为 25.9 万辆，大型客车 8.8 万辆。

铁路客运量在 1978 年为 8.1 亿人次，分别于 1985 年、2013 年和 2017 年跨过 10 亿、20 亿和 30 亿人次。

在改革开放前，民航客运管制最为严格，改革开放充分激发了民航活力，民航客运市场规模增长最快，1978 年客运量为 231 万人次，2017 年为 55157 万人次，增长了 237 倍；另外，我国民航客运周转量已经连续 12 年稳居世界第二。

第三节　高品质客运展现中国特色

党的十八大以来，以高速铁路和民航为代表的高品质客运发展迅速，中国高铁成为中国走向世界的一张靓丽名片。2017 年国家铁路完成旅客发送量 30.4 亿人次，其中动车组发送 17.13 亿人次，占比 56.4%；客车开行数量 3819 对，其中动车组列车 2626 对，较 2012 年年末增长 202.9%。高速铁路快速成网，提高了铁路客运的市场竞争力，改变了我国客运市场结构，2013—2017 年，铁路客运量增长了近 10 亿人次，“复兴号”成为世界高速铁路建设运营新标杆。

民航客运方面，我国已经成为民航大国，民航客运仅次于美国，多年位居世界第二。2017年世界机场旅客吞吐量排名前10位的机场中国占3个，其中北京首都国际机场以9579万人次位居世界排名第二，香港机场和上海浦东机场分别排名第8、第9。

第四节　创新推动客运业迈进高质量发展

技术创新是产业发展的永久动力。近年来，旅客运输技术不断创新，推动我国客运服务业向高质量发展阶段迈进。技术创新不但指旅客运输装备技术取得新突破，比如高速铁路技术、磁悬浮列车、大飞机等，而且还包括其他技术在旅客运输领域的运用，比如互联网与客运深度融合，“互联网+”便捷交通发展迅速。2017年年底，全国29个省、90%以上二级道路客运站初步实现省域互联网售票；在铁路客运领域，互联网售票得到普及，2016年铁路互联网售票率超过60%；国航、南航等航空公司和第三方服务平台合作，实现可移动设备线上购票，全面打通航空公司出行服务链条，为用户提供全旅程服务。与此同时，综合运输发展理念深入客运服务业，现代综合客运枢纽建设取得积极进展；旅客联程运输市场不断壮大，携程和智行等平台企业得到市场认可；客运与其他产业融合发展加快，商务快巴、旅游专线和国际邮轮等客运新业态蓬勃发展。

第五节　客运发展更加注重公平和保障人民基本出行

我国客运市场发展历来注重公平问题，大众基本出行需求受到重视。特别是党的十八大以来，城乡基本客运服务均等化加快推进、成效显著。2017年年底，全国乡镇和建制村通客车率分别达到99.1%和96.5%以上，贫困地区通客车建制村8473个，一些边远、贫困地区通过“客运+乡村旅游”等产业融合方式带动脱贫，通勤航空、基本航空服务等正在落后地区推进试点工作。目前，我国民航运输机场达 229 个，服务覆盖全国 88.5% 的地市、76.5% 的县；高速铁路在 500 多个城市设站，部分中西部偏远山区以高铁和飞机等方式出行的机会得到保障。比如 2017 年年底开通的西成高铁，将沿线的诸多贫困地区（包括我国集中连片特困地区之一的秦巴山区）串联起来，跨越迈入高铁时代。此外，我国普速列车票价 20 多年基本未上调，有效保障了低收入群体的长途出行需求。

第六节　“春运”和“黄金周”客运难题得到有效缓解

“春运”和“黄金周”期间，全国范围内出现大面积、超常规模的人口流动，对我国客运市场形成严峻考验，堪称世界级客运难题。以 2018 年“春运”为例，在 2 月 1 日至 3 月 12 日的春运 40 天内，全国共运送旅客 29.7 亿人次，是我国总人口的 2.1 倍，是美国总人口的 9.3 倍，是欧盟总人口的 5.8 倍；正月初六创春运单日历史新高，运送旅客 9546.7 万人次，分别是德国、英国和法国总人口的 1.2 倍、1.5 倍和 1.4 倍。经过多年旅客运输供给能力的有效提升、运输组织的不断优化，以及互联网等新技术的助力，我国“春运”和“黄金周”时期的客运瓶颈基本解决。据最新调查结果，74.8% 旅客对 2018 年“春运”工作较为满意。

第十二章

客运市场发展经验

第一节　坚持社会主义市场化改革方向

改革开放前，我国客运服务供给资源基本由政府按计划配置，供给主体只需要按计划完成供给任务即可，缺乏有效的激励机制，供给主体扩大供给和创新供给的能力和积极性不高。改革开放后，坚持社会主义市场化改革方向，引入市场竞争机制，制定市场规则，维护市场秩序，倡导有序竞争，形成了具有中国特色的客运市场，客运市场供给能力和创新意识不断增强。一方面，放开客运服务市场允许民营企业和社会资本进入，快速增加市场供给主体，通过合理有序竞争提高市场供给主体活力；另一方面，持续推进价格和管理体制改革，建立市场秩序，提供市场公共服务，维护优良的市场发展环境，充分发挥政府在培育市场、引导市场和管理市场等方面的积极作用。

第二节　坚持运输方式独立发展与协同发展相结合

长期以来，我国公路、水路、铁路和客运分属不同的管理部门，公路和水路发展主要由交通部门负责，民航和铁路形成了相对独立的管理体系。在客运供给不足的年代，各部门出台了中长期规划、五年规划和其他短期行动方案，竞相提高供给水平和服务能力，各种客运方式供给能力在近 20 年来有了质的飞跃，满足了高速增长的客运需求。与此同时，国家发展改革委作为综合协调部门，长期以来致力于多种客运方式协调发展，国家发展改革委综合运输所倡导的综合运输发展理念也被社会认可并广泛实践。特别提出的是，为提高旅客出行质量，国家发展改革委于 2016 年印发了《关于打造现代综合客运枢纽提高旅客出行质量效率的实施意见》，大量以机场和高铁站为主的现代综合客运枢纽陆续投入使用，加快了各种客运方式的无缝衔接。

第三节　坚持强化政府调控和效率公平并重

出行需求是居民的基本需求之一，保障基本出行需求是社会文明的重要体现。我国客运市场发展，在引进市场机制提高供给效率的同时，也注重公平发展问题，在保障人民基本出行需求方面做了大量的工作，政府在此项任务中发挥着主导作用。一方面，出台了《加快西部地区公路交通发展规划纲要》《西部铁路网规划》和《集中连片特困地区交通建设扶贫规划纲要》等，通过加强落后地区交通基础设施建设，有效改善欠发达地区居民的出行条件，仅十八大以来的五年时间内就新改建农村公路 127.5 万公里。另一方面，通过补贴为偏远地区开通客运班列，普速铁路客运长期保持低价保障百姓基本长途出行需求，并对特定群体实行优惠票价。与此同时，我国城市交通秉持“优先发展城市公共交通”的发展理念，保障城市居民的基本出行需求。

第四节　坚持软件硬件协同创新和共同发展

我国客运市场高质量发展取得一定成绩，得益于现代客运技术的创新和运用，其中高速铁路和互联网技术的作用最为突出。在高速铁路技术方面，通过整体引进技术、消化吸收，逐步实现国产化，并达到了国际先进水平，在快速提升我国铁路客运供给水平和能力的同时，高铁也在尝试走出去。互联网技术与客运融合发展取得了良好的市场效果，公路、水路、铁路和民航客运均实现了网上订票，其中铁路和民航线上订票已经是主流。技术创新和广泛运用产生了联动效应，使交通基础设施建设力度加大，补齐了我国长期存在的硬件设施短板，实现了客运服务的软件与硬件共同发展。

第五节　坚持“集中力量办大事”应对周期性客运难题

“春运”和“黄金周”被国内外学者称为史诗级的人口大迁徙事件，考验着我国客运服务系统，是世界级客运难题。党中央、国务院高度重视“春运”工作，每年“春运”期间，国家发展改革委联合多个政府部门出台应对方案，通过优化各种运输方式结构、积极调动多方运能、引导旅客错峰出行、搞好车流疏导组织、做好应急备灾工作，保障广大人民群众的出行需要，体现了我国集中力量办大事的制度优越性。在解决世界级客运难题过程中，我国客运服务系统取得了极大进步，在客运组织、安全保障、价格监管和部门协调等方面积累了丰富经验，有效指导建设有中国特色的高效、便捷客运服务系统。

第五篇

货运物流

执笔人：谢雨蓉　陆成云　刘文华

第十三章

货运物流发展概况

第一节　货运物流产业规模迅速扩大，增长动能交替变换

2017年，我国全社会货运量达到479.4亿吨，相较于1978年的31.9亿吨，40年间增长14.0倍，年均增长7.0%。货运量一方面反映出货运物流行业总体市场规模的大小以及对我国经济发展贡献的大小，另一方面也体现了经济与社会发展对货运物流业的需求和依赖程度。从发展历程看，受制于各方式发展的基础、启动市场化改革的时间和条件、国际国内经济产业发展和结构调整对货运物流的要求等的不同，铁路、水运、公路等在不同时期承担着不同的角色任务，推动货运物流发展的动能转换。

1978—1985年期间，在市场机制还未开放时期，基础设施总体较弱，立足于集中力量办大事、保障大宗物资运输等的原则，各运输方式采取高度集中的计划经济。从运行组织角度，政府主管部门通过指令性计划组织运输。这种条件下，铁路具有的大运量优势，水路运输具有相对较好的基础，决定了该时期铁路、水运承当了主要的运输任务。1978

年，铁路、水运完成货运量分别为110119万吨和47357万吨，分别占据总运量的34.5%和14.8%；完成货物周转量分别为5345.2亿吨公里和3801.8亿吨公里，分别占据总货物周转量的53.8%和38.3%。1980年，铁路、水运完成货运量分别为111279万吨和42676万吨，分别占据总运量的35.8%和13.7%；完成货物周转量分别为5717.5亿吨公里和5076.5亿吨公里，分别占据总货物周转量的49.2%和43.7%。虽然，这一阶段由于远洋运输未纳入统计，使得水运作用未得到充分体现和铁路占比较高，但总体看，铁路、水运是这一阶段主要货运方式的情况仍可以得到证实。

1985—2007年期间，随着1984年开始的“有路大家行车、有水大家行船”等政策支持文件的出台，公路、水路率先进行市场化开放，个体运输户得到鼓励，增加了车辆和运输能力供给，公路与铁路、水运一起成为较长一段时间内我国货运物流发展的主体和主要动能。1985年，公路、铁路、水运完成货运量分别为538062万吨、130709万吨和63322万吨，分别占据总运量的72.1%、17.5%和8.5%，完成货物周转量分别为1903亿吨公里、8125.7亿吨公里和7729.3亿吨公里，分别占据总货物周转量的10.4%、44.2%和42.1%。总体上，公路货运量上升较快，承担了绝大部分的中短途运输份额。铁路、水运则因为其对大宗物资运输运距长的优势，在周转量上占据一定优势。此后相当长一段时间内，公路货运量、货运周转量上升态势一直得以保持，而铁路货运量、货运周转量占比一直降低。加入WTO之后，我国逐步成长为外贸大国，相应地带动了远洋运输及水运货运量及货物周转量较快上升。2007年，公路、铁路、水运货运量分别完成1639432万吨、314237万吨和281199万吨，占总货运量比重达到72.0%、13.8%和12.4%。完成货运周转量11354.7亿吨公里、23797亿吨公里和64284.8亿吨公里，分别占货物周转量的11.2%、23.5%和63.4%。

2008年，公路运输统计调整，重新确定了各方式货运物流发展基础。从货运结构及发展趋势看，2008—2016年，公路仍然占据主导地位。这期间，随着公路的大力建设，我国路网规模不断提升，网络不断完善，同时我国汽车工业发展和货物运输需求增加，引致我国公路运输服务大发展。公路运输货物周转量占全社会货物周转量比重超过铁路，成为推动货运物流发展的新动力。铁路货运量和货运周转量一直下降。水运货运量和货物周转量得益于金融危机后 4 万亿投资带来的港口扩张发展，在新确定基础上逐步攀升。此外，随着产业结构调整，经济发展和人民生活水平提高，相关的物流业，尤其是电商快递等成为推动货运物流发展的新亮点。

2017 年，在经历了多年发展低谷后，铁路货运量和货物周转量出现了首次回升态势。未来随着我国产业结构调整和运输方式间技术经济特点的充分发挥，铁路、水运在中远距离运输中承担比重应有所增加。

与此同时，高铁快运、航空物流等方式在不同历史阶段也扮演了重要角色，推动我国货运物流服务升级和创新模式。

全社会各方式货运量及周转量市场份额分别见表 13-1、表 13-2。

表 13-1　1978—2017 年全社会各方式货运量市场份额表

年份	铁路	公路	水运	民航	管道
1978	34.5%	47.5%	14.8%	0.0%	3.2%
1980	35.8%	45.7%	13.7%	0.0%	3.4%
1985	17.5%	72.1%	8.5%	0.0%	1.8%
1990	15.5%	74.6%	8.3%	0.0%	1.6%
1995	13.4%	76.1%	9.2%	0.0%	1.2%
1996	13.2%	75.8%	9.8%	0.0%	1.2%
1997	13.5%	76.4%	8.9%	0.0%	1.3%
1998	13.0%	77.0%	8.6%	0.0%	1.4%
1999	13.0%	76.6%	8.9%	0.0%	1.6%
2000	13.1%	76.5%	9.0%	0.0%	1.4%
2001	13.8%	75.4%	9.5%	0.0%	1.4%
2002	13.8%	75.3%	9.6%	0.0%	1.4%
2003	14.3%	74.1%	10.1%	0.0%	1.4%
2004	14.6%	73.0%	11.0%	0.0%	1.4%
2005	14.5%	72.1%	11.8%	0.0%	1.7%

续表

年份	铁路	公路	水运	民航	管道
2006	14.1%	72.0%	12.2%	0.0%	1.6%
2007	13.8%	72.0%	12.4%	0.0%	1.8%
2008	12.8%	74.1%	11.4%	0.0%	1.7%
2009	11.8%	75.3%	11.3%	0.0%	1.6%
2010	11.2%	75.5%	11.7%	0.0%	1.5%
2011	10.6%	76.3%	11.5%	0.0%	1.5%
2012	9.5%	77.8%	11.2%	0.0%	1.5%
2013	9.7%	75.1%	13.7%	0.0%	1.6%
2014	9.2%	74.7%	14.4%	0.0%	1.8%
2015	8.0%	75.4%	14.7%	0.0%	1.8%
2016	7.6%	76.2%	14.5%	0.0%	1.7%
2017	7.7%	76.8%	13.9%	0.0%	1.6%

表 13-2　1978—2017 年全社会各方式货物周转量市场份额表

年份	铁路	公路	水运	民航	管道
1978	53.8%	3.5%	38.3%	0.0%	4.3%
1985	44.2%	10.4%	42.1%	0.0%	3.3%
1990	40.5%	12.8%	44.2%	0.0%	2.4%
1995	36.3%	13.1%	48.9%	0.1%	1.6%
1996	35.8%	13.7%	48.8%	0.1%	1.6%
1997	34.6%	13.7%	50.1%	0.1%	1.5%
1998	33.0%	14.4%	50.9%	0.1%	1.6%
1999	31.8%	14.1%	52.4%	0.1%	1.5%
2000	31.1%	13.8%	53.6%	0.1%	1.4%
2001	30.8%	13.3%	54.5%	0.1%	1.4%
2002	30.9%	13.4%	54.3%	0.1%	1.3%
2003	32.0%	13.2%	53.3%	0.1%	1.4%

续表

年份	铁路	公路	水运	民航	管道
2004	27.8%	11.3%	59.7%	0.1%	1.2%
2005	25.8%	10.8%	61.9%	0.1%	1.4%
2006	24.7%	11.0%	62.5%	0.1%	1.7%
2007	23.5%	11.2%	63.4%	0.1%	1.8%
2008	22.8%	29.8%	45.6%	0.1%	1.8%
2009	20.7%	30.4%	47.1%	0.1%	1.7%
2010	19.5%	30.6%	48.2%	0.1%	1.5%
2011	18.5%	32.2%	47.3%	0.1%	1.8%
2012	16.8%	34.3%	47.0%	0.1%	1.8%
2013	17.4%	33.2%	47.3%	0.1%	2.1%
2014	15.2%	31.3%	51.1%	0.1%	2.4%
2015	13.3%	32.5%	51.5%	0.1%	2.6%
2016	12.7%	32.7%	52.2%	0.1%	2.2%
2017	13.7%	34.0%	49.7%	0.1%	2.4%

数据来源:《中国统计年鉴》，2017 年国民经济和社会发展统计公报。

第二节　经济产业和技术变革推动货运物流跨越式发展

一、宏观经济发展产生货运物流服务需求

货运物流属于实体经济的派生性需求，结合宏观经济和货物运输总量的关系看，相关度较高。所以，经济的发展和商品贸易的繁荣是推动货运物流规划发展最主要动力，正是宏观经济产业的发展和国家所处的重大历史变革阶段等提出货运物流服务规模和品质需求。

结合我国重大的宏观经济发展节点和历史阶段看，包括了改革开放（1978 年）、市场化改革方向确定（1992 年）、中国加入 WTO（2001 年）、党的十八大召开（2012 年）等主要时段。其中，改革开放初期，通过体制机制和市场的开放，鼓励个体运输户经营，主要推动了公路、水运的变革，由此，货物物流运输有效释放出了经济起飞发展阶段的潜力；市场化改革方向确定后，通过继续推动公路、水路运输领域全面的市场化竞争，市场过度竞争弊端初显，进而明确市场为主体、政府实施宏观调控的总方针；我国加入 WTO 后，进出口增加和航运市场的逐步开放，推动了我国航运市场的大变革。此外电商的快速发展推动电商物流及快递业的快速起步发展。党的十八大以来，全面深入改革成为主要方向之一，加上资金、技术等不断涌入，出现了一系列货运物流领域的新变革、新动能。

二、产业结构调整推动货运物流优化升级

从经济产业布局与物流发展的耦合关系，以及产业结构对货运物流的影响看，不同的产业结构条件下，社会流转商品及物资品类、对服务的时间及品质要求等不同，相应的对物流运输方式及组织形式要求不一样。总体上讲，处于重化工业发展阶段国家的物流费用与 GDP 的比率要较服务业占比较高的国家要高。因此，产业结构变化会持续推动货运物流优化升级。

社会物流总费用与 GDP 比率变化趋势与我国经济结构调整步伐基本同步。十八大以来，随着我国进入转变发展方式、优化经济结构、转换发展动力攻坚期，产业结构优化对物流费用总成本占 GDP 比率产生较大影响。2015 年，我国服务业占 GDP 的比重首次超过 50%，服务业占 GDP 比重达到 50.5%，产业结构由工业占主导向服务业占主导转变的趋势更加明显。而这几年是我国社会物流总费用与 GDP 的比率下降最快的年份，从 2012 年的 18.0% 下降至 2017 的 14.6%。随着未来我国经济由高速增长向高质量发展迈进，产业结构调整仍将继续深化，由此带来的对货运物流发展的新要求将成为我国货运物流领域的新动力，

社会物流总费用与 GDP 的比率也将进一步优化。1991—2017 年我国社会物流总费用与 GDP 的比率变化见表 13-4。

表 13-4　1991—2017 年我国社会物流总费用与 GDP 的比率变化表

年份	社会物流总费用（亿元）	社会物流总费用与 GDP 的比率（%）
1991	5182	23.7
1992	6137	22.7
1993	7898	22.2
1994	10338	21.3
1995	12884	21.1
1996	14992	20.9
1997	16667	21.0
1998	17021	20.1
1999	17814	19.8
2000	19230	19.3
2001	20619	18.7
2002	22741	18.8
2003	25695	18.8
2004	30002	18.8
2005	33861	18.6
2006	38415	18.3
2007	45406	18.4
2008	54542	18.1
2009	60826	18.1
2010	70984	17.8
2011	84102	17.8
2012	93702	18.0
2013	102396	18.0
2014	105944	16.6
2015	108096	16.0

续表

年份	社会物流总费用（亿元）	社会物流总费用与 GDP 的比率（%）
2016	110628	14.9
2017	121000	14.6

数据来源：历年全国物流运行情况通报。

三、各方式供给条件调整货运市场格局

伴随着我国经济社会的不同发展阶段，铁路、公路、水运等各方式交替推动交通运输大发展和支撑引领经济发展。目前来看，我国公路、水运领域开放较早，易于与市场接轨，可以更灵活地围绕客户全流程、全产业的物流需求做调整，因此，基本占据了我国货运物流市场超过 70% 的份额。具体而言，为进一步提高地方政府对公路建设的积极性，进而形成“谁建、谁用、谁受益”的政策，“收费还贷”“收费获益”等思路的解放，我国公路基础设施供给得到快速发展，公路条件改善和供给增加带来公路运输服务的爆发式增长。而随着加入 WTO 之后，伴随着我国外向型经济的发展，我国航运市场的开放，大量船舶购置、港口及航运中心建设、航运服务等产业的开放发展等，完善了水运发展条件，配合公路运输集疏运体系的建设，水运也得到大发展。相较而言，铁路由于自身体制原因和既有运行组织模式较适合运输大宗物资等，吸引集装箱及白货业务能力相对较弱，在货运市场中的份额也逐步降低。民航、管道等领域作为相对小众的市场，主要服务高端生产和消费需求物流。

四、技术进步促进货运物流资源整合与效率提升

公路领域，随着互联网、移动互联网、云计算、大数据、物联网等先进技术在货运物流领域的应用，通过车源、货源等信息高效匹配，极大地提高了我国货运配载和专线及零担运输效率，降低了全社会物流

运行总成本。同时通过资源整合，形成了规模化、网络化和品牌化运营局面，正在整体改变我国公路货运产业生态。得益于公路货运的率先创新发展，进一步强化了其相对于铁路、水运、航空运输等的竞争优势，使得公路运输占据了货运物流最大市场份额，继续引领整个货运物流产业发展。铁路领域，随着铁路大提速、重载化改造、高铁等技术的发展，一方面，大提速和重载化技术发展对既有铁路运能挖潜，扩张了既有线路能力；另一方面，高铁的规模化建设，织密了现有网络，也释放了既有线路的运能。此外，高铁建设为开展高铁快运，实现普铁、高铁协调发展提供基础支撑。航运方面，船舶的大型化、江海船型标准化研究等技术进步也有力支撑了我国对外开放的建设和出口导向型经济的发展。民航客机改货机等技术改造等，也在一定程度上保障了专业化民航运输发展，为构建有竞争力的“轴辐式”运作模式奠定基础。总体看，技术进步在一定范围内促进了货运物流市场格局调整，提升了货运物流整体运作效率。

第三节　改革开放撬动公路水路领域市场化改革

1978—1992 年，改革开放撬动了公路水路领域市场化改革。

一、“有路大家行车、有水大家行船”释放公、水领域市场潜力

改革开放前，我国公路、水运等运输领域与其他行业相同，采取的是高度集中的计划经济，政企合一特征明显。从运行组织角度，政府主管部门通过指令性计划组织运输，企业没有市场经营权，运输价格也由国家统一规定，市场机制在行业领域内基本缺失。在此背景下，我国公路、水运等货运市场发展缓慢，运力规模小，运输效率低，极大地制约了我国经济的发展。20 世纪 80 年代初，随着十一届三中全会提出的经济建设为中心的思想，以及逐年明晰提出的各类市场与计划的关系，至

1984 年明确提出社会主义有计划商品经济的理论。改革理论的创新促成了这一阶段早期 1978—1985 年公路、水运等领域积极的市场化行动。其典型的思想体现为 1983 年全国交通会议提出“有路大家行车、有水大家行船”。具体政策包括：1984 年 2 月，国务院颁布《国务院关于农民个人或联户购置机动车船和拖拉机经营运输业的若干规定》，1985 年 5 月交通部下发《关于重申积极维护城乡个体运输业合法权益的通知》等。随着部分领域市场化的推进和改革中相关问题的解决需要，后期 1985—1991 年，在继续推进市场化的基础上，积极完善早期市场化推进较为深入的公路市场相关的配套管理。

改革的各项措施，特别是市场的放开和企业自主经营格局的确立，极大地刺激了企业参与公路、水运物流服务市场的热情，市场主体呈现形态多样化特点，各类运输企业发展迅速，全社会运输能力得到快速增长。1978 年我国货运汽车保有量仅 100 万辆，1985 年翻了超过一番，达到 223 万辆，1991 年则达到了 399 万辆。营运船舶总载重吨由 1978 年的 1172 万吨分别提高到 1985 年的 2089 万载重吨和 1991 年的 2941 万载重吨。运力的快速增长，不断适应和支持我国经济社会发展需要，7 年间实际完成的货运量增长迅速。1978 年，我国全社会公路货运量仅 15 亿吨，而到 1985 年的 7 年间，货运量增长了约 3 倍，达到 54 亿吨，到 1991 年达到 73 亿吨；周转量则由 1978 年的 350 亿吨公里，增长为 1991 年的 3428 亿吨公里。水运周转量也由 1978 年的 3800 亿吨公里，增长为 1991 年的 12955 亿吨公里。

二、航空、铁路、国际海运、快递等在改革探索中前进

航空货运领域改革发展。由于在改革初期相对落后的经济条件下，航空物流本身需求极为有限，且航空货运市场主体与民航客运存在明显的重合性，其发展与改革并没有独立出现。这一时期，民航领域主要开展了管理局、航空公司、机场分设，政企分开的管理体制改革，尚未涉及民用航空物流市场放开等内容。1987 年开始，民航在北京、上海、广州、成都、西安、沈阳设立 6 个地区管理局，各省成立省局与机

场合一管理，企业化开展机场运营，形成总局—地区局—省局（机场）三级管理，并将原6个地区局的航空业务、资产、人员剥离，成立了中国国际、东方、南方、北方、西南、西北等六大航空公司，成为自主经营、独立核算、自负盈亏的市场主体。在政企分开，市场化企业运作条件下，各航空公司发展迅速，货运物流规模也以客机带货的模式快速增长。1978年我国民用航空货物周转量仅0.97亿吨公里，而1991年则增长了9倍，达到了10.1亿吨公里。

国际海运领域改革发展。在国际海运领域，这一阶段的改革重点是推进政企分开，所有权和经营权分离。由于国际海运对市场主体规模和能力的门槛较高，国际海运领域并没有放开市场，因此市场主体均为国有海运企业。随着中国远洋等国有大型国际海运物流企业经营自主权的提高，企业扩张发展动力较强，依托对外开放的大环境改善，这一时期我国的国际海运能力与规模迅速提升。1978年国际远洋货运量3659万吨，周转量2487亿吨公里，而到1991年则分别达到10567万吨，8990亿吨公里。

铁路货运领域改革发展。铁路货运领域与航空领域相类似，以铁路整体改革的形态出现。这一阶段铁路领域的改革重点是，在原铁道部整体层面上实行“大包干”，即除了缴纳营业税、城市建筑税、教育附加费以外，全部利润留给铁道部，用于发展铁路，全面承包设施建设、设备建造和运输经营等。铁道部内推进了扩大路局自主权试点，下放了大量的管理权限，并组建了广深铁路公司，试点实行“自主经营、自负盈亏、自我改造、自我发展”。铁路在大环境下，尝试推进市场化，但没有改变政企不分的基本格局，以及一家独大、缺乏竞争机制等局面。铁路货运虽然在改革开放初期也得到了较快发展，但线路等设施设备能力增长有限，货运规模增长缓慢。1978—1991年，铁路货运量由11亿吨增长到15.3亿吨。但是，此阶段我国在铁路货运重载化、铁路客运快速化、释放线路货运能力等方面做出了有益探索。在此期间，配合煤炭、矿石等大宗物资的运输，铁路发展货运物流思路定位于重载运输。1992年，大秦铁路建成通车，设计能力1亿吨，到2002年实际达到1亿吨。此外，1997年铁路启动大提速工程，挖潜了既有线路能力，释放了更多货运能力，满足了客户对于快速货运的需要，进一步丰富了铁路货运产品等。

快递服务初步形成与发展。与公路、铁路等其他运输方式不同，快递是利用各种运输方式，以时效为特征约束开展的一种特定物流服务业务。我国的快递业务出现于改革开放初期，1980 年我国邮政系统开办了国际邮政特快专递业务，继而于 1984 年开办国内特快专递业务。1985 年中国速递服务公司成立（EMS），成为我国第一家专业快递企业，一直到 1991 年，仍是我国唯一的快递服务企业，快递业务量从无到有，1991 年达到 566 万件。

第十四章

市场化改革激发货运市场活力

1992—2001 年，市场化改革方向确定进一步激发货运市场活力。

第一节　公路和水路货运规模化扩张发展

随着改革开放的持续深入，这一阶段公路与水路货运进一步深化市场改革，重点推进政企分离。着力引导大型企业建立产权清晰、责权明确、政企分开、管理科学的现代企业制度，为相关企业进一步适应市场竞争、发挥市场机制奠定了基础。

公路货运处于规模扩张发展关键期。经过开放初期的快速发展，我国公路物流市场呈现规模庞大、主体众多、能力充裕的局面。完成的公路运输周转规模 2001 年达到 6330 亿吨公里，较 1991 年又翻了近一倍。但在市场繁荣、服务能力和规模得到发展的同时，公路货运发展质量不高，市场总体上呈现“小、散、乱、弱”的发展格局。无论是我国运输市场车辆资源使用的效率，还是车辆的满载运输比例，或是场站的利用效率，与运输发展较为先进的国家均有较大差距。从产业组织角度，运输市场上大多数企业主体规模小，行业整体资源利用效率低。如我国公路运输货运车辆空驶率在这段时间一度达到 37%

以上，远高于美国、日本等发达国家的车辆空驶率，公路运输服务质量较低，事故率、货损率等指标也远高于美日等国家。随着市场经营环境不断完善，这一阶段公路物流企业逐步进入整合与转型的关键阶段。一批重要的公路货运企业开始向现代物流服务商转型，逐步尝试和探索推进网络化的公路运输组织布局，公路货运领域“规模化、品牌化、集约化”转型发展呼之欲出。这一阶段，出现了一批如德邦（1996年）、传化（1997年）、安能（2000内）等规模化、网络化发展企业，启动全国布局。在经历了一段时间野蛮增长后，部分企业开始寻求规模效益，追求品牌化发展过程。

*水运领域特别是国际航运规模化整合发展。*水运领域的市场门槛总体比较高，特别是国际海运的市场门槛更高，因此，水运领域依托既有的国有企业，通过资产整合与现代企业制度的建立，形成了规模化发展的格局。中国远洋、中国海运都从规模上得到了迅速提升，中国远洋、中国海运集团在国际海运物流市场占有一定份额。2001年两家集团企业的国际集装箱船舶运力分别达到210条和109条，从运力角度，中远集团跻身全球十大班轮企业，中海集团也进入全球前二十大班轮企业。此外，在货代领域，也适度开放，虽然开放范围有限，但是在一定程度上也支撑了当时以国有航运企业为主导的航运市场建设。

第二节　民营快递企业在夹缝中迅猛发展

随着快递服务市场需求的日益增长，特别是开放发展后对时效性要求高的需求，难以得到邮政速递服务的有效支持，一些民营的快递企业开始出现。1993年，申通、顺丰等快递企业分别在浙江和广东成立，但碍于政策法规的限制，民营企业无法获得营业牌照，因而需面对邮政、工商、交通等部门的盘查，被称为“黑快递”。尽管被称为“黑快递”，但由于民营企业在服务导向上更贴近市场需求，在企业运作方式上更灵活高效，网络针对性更强，从而对国有的邮政速递具备了比较优势，在我国东部的发达地区首先快速实现成长。到 2001 年，除了顺丰、申通，韵达、圆通等其他快递企业也出现并成长迅速。快递市场规模急速膨胀，完成的快递服务量由 1991 年的 566 万件，增长到 2001 年的 1.26 亿件，10 年间增长了 20 多倍，并且增量中绝大多数由民营企业取得。

第十五章

“入世”开放给货运物流带来全面发展机遇

2001—2012 年，“入世”开放给货运物流带来全面发展机遇。

第一节　现代物流在探索中起步发展

进入 21 世纪，我国相继出台了《关于加快我国现代物流发展的若干意见》（2001 年）以及《关于促进我国现代物流业发展的意见》（2004 年）等两份重要政策文件，促进了现代物流发展。现代物流包括原材料、产成品从起点到终点及相关信息有效流动的全过程，通过将运输、仓储、装卸、加工、整理、配送、信息等方面有机结合，延伸了传统货运的内涵和服务功能，形成完整的供应链，为用户提供多功能、一体化的综合性服务，成为企业追求的“第三利润源”。在此期间，传统货运加速向现代物流转型发展，现代物流因此成为货运产业的主要服务形态。尤其是 2009 年，《物流业调整和振兴规划》发布，物流业在国民经济中作为生产性服务业的地位进一步得到凸显，物流业赋能制造、商贸流通的作用得到认同。物流业与制造业的联动等全面开展，有力地发挥了物流业对于延伸产业链、提升供应链、创造价值链的作用。由此，物流业受到各级政府和各类企业的普遍重视，并成为各方投资者高度关注的领域，在产业规划、基础设施建设、市场培育、投资与运营等各方面取得了长足发展。

总体看，2001年以来，我国物流总额与物流业增加值呈现加速增长态势。2012年社会物流总额177.3万亿元，比2000年增长9.3倍，年均增长21.5%；物流业增加值2.5万亿元，比2000年增长3.6倍，年均增长13.5%。同期我国社会物流总额增长速度明显高于GDP增速，2001年全国每单位GDP的物流需求系数为1.73，2012年增至3.28，表明国民经济各行业对物流的需求正在加速释放，物流产业全面发展基本具备了良好的市场需求基础，物流业在经济社会发展中的作用更加凸显。1991—2017年我国历年社会物流总额见表15-1。

表15-1 1991—2017年我国历年社会物流总额表

年份	社会物流总额（亿元）	增长率（%）
1991	30290	
1992	39188	29.3
1993	54475	39.0
1994	79237	45.9
1995	102230	28.7
1996	110613	8.2
1997	124138	12.1
1998	129387	4.1
1999	139716	7.9
2000	171427	22.7
2001	195442	14.0
2002	233597	19.6
2003	296596	27.0
2004	385038	29.8
2005	481983	25.2
2006	595976	24.0
2007	752283	26.2

续表

年份	社会物流总额（亿元）	增长率（%）
2008	898954	19.5
2009	966500	7.4
2010	1254130	15.0
2011	1583542	12.3
2012	1773156	9.8
2013	1977639	9.5
2014	2134534	7.9
2015	2192499	2.7
2016	2297485	6.1
2017	2528000	6.7

数据来源：历年全国物流运行情况通报。

第二节　信息化手段推进公路货运转型

在经历前期规模化、网络化和集约化发展阶段后，信息技术作为整合行业资源、匹配车源货源信息、提高行业运作效率的手段得到认同，以发送短信、开发网页版车货匹配系统等为主要特点的第四方物流服务商出现。维天运通（2002年）、国家交通运输物流公共信息平台等各类信息服务平台竞相通过信息化等技术手段进一步提升规模化程度和行业技术水平，获取效益，推动了以“专线运输”为代表的公路货运物流转型发展。

第三节　电商物流异军突起，推动行业变革

这一阶段是我国快递业发展最为迅猛的阶段。除去申通（1993

年）、顺丰（1993 年）、天天快递（1994 年）和韵达快递（1999 年）等外，主要快递企业如圆通、中通、汇通等快递物流企业均出现和成长于这一阶段。这一时期，以淘宝网、京东商城等为代表的电子商务平台飞速发展，为快递业规模发展提供条件。2007 年，京东商城开始自建物流；2008 年，中通速递成为淘宝网“推荐物流之一”；2009 年，民营快递法律地位得到承认，当年“双 11”活动启动。随着电商市场的扩大，融入这一生态的企业逐步得到发展。借助廉价劳动力和电动车等便捷使用，快递企业获取网络化布局和规模经营收益，电商物流成为这一阶段物流业发展的新亮点。电商物流通过赋能实体经济，推动快递业和电商关联产业蓬勃发展。

2012 年，中国电子商务交易额达 7.85 万亿元，比 2000 年增长 1 倍，年均增长率达到 6.3%；与此同时，我国快递业业务总量 56.9 亿件，比 2008 年（有统计的起始年）增长 2.8 倍，年均增长率达到 39.3%；业务收入 1055 亿元，比 2008 年增长 1.6 倍，年均增长率达到 26.8%，均远高于同期 GDP、货运量及社会物流总额的增速。2008—2017 年我国历年快递业务量、业务收入分别见表 15-2、表 15-3。

表 15-2 2008—2017 年我国历年快递业务量表

年份	快递业务量（亿件）	增长率（%）
2008	15.1	
2009	18.6	23.2
2010	23.4	25.8
2011	36.7	56.8
2012	56.9	55.0
2013	91.9	61.5
2014	139.6	51.9
2015	206.7	48.1
2016	312.8	51.3
2017	400.6	28.1

表 15-3　2008—2017 年我国历年快递业务收入表

年份	快递业务收入（亿元）	增长率（%）
2008	408.4	
2009	479.0	17.3
2010	574.6	20.0
2011	758.0	31.9
2012	1055.3	39.2
2013	1441.7	36.6
2014	2045.4	41.9
2015	2769.6	35.4
2016	3974.4	43.5
2017	4957.1	24.7

数据来源：历年邮政（行业）发展统计公报。

第四节　国际航运开放发展奠定“海运大国”基础

随着 2001 年年底中国加入 WTO，出口导向型经济发展模式确立，我国对外贸易得到迅猛发展，由此带来大量国际航运市场物流需求。2010 年，我国成为世界第二大经济体、第一大贸易出口国和第三大航运国家。与此同时，我国海运市场进一步开放，民营资本进入市场，中谷海运、安通控股和海丰国际等企业进入全球船队规模 100 强等；国有资本加快整合兼并重组，中国远洋、中海发展等成长为主要运营商。与此同时，推动了我国海运大国竞争力。货代领域，自 2004 年 1 月起我国政府允许自然人和其他经济组织投资设立货运代理企业。2004 年 5 月 19 日国务院下文取消货运代理企业经营资格行政审批。船队规模的扩张，港口的发展、航运中心的建设以及货代等行业开放，国际航运及服务贸易能力不断增强，推动我国“海运大国”市场形成。2010 年，上海港完成2905万标箱，成为全球第一集装箱大港，此后一直保持这一地位。

2012年，我国对外贸易总额实现38667.6亿美元，比2000年增长5.2倍，年均增长率16.5%，推动我国国际航运市场迅猛发展。2012年，我国港口吞吐量实现107.8亿吨，比2000年增长2.8倍，年均增长率11.9%；集装箱吞吐量实现1.77亿标准箱，比2000年增长3.8倍，年均增长率13.9%。

第五节 铁路重载化及既有线能运能释放缓解铁路货运瓶颈

受益于经济发展带来的强大资金保障，我国铁路建设开始了规模化建设扩张进程，有效缓解了铁路货运市场运能不足问题。一方面，积极向既有产能挖潜要效益，铁路重载化技术发展迅猛。2010年，大秦铁路年运量首次超过4亿吨。2013年，朔黄铁路首次突破亿吨。另一方面，高铁技术进步和自主开发建设，加上投资支持，高铁网络成型，释放了既有普铁线路运能，带动铁路货运瓶颈缓解，铁路货运迅猛发展。

2012年，我国铁路运输量实现390438亿吨，比2000年增长1.2倍，年均增长率6.7%；铁路运输货物周转量实现29187亿吨公里，比2000年增长1.1倍，年均增长率6.5%。

第六节 民航货物运输实现跨越式发展

入世以来，跨国企业加快向我国转移产业，以笔电等为代表的高端产品对全球高时效供应链组织和物流服务需求快速增长。如苹果公司全球营销流通时效仅为24~48小时，带来大量国际民航物流需求。此外，我国航空事业的发展，机队规模扩大、航线网络全球布局等也为腹仓带货创造了更好的条件。腹仓带货和货运专机等蓬勃发展，促进航空货运持续高速发展。

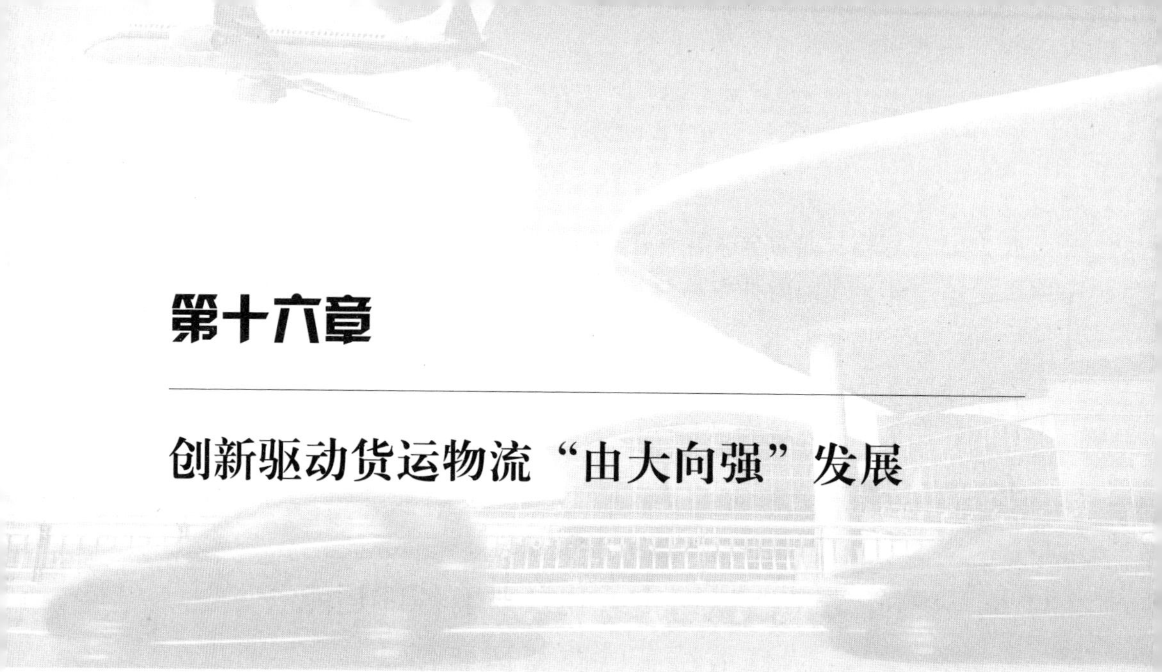

第十六章

创新驱动货运物流“由大向强”发展

2012 年至今，创新驱动货运物流“由大向强”发展。

十八大以来，我国经济进入转变发展方式、优化经济结构和转换发展动力的攻坚期，创新成为经济社会发展的主要驱动力。经济和产业结构优化调整对货运物流提出了更高效率、更低成本、更强辐射的要求。而以互联网等为代表的先进信息技术应用为货运物流创新驱动提供了发展新动能，货运物流积极融入“互联网 +”进程，形成了各种新技术、新业态和新模式，改变了物流运行组织方式，为下一阶段物流业从大向强转型和实现高质量发展奠定基础。

第一节 “互联网 +”高效物流推动线上线下融合高质量发展

2013 年以来，以互联网、移动互联网、云计算、大数据、物联网等为代表的先进信息技术赋能物流产业，重点聚焦干线运输、城市配送、现代供应链、智能仓储及智能物流等领域，创新出互联网 + 车货匹配、运力优化、运输协同、仓储交易、物流企业联盟、现代供应链等新模式、新业态，以及满帮集团、天地汇、福佑卡车等互联网物流平台企业。通过新信息技术的匹配信息资源的优势，整合实体资源，加快货运物流领域线上平台与线下实体物流资源的融合发展，提升了全社会物流运输组织效益和运行效率，降低了全社会物流运行成本，拓展了货运物流产业生态，推动了国家高效物流体系建设。

2016年7月，国家发展改革委印发《“互联网+”高效物流实施意见》(发改经贸〔2016〕1647号)，进一步明确了以先进技术为支撑的物流业高效发展的发展方向、主要任务。未来，随着引导物流活动数据化、加强物流信息标准化、推动物流数据开放化、促进物流信息平台协同化等措施的实施，我国高效物流体系将为经济社会提供更强动力。

第二节　资本与技术合力推动物流整合创新发展

以2017年快递企业集中上市为代表，近几年来，资本加速向物流领域渗透态势明显。截至2017年年底，韵达、顺丰等7家企业陆续上市，形成6家年收入超300亿元的大型企业集团。不仅如此，包括圆通速递在内的多家企业加速出海进行跨境并购。而从仓储企业看，2017年，菜鸟、京东、苏宁以及以物流地产为核心的企业在物流资本融合方面也得到了较快发展。此外，资本成为企业整合并购的主要手段，运满满、货车帮合并为“满帮集团”具有代表性。此外，海航、南航、东航等航空运输企业，以及中远海运、中外运、长航等海运企业也在持续发力，通过资本进行物流资源、客户资源及市场资源整合，提升综合竞争力。

在中国经济加快转型的背景下，资本将加速进入有发展潜力和国家政策支持的物流企业。2017年以来，物流信息化、物流装备获得资本进一步青睐，无人机、无人货车、无人仓储、无人快递等获得更大发展和普及。以无车承运人为代表的物流平台企业迎来更大发展空间。

第三节　高品质货运服务需求倒逼铁路货运改革

自2013年6月中国铁路总公司实施货运组织改革以来，我国铁路货物运输经历了触顶回落和触底回升阶段。2013年，受2008年刺激性投资建设的惯性影响，相应地对煤炭、矿石、水泥等大宗物资需求增加，铁路货运量达到顶峰的39.9亿吨。此后受金融危机后国际主要经济体复苏缓慢引起的外需减少，以及我国国内投资效益递减以及过剩产能导致的经济下行引致的内需萎缩影响，煤炭、矿石、钢材、石油等大宗物资传统铁路优势运输产品市场逐渐缩减，铁路货运量大幅下滑，占全社会货运量比重进一步减少。此后，随着去产能、转方式、优结构、转动力等政策实行，经济快速增长对于全程供应链服务等高品质货运服务需求增加，铁路积极进行以客户需求为导向的货运组织改革，叠加国家政策引导，铁路货运量于2016年触底回升。

为最大化满足市场和客户对于现代物流及全程供应链发展的需求，铁路部门通过加快布局规划建设208个一二级铁路货运物流基地，建设95306网上订单处理网站、改进货物受理方式，创新高铁快运、电商班列、大宗货物直达运输等运输组织模式，推进一口价，推行市场价格改革，针对煤炭、钢铁、有色等10个行业100家大中型企业提供“门到门”“总对总”服务。2016年以来，受经济回暖因素影响，煤炭、矿石、钢铁等大宗货运需求增加，与此同时，随着外部条件改善和内部积极推行货运组织改革，推动铁路货运触底回升。2017年，铁路货运量占全社会货运量的比重为7.81%，比上年增长0.09个百分点；货运周转量占全社会货运周转量的比重为14.00%，比上年增长0.96个百分点。铁路货运量及周转量分担率结束了自2013年起逐年下降的趋势，出现了小幅提升。集装箱、冷链物流、商品汽车运输等成为铁路货运新亮点。

第四节　海运强国战略下企业构建全球物流网络

2014年，国务院印发《关于促进海运业健康发展的若干意见》（国发〔2014〕32号），首次提出“促进海运业健康发展、建设海运强国”的目标，确立了我国海运强国战略，制定以培育国际竞争力为核心，保障国家经济安全和海洋权益、提升综合国力的海运强国方案。围绕此战略，大量有远见的港航企业把目光投向海外市场，积极推进国际化战略，提高港航企业国际竞争力，打造具有较强实力的跨国公司。2010年6月1日，中远集团全面接管希腊比雷埃夫斯港集装箱2号、3号码头。目前，中远集团在全球投资经营32个码头，总泊位达157个；中外运投资英保客集团；上港集团成功收购马士基旗下泽布吕赫码头公司25%的股权；招商局集团于俄罗斯明斯克打造“中白商贸园＋中白工业园（中联重科、中兴通讯等）＋立陶宛港口及物流＋跨境人民币结算中心”于一体的全球供应链体系，创新“产业园＋铁路＋港口＋产业组织＋人民币国际化”等发展模式。物流从配套角色发展成为牵动构建我国全球物流及供应链网络的重要支撑行业。

未来伴随“一带一路”建设，我国航运企业要不断加强保障能力、经营效率和成本竞争竞争能力及全球供应链网络建设及组织能力，增强国际物流控制力，进而获得更多制度性话语权和价值链获取能力。

第五节　中欧班列新辟国际贸易陆路通道

随着“一带一路”倡议得到沿线国家和地区的广泛支持，2017年，中欧班列开行数量迅猛增长，全年开行3673列，同比增长116%，超过过去6年的总和。服务范围快速拓展，国内开行城市38个，到达欧洲13个国家36个城市，较2016年新增5个国家23个城市，铺画运行线路达61条。运行效率不断提升，铺画了时速120公里中欧班列专用运行线，全程运行时间从开行初期的20天以上逐步缩短至12至14天。运行成本不断降低，整体运输费用较开行初期的2010年下降约40%。货源品类不断丰富，由开行初期的手机、电脑等IT产品逐步扩大到衣服鞋帽、汽车及配件、粮食、葡萄酒、咖啡豆、木材等品类。

未来，依托中欧班列规模化开行优势，赋能沿线国家间产能合作及贸易往来，形成以铁路国际多式联运提单为牵引、以贸易和产业为依托、以我国金融服务为支撑、以人民币国际化为导向的贸易新规则，创新实现“物流 + 贸易 + 产业 + 金融”一体化运作的政策措施，中欧班列有望开辟以我国为主导的国际贸易陆路新通道。

第十七章

我国货运物流发展经验

货运物流经过40年快速发展取得的辉煌成就，既得益于我国的经济高速增长和科技日新月异，也为我国经济社会变革与发展提供了有力支撑，发挥了引领作用，为进一步推动改革开放积累了宝贵经验。

第一节　与实体经济深度融合发展

货运物流是实体经济的派生需求，改革开放以来相当长的一段时期内，我国货运物流都作为制造、商贸等企业的内部业务，附属于生产流通环节，与实体经济的关系十分紧密，但效率与服务水平很难提高。20世纪90年代，随着我国生产流通成本上升，企业开始向物流领域发掘利润空间，实体经济自发产生的专业化服务需求成为我国社会化货运物流发展的最初动能。中国加入世贸组织以后，主动承接全球产业转移，迅速成长为世界制造业中心，对外贸易也快速发展，货运物流规模因此急剧扩张，货运量与货物周转量均上升至全球首位，尤其是港口吞吐量、海运贸易量、航空货运量等大幅增长。党的十八大以来，我国全面推进“一带一路”、京津冀协同发展和长江经济带三大战略，实施中国制造2025，积极扩大国内需求，特别是十九大以来，我国明确经济已由高速增长阶段转向高质量发展阶段，提出建设现代化经济体系，把着力点放在实体经济上。货运物流也顺应经济转型升级发展趋势，不断调整优化结构、创新发展模式，出现了快递物流爆发式增长、中欧班列密集开行等多个新热点。改革开放40年的发展历程表明，货运物流必须与经济社会深度融合发展，既要支撑引领经济社会的发展进步，也要响应需求、顺应趋势，抓住经济社会尤其是实体经济发展和转型创造的每一次机遇，拓展市场空间和推动产业升级，在融合联动中相互促进、共同发展。

第二节　依托现代科技加快转型升级

货运物流产业每一次大发展都伴随着技术进步与装备升级，我国货运物流的发展也受到了科学技术发展强有力的支撑与推动。改革开放之初，我国交通运输与物流装备技术水平极为落后，货运物流处于粗放式发展状态，而且由于产业结构偏重于一二产业，低端物流供给与需求均占据主导地位，全社会物流成本居高不下，物流绩效水平与发达国家存在明显差距。科学技术的发展以及在货运物流领域的广泛应用，极大提高了我国货运物流装备技术水平和组织操作效率，推动了整个行业的转型升级。40年来，我国铁路高速技术、重载技术取得突破性进展，车联网与车路协同等智能管控与协同运行技术深入推进，船舶大型化、专业化水平不断提高，航空货运机队规模与结构显著提升，有力支撑了我国货运物流服务效率的提升和辐射空间的拓展，有效降低了运输与物流成本。近年来，货运物流与互联网、物联网、云计算、大数据等现代信息技术深度融合，与现代金融紧密关联，与新能源、新材料广泛结合，呈现综合化、智能化、绿色化发展趋势，一些领域已达到世界先进水平，不仅通过组织方式与业态模式创新，大大释放了交通运输与物流基础设施的潜在能力，而且引领制造、流通和对外贸易等产业走向深刻变革，为经济发展提供了新动能。

第三节　着力拓展新领域新空间

由于我国货运物流业起步相对较晚，整体竞争实体不强，行业发展长期处于价值链低端，面临国外行业巨头强大竞争压力。为摆脱低端锁定、破解成长压制，我国货运物流业努力发掘后发优势，在新空间、新领域积极拓展，同时整合各种资源，加强系统建设，在扩张发展中寻找机遇，重塑竞争格局。改革开放以来，铁路渐进推进货运体制改革，由原来的完全计划指令性生产方式逐渐迈向市场化，在煤运通道、集装箱班列、物流基地等领域进行了市场化的积极探索，近年来，利用高铁、快运班列等新型运输组织方式与公路运输、快递等企业开展合作，开辟了新的市场空间。公路运输是最早开展市场化改革的货运物流领域之一，"有路大家行车"的市场开放政策使行业快速繁荣，但又迅速陷入多、小、散、弱和无序竞争的市场格局，随着互联网、移动互联网等现代信息技术的发展，公路货运抓住机遇探索出以信息整合、供需匹配、线上线下配合为切入点的新发展路径，使行业发展迈上一个新的台阶。国际海运、港口物流、航空货运、快递物流等领域更多是伴随我国对外贸易高速增长和消费内需快速扩张而发展起来的，但跨国公司在传统领域已建立竞争优势，我国企业在物流枢纽、智能港口、电子商务、跨境电商、农村物流等新领域加快市场培育，依托供应链强化生产与流通组织，不仅拓展了货运物流业的市场空间，也为我国现代化经济体系建设做出了积极贡献。

第四节　调动各方积极性合力推进

十九大报告指出，我国要着力构建市场机制有效、微观主体有活力、宏观调控有度的经济体制，货运物流 40 年改革开放一系列成就的取得，正是由于政府、企业、社会等各个方面在不同时期、不同领域发挥了各自作用，做出了积极贡献。在政府层面，我国向发达国家学习，将现代物流的概念和相关理念主动引入国内，并且发挥社会主义制度优越性，集中力量办大事，各级政府在加大基础设施投入的基础上，从政策、规划、资金等多维度加强对货运物流业的引导和扶持，当出现投资过热倾向时，中央政府从宏观层面进行了调控和把握，控制和避免了重复建设与资源浪费。此外，结合交通运输多方式协同和物流业复合产业特性，实施了大部制管理体制改革，建立了跨部门、跨区域协调机制，着力推动简政放权和加强市场监管，为物流业健康、有序发展提供了可靠保障。在企业层面，我国各种所有制形态、大中小规模企业并存，形成多元化的市场结构。尤其是加入世贸组织后，大量外资货运物流企业进入国内市场，带来了先进的管理理念与技术，与产业发展协同联动进行供应链改造与创新，拓展了我国货运物流的高端市场，把企业由低端竞争引向价值链高端。近年来，我国货运物流领域创新不断，大多都是以企业为主体开展的，民营企业异军突起，国有企业加快混合所有制改革，使我国货运物流焕发出新的生命力。在社会层面，各类协会组织在促进行业自律和加强协作、推动标准规范统一、促进信息开放共享等方面发挥了积极作用，各类科研学术机构对货运物流相关理论与技术开展了深入研究，为行业发展提供了有力支持。

第六篇

城市交通

执笔人：王淑伟

第十八章

我国城市交通发展历程

改革开放以来，在城镇化、机动化进程的客观规律和城市交通治理行为的共同作用下，我国大城市交通先后经历了以自行车为主导的非机动化、以公共汽车和出租车为主导的初步机动化、以私人小汽车为主导的快速机动化、以轨道交通为主导的公共交通优先发展四个主要阶段。

第一节　以自行车为主导的非机动化阶段

1978—1985 年，我国城市交通是以自行车为主导的非机动化阶段。

这一时期，从中央到地方，城市交通相关工作多停留在按部就班的城市道路建设和交通秩序管理上，缺乏系统化、清晰化的城市交通发展思路，因此只能算管理，谈不上治理。这一时期的城市交通发展主要呈现两大特点。

一、自行车保有量快速增长

改革开放初期，由于经济发展水平有限，自行车尚未大规模进入家庭，居民出行以步行为主，半径基本上都在 5 公里范围内，在一定程度上限制了城市经济发展。1981 年 5 月，国务院召开全国日用机电产品工作会议，决定大力发展“自行车、缝纫机、钟表、电视机”等 10 种日用机电产品的生产，各地争先兴建自行车厂和零配件厂。到 1983 年，全国自行车实际产量已达 2758 万辆，但远远不能满足居民购买需求，仍需凭票[1]购买。1984 年 7 月，国务院批转国家经委报告，要求促进企业联合，扩大优质自行车生产，三年内做到名牌车敞开供应，取消票证。到了 1985 年，平均约一秒钟就有一辆新自行车出厂，自行车得以快速进入家庭。根据相关统计，20 世纪 80 年代初期，大中城市自行车的年均增长率超过 10%。

二、交通拥堵问题初步凸显

自行车的普及在方便市民出行、拓展城市生活半径的同时，也带来了最初的交通拥堵问题。以天津为例，1981 年早高峰小时自行车流量超过 1 万辆的路口达 19 个，最高达 38413 辆；1982 年广州市高峰小时自行车流量超过 1 万辆的路口已有 22 个，个别路口高达 3 万 ~4 万辆，已经开始影响到出行效率和安全。这一时期，全国公共交通发展水平十分低下，车少乘客多、乘车难问题较为突出。截至 1985 年年底，全国 21 个特大城市的公共汽电车总量只有 26479 辆，万人公交车保有量 5.69 辆，仅为北京市目前水平的 1/3 左右。同年，全国的私人汽车拥有量为 28.49 万辆，其中私人载客汽车仅有 1.93 万辆。机动化水平较低导致居民出行方式过于单一，在一定程度上加剧了自行车交通拥堵。

第二节　以公共汽车和出租车为主导的初步机动化阶段

1985—2001 年，我国城市交通进入以公共汽车和出租车为主导的初步机动化阶段。

为缓解日益严重的自行车拥堵和公共汽车乘车难问题，国家科委、

[1] 新中国成立初期，为保持供需平衡，我国对城乡居民生活必需品实行凭证凭票凭券的计划供应。

计委、经委于1985年联合发布《中国技术政策》蓝皮书，要求提高道路通行能力、拓宽路面，大力发展公共交通、出租车。在国家政策引领下，各城市政府开始有意识、有目标地发展城市交通，城市交通相关工作正式从“管理”演变到了“治理”。这一时期对城市交通影响较大的政策主要包括三个方面。

一、加强城市道路基础设施建设

由于改革开放初期缺乏系统规划的足够的资金投入，城市交通基础设施发展速度远远落后于交通需求的增长速度，城市道路不足、道路功能不清等问题凸显。同时，中小城市道路缺乏必要渠化、交叉口缺乏信号灯现象非常普遍，即便是特大城市，也只有少数路口具备信号灯控制，通行秩序较为混乱。针对上述问题，国家层面《中国技术政策》中明确提到了要“提高道路通行能力，拓宽路面”，各大城市开始加大交通基础设施建设和优化力度，具体措施包括新建拓宽城市道路网络、改造道路交叉口等，这一时期城市道路面积出现较快增长，在一定程度上缓解了城市交通拥堵。1978—2000年我国城市道路面积见图18-1。

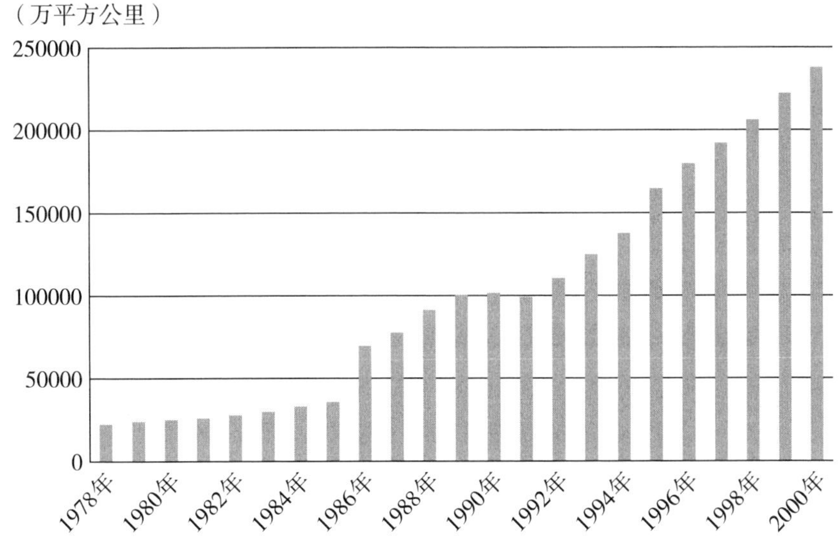

图18-1　1978—2000年我国城市道路面积

数据来源：《中国统计年鉴》。

二、鼓励公共交通和出租车发展

为缓解日益严重的自行车拥堵和公共汽车乘车难问题，《中国技术政策》同时要求各城市大力发展公共交通、出租车。文件出台后，出租汽车和公共汽车保有量均进入快速发展通道，特别是经过一段时间酝酿后，增长速度出现了爆发式增长，其中出租汽车出现在 1992 年，公共汽车出现在 1996 年。1978—2000 年我国出租汽车及公共汽车的年保有量分别见图 18-2、18-3。

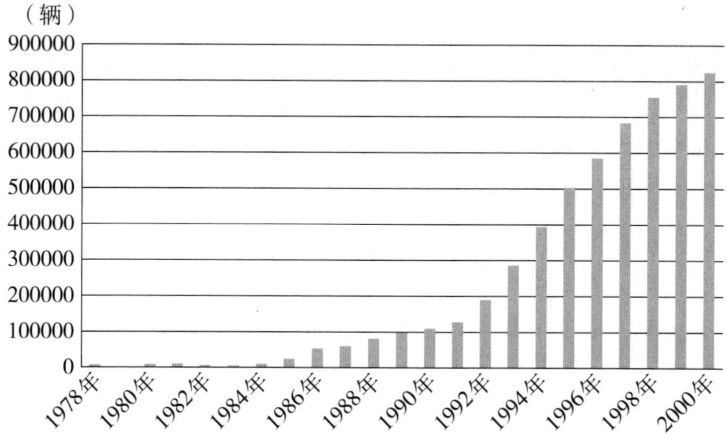

图 18-2　1978—2000 年我国出租汽车年保有量

数据来源:《中国统计年鉴》。

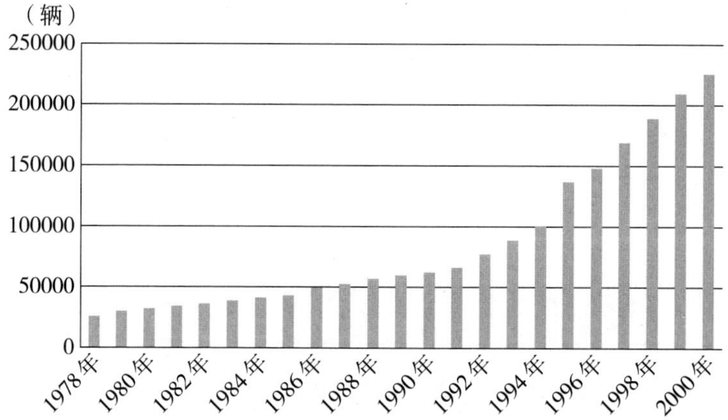

图 18-3　1978—2000 年我国公共汽车年保有量

数据来源:《中国统计年鉴》。

三、国家层面大力发展汽车产业

这一时期，全国私人小汽车保有水平较低。根据相关统计，1994年全国的汽车保有量约为1000万辆，其中私人载客汽车保有量仅为78.62万辆。为促进汽车产业发展，国家层面于1994年出台了《汽车工业产业政策》，鼓励个人购买小汽车，并要求“2000年汽车总产量要满足国内市场90%以上的需要，轿车产量要达到总产量的一半以上，基本满足进入家庭的需要；逐步改变以行政机关、团体、事业单位及国有企业为主的公款购买、使用小汽车的消费结构，任何地方和部门不得使用行政和经济手段干预个人购买和使用正当来源的汽车”。但政策实行初期，我国人均GDP仅有469美元，且增速较慢，总体购买力不强，所以一直到2000年，私人汽车保有量增长速度始终较慢。

第三节　以私人小汽车为主导的快速机动化阶段

2001—2008年，我国城市交通进入以私人小汽车为主导的快速机动化阶段。

在我国汽车产业壮大和经济发展水平提升的共同作用下，我国小汽车保有量开始快速增长，成为这一时期城市交通发展的最主要特征。同时，为了应对小汽车出行增加带来的交通拥堵问题，国家层面正式确立了公共交通优先发展战略。

一、私人小汽车保有量快速增长

私人小汽车代表的是一种自由、舒适的生活方式，拥有小汽车是人民对美好生活追求的具体体现之一，当经济发展进入一定阶段，老百姓购买私人小汽车的需求将得到集中、快速释放。2001年加入世贸组织后，我国经济进入快速发展通道，私人小汽车保有量也开始快速增长，以私人小汽车为主导的快速机动化阶段正式开启。1985 年以来我国私人汽车年保有量变化情况见 18-4。

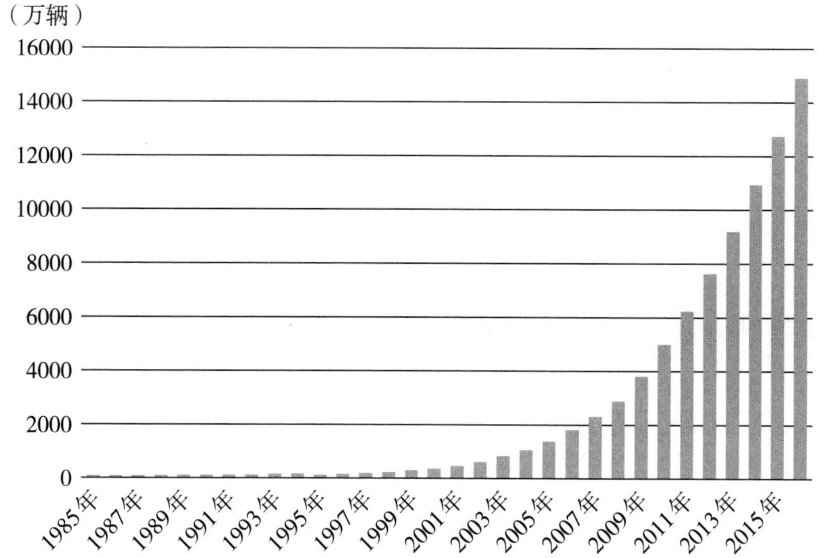

图 18-4　1985 年以来我国私人汽车年保有量变化情况

数据来源：《中国统计年鉴》。

二、公共交通优先发展初步确立

私人汽车特别是载客小汽车数量的急剧增长，给城市交通带来持续、巨大压力，各大中城市开始面临前所未有的交通拥堵挑战，虽然各城市不断扩充道路通行能力，交通拥堵仍然日趋严重。2004 年，国务院办公厅转发《建设部关于优先发展城市公共交通的意见》（国办发〔2005〕46 号），正式明确了公共交通在城市交通中的战略地位，要求各城市大力发展公共汽（电）车，同时坚持量力而行、有序发展的方针，有序发展城市轨道交通，公共交通的发展力度得到进一步加强。由于轨道交通建设投资巨大、筹划周期较长，因此短期内并未出现快速增长，这一时期的公共交通优先发展主要体现在公共汽（电）车上。

第四节　以城市轨道交通为主导的公共交通优先发展阶段

2008 年至今，进入以城市轨道交通为主导的公共交通优先发展阶段。

2008 年以前，城市轨道交通建设规划批复相对缓慢，轨道交通运营里程增长也不快。2008 年国际金融危机爆发后，为拉动投资，我国推出了“四万亿”刺激计划，城市轨道交通的审批速度也大幅加快，国内城市轨道交通的建设步入迅猛发展期，成为这一时期城市交通发展的主要特征。改革开放 40 年来城市轨道交通运营里程变化情况见图 18-5。

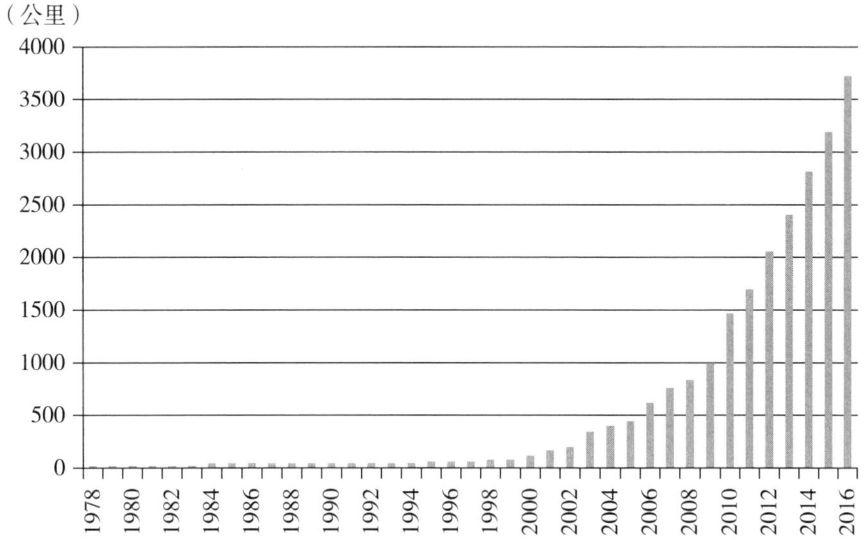

图 18-5　改革开放 40 年来城市轨道交通运营里程变化情况

数据来源:《中国统计年鉴》。

从 2016 年下半年开始，中国经济增长稳中有进，投资拉动需求降低，防范金融风险成为最主要的任务。2017 年 8 月，包头地铁停工之后，国家发展改革委暂停了城市轨道交通建设规划审批工作，并着手对全国轨道交通建设情况进行重新评估，在此基础上起草管理意见，待国务院批准后再启动审批。2018 年 7 月，国务院办公厅印发《关于进一步加强城市轨道交通规划建设管理的意见》，收紧了 GDP、财政收入、市区常住人口等方面硬性申报条件。虽然如此，各城市申报建设城市轨道交通的积极性依然较高。如长春市轨道交通第三期建设规划已于 2018 年 8 月份获批，湖北省武汉市等多市已上报相关建设规划，广东省惠州市等多市也在积极推进建设规划编制工作。受中美贸易战等复杂国际形势影响，加快基础设施建设拉动经济增长的策略被再次提上日程，预计未来城市轨道交通建设仍有望保持较高速度。

第十九章

我国城市交通发展成就

改革开放以来，在城镇化和机动化两大浪潮的推动下，我国城市交通经历了从“出行基本靠走”到“自行车王国”、从“小汽车风驰电掣”到“城市道路全面拥堵”、从“轨道交通绝无仅有”到“主要城市畅连成网”的一系列转变，其发展速度之快世所罕见。特别是近年来“互联网+交通新业态”的快速兴起给传统城市交通带来的巨大变革，更是领全球风气之先。回顾我国城市交通40年成就，既有基础设施装备规模、运输服务能力由短缺到充足的增量过程，也有智能管理水平提高、交通绿色发展加速、共享交通领先发展的提质过程，为方便城市居民出行、增加城市经济活力提供了有力支撑。

第一节　设施装备规模大幅增长

改革开放以来，我国城市交通加快发展步伐，城市道路和公共交通建设工作得到全社会的关注和重视，城市交通规划、建设、管理的水平不断提升，资金投入不断加大，基础设施和装备规模均取得了长足发展。

一是城市道路条件大幅优化。城市道路是所有地面交通方式的集中承载地，对城市交通的发展起到根本性和基础性支撑作用，其建设水平同城市发展水平息息相关。改革开放以来，我国城市道路面积持续快速增加，从1978年的2.3亿平方米，增长到2016年的75亿平方米，具体数据见图19–1，增长约31.6倍，年均增长1.9亿平方米，相当于2.6个万足球场面积，有力支撑了城镇化和机动化进程。城市居民人均道路面积也从1978年的2.93平方米，增长到2016年的15.8平方米，具体数据见图19–2，增长4.4倍，为城市居民生产生活水平的提高奠定了坚实基础。

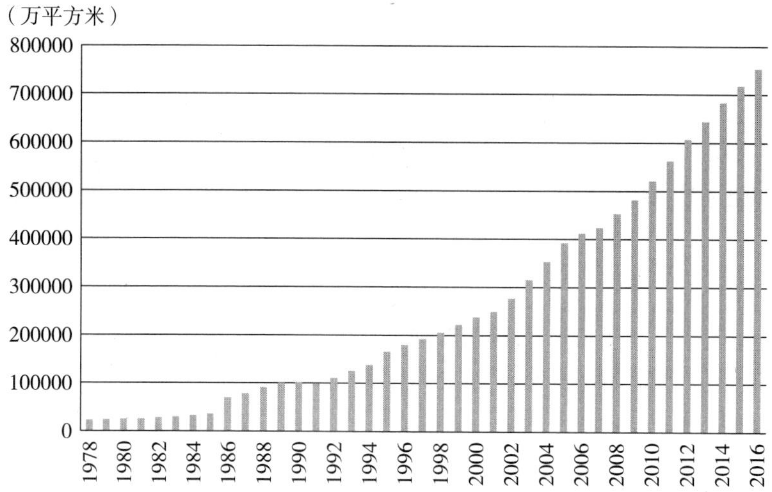

图19–1　改革开放40年来城市道路面积变化情况

数据来源:《中国统计年鉴》。

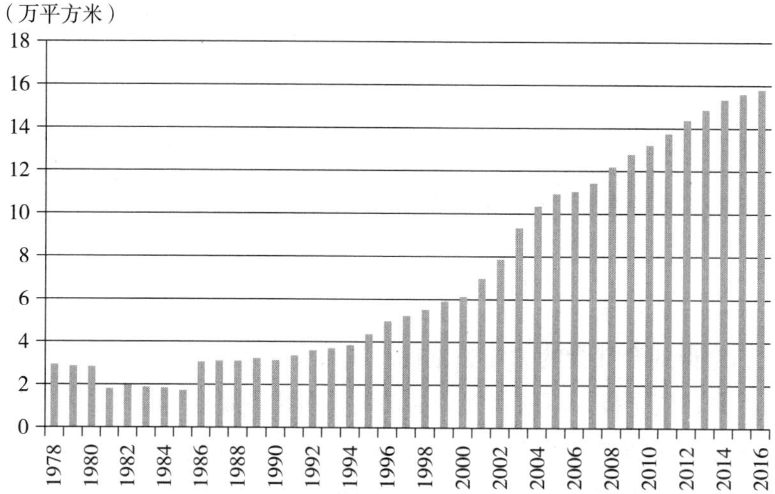

图19–2　改革开放40年来城市人均道路面积变化情况

数据来源:《中国统计年鉴》。

二是轨道交通建设成绩斐然。城市轨道交通作为大运量公共交通方式，在改革开放初期，由于客流密度不高，并未成为发展重点。1978 年，全国仅北京市拥有 23 公里城市轨道交通线路。随着城镇化进程的推进，各大城市的客流密度快速提升，特别是 2004 年国家推动实施公共交通优先发展战略以来，我国城市轨道交通得到快速发展。截止到 2016 年年底，已有 30 个城市开通运营，总里程达 3728 公里（不含市域快轨），较 1978 年增长 161 倍。改革开放 40 年来我国城市轨道交通运营里程变化情况见图 19-3。城市轨道交通的迅速发展，对改善居民出行条件、解决城市交通拥堵、节约土地资源、促进节能减排、引导城市布局调整、推动城市经济发展发挥了重要作用。

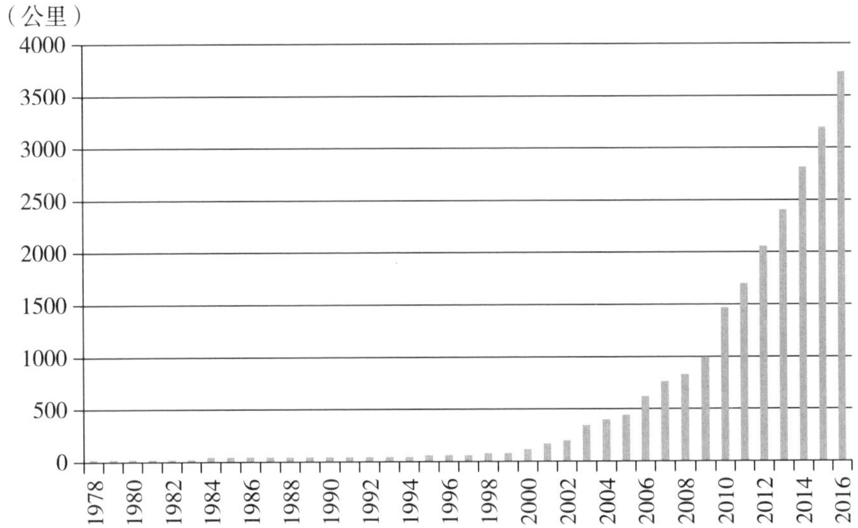

图 19-3　改革开放 40 年来我国城市轨道交通运营里程变化情况

数据来源:《中国统计年鉴》。

三是公共交通车辆显著增加。公共交通作为城市客运的主体，始终是我国城市发展重点，公共交通运营车辆也得到各城市政府的持续稳定投入。公共交通运营车辆数是衡量城市公共交通发展水平和公共交通投入的重要指标。截至 2016 年，全国共有城市公共交通运营车辆 53.9 万辆，约比 1978 年增长 21 倍。其中，新能源公交车超过 16 万辆，占比约为30%，为城市居民公共交通出行和城市绿色交通体系的构建做出了重要贡献。改革开放40年来我国公共运营车辆数变化情况见图19-4。

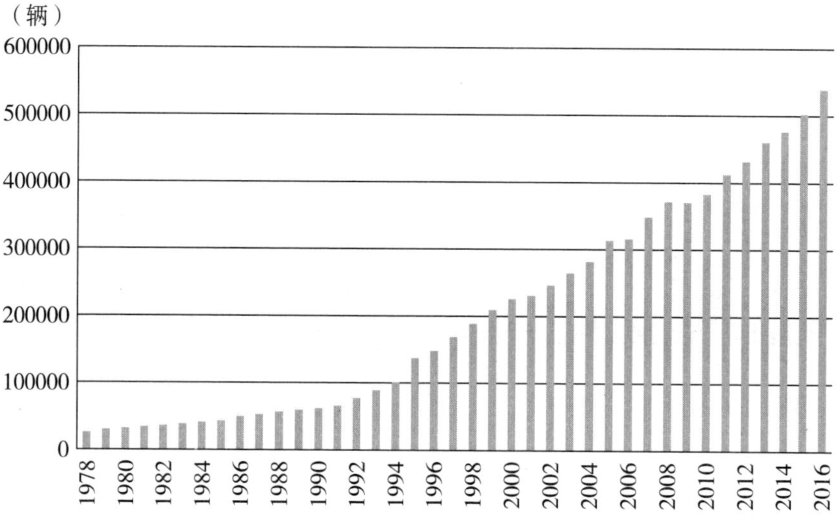

图19-4　改革开放40年来我国公交运营车辆数变化情况

数据来源：《中国统计年鉴》。

第二节　运输服务能力显著提升

一是城市居民出行总量大幅提升。40年来，我国城镇人口增长了近5倍，同时，随着经济发展水平的提升和城市规模的不断扩大，居民出行频次和出行距离也不断增长，给城市交通带来巨大压力。以北京市为例，1986年第一次居民出行调查时，日均出行总量约为939万人次，平均出行距离约为5.2公里；到2014年第五次居民出行调查时，这两个数字已经分别增长为4445万人次和8.1公里，出行总周转量增加了近7.4倍。得益于基础设施和装备规模、运输服务水平的快速提升，我国城市交通有力支撑了这部分增长的出行需求，为城市居民的日常生产和生活提供了基本保障。

二是公共交通客运量大幅提升。40年来，我国城市公共交通客运量从1978年的13亿人次，到2016年的844亿人次，增长近63倍，增长的这部分运力约相当日本全部人口每人每天出行 2 次、美国全部人口每人每天出行 1 次，对城市交通出行结构的优化起到了重要推动作用，中国成为名副其实的公共交通大国。改革开放 40 年来我国公共交通客运总量变化情况见图 19-5。

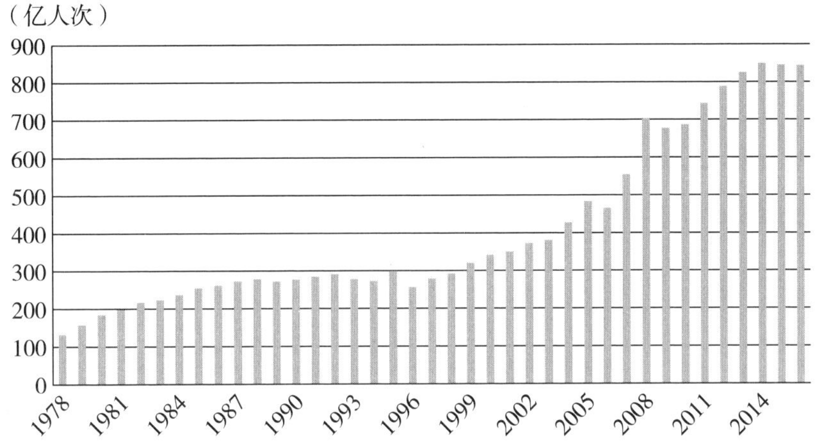

图 19-5　改革开放 40 年来我国公共交通客运总量变化情况

数据来源:《中国统计年鉴》。

第三节　智能管理水平不断提高

改革开放 40 年来，我国城市交通智能化管理水平发生了翻天覆地的变化，无论从技术上还是理念上，都完成了从世界先进水平的跟跑者到引领者的华丽转身，为提升城市交通运行效率、改善城市交通服务水平起到了重要作用。

一是交叉口控制方面。从改革开放之初大部分没有信号灯控制，到逐步普及各交叉口独立信号灯控制的点控，到同一道路上交叉口联动控制的线控，再到特定区域内所有交叉口协调控制的面控，最后发展到全城信号灯统一、协调自动控制的“城市大脑”，城市道路网通行效率得到大幅提升。

二是监控调度方面。40 年来，路况信息监控和发布手段已经从人工采集、交通广播发布，到浮动车采集、动态路牌发布，最后发展到大数据平台实监控、手机导航发布，实时性和准确性大幅提升，对于交通流的均衡优化起到了积极作用。目前，多数城市公安交管部门的交通监控平台也已经实现对全市主要路段的自动、实时违法行为抓拍，有效规范了地面交通运行秩序。同时，随着多个城市交通运行监测调度中心（TOCC）的陆续建成，城市交通调度也已经从各种运输方式独立调度发展到基于全市综合交通监控平台的实时统一调度。

第四节　交通绿色发展加速推进

新能源汽车和公交车的广泛应用，能显著减少机动化出行方式的污染排放，提升城市交通绿色化水平。在从国家到地方的全面大力推动下，截止到 2017 年年底，我国电动汽车、新能源汽车销售量已达 77 万辆，保有量已超 160 万辆，均占到全世界总量的一半左右。同时，截止到 2016 年年底，我国新能源公交车保有量达 16.5 万辆，占到全国公交车总量的 27%，这一比例在全球范围内也处于领先地位。其中，截止到 2017 年年底，北京公交集团的新能源、清洁能源公交车占比已经达到 68.3%，为全国城市做出了表率，预示着我国城市公共交通绿色化水平未来还将进一步提升。

第五节　共享交通发展全球领先

得益于庞大的移动互联网用户群体、政策环境相对宽容等方面原因，我国网约车、共享单车、共享汽车、共享停车等“互联网 +”交通新模式均处于世界领先地位。初步估算，2016 年我国共享交通出行领域市场交易额约为 2038 亿元，较 2015 年增长 104%；融资超过 700 亿人民币，比上年增长约 124%，仍处于快速发展阶段。共享交通的快速发展，有效盘活了城市交通存量资源，提高了市民出行效率和社会福利，降低了私人交通工具购买意愿，减少了静态交通用地需求，对于城市交通乃至经济社会的可持续发展均起到了重要的推动作用。

第二十章

城市交通治理思路转变

改革开放40年来，我国大城市交通治理思路经历了从“加强自行车供给”，到“大力发展公共汽车和出租车”，到“加强城市道路建设尽力小汽车出行需求”，到“加强智能交通控制提升通行效率”，到“公交优先发展优化城市交通结构”，再到“优化城市功能布局管理出行需求”，最后到“综合施策缓解交通拥堵”的演变历程。由于不同城市治理思路转换时间点不同，且不同类型政策之间在时间上存在重叠，从治理思路变化的角度划分阶段较为困难，因此本章主要从连续的角度、分四个层面总结我国城市交通40年来的治理思路转变情况。

第一节　从缺乏系统发展思路到城市交通规划体系基本健全

改革开放初期，我国城市交通的主要方式是步行和自行车，交通拥堵问题也并不十分突出，从中央到地方，城市交通相关工作多停留在按部就班的城市道路建设和交通秩序管理上，其中建设项目开展的依据，多为解决局部的交通问题或满足具体的城市发展要求，缺乏系统化、清晰化的城市交通发展思路。

随着城镇化和工业化进程的推进，由于城市交通基础设施发展速度远远落后于交通需求的增长速度，城市道路不足、道路功能不清、级配不合理等问题逐渐凸显。1980年前后，上海、天津等大城市相继开展了交通需求调查，首次将交通规划思想引入城市交通管理工作，当时开展交通规划的理论依据主要是苏联的“出行相互流动法”。此后，由于中美关系的改善，一些美籍华人陆续来华讲学，将美国的交通规划“四阶段法”，以及EMME2、TRANSCAD、TRIPS、CUBE等规划软件引入中国，用于指导城市交通决策。

进入20世纪90年代，北京、天津、上海、广州、深圳等大中城市纷纷开展城市道路交通规划编制工作，由于当时国家层面仅有《城市道路交通规划设计规范》（GB50220—95）这一项规范性文件，这一时期的城市交通规划以城市道路网络为重点，侧重于确定道路、停车场、客货运枢纽等交通设施布局，对城市公共交通考虑较少。

2000年以后，城市管理者逐渐意识到，要缓解拥堵、污染等城市交通问题，仅仅从城市道路建设的角度已经难以实现，而需要从交通需求管理、交通结构优化、交通可持续发展等多个角度综合施策。城市交通规划逐渐从单一的道路交通规划，发展到包含公共交通、轨道交通、停车等专项规划的综合交通规划体系，并出现了各城市根据自身需求编制的交通发展战略和交通政策白皮书等相关文件，以及交通影响评价、工程可行性研究、施工期交通组织、道路交通工程设计、交叉口交通工程设计等一系列辅助性规划设计内容，逐渐形成了全面、系统、科学的城市交通规划体系，为促进我国城市交通有序发展起到了重要作用。

附：我国城市交通规划体系演变历程

1980年颁布的《城市规划编制审批暂行办法》（以下简称《暂行办法》）中要求城市总体规划中应“布置城市道路、交通运输系统以及车站、港口、飞机场等主要交通设施的位置，确定城市主要广场位置、交叉口形式，主次干道断面，主要控制点的坐标和标高”。

1990年4月起开始实行《中华人民共和国城市规划法》，提出城市总体规划应包含城市综合交通体系规划以及各项专业规划。

1991 年建设部颁布的原《城市规划编制办法》继承了《暂行办法》规定，在总体规划阶段增加了确定城市对外交通设施规模、确定主次干道走向、确定停车场位置及容量等要求，在控制性详细规划中增加了“规定交通出入口、停车泊位，确定各级支路的红线位置、控制点坐标和标高”的工作，在修建性详细规划中明确规定要进行“道路交通规划设计”工作。

1995 年，由建设部颁布和施行的国家技术标准《城市道路交通规划设计规范》(GB50220—95) 明确规定了交通规划的目标、任务、内容及相关技术标准。

2006 年，住房和城乡建设部对《城市规划编制办法》(以下简称《办法》) 进行了修编，在城市规划编制的各阶段对城市交通规划从宏观到微观，从各层面、深度提出了不同的要求，并将交通发展战略提升到一定高度：在总体规划纲要阶段提出要进行交通发展战略研究；在总体规划阶段分别提出确定市域交通发展策略和城市交通发展战略的要求。新的规划编制办法还增加了落实公交优先发展战略以及进行城市轨道交通网络布局研究等内容。虽然《办法》中要求城市规划须包含交通规划，但缺乏系统性和完整性，从促进交通系统健康可持续发展的角度，迫切需要进行规划编制体系研究。

2010 年 2 月，为了规范城市综合交通体系规划编制工作，住房和城乡建设部印发了《城市综合交通体系规划编制办法》，明确了城市综合交通体系规划的定位及作用，规定了编制的基本要求、主要编制内容、规划成果组成，以及编制管理与审查制度；并制定《城市综合交通体系规划编制导则》，至此形成了目前的系统化城市综合交通规划体系。

第二节　从充分满足私人汽车出行需求到公共交通优先发展

2001 年开始，我国私人小汽车保有量快速增长，城市交通拥堵程度不断加剧。受初步机动化阶段通过改善城市道路基础设施来缓解交通拥堵的思路影响，快速机动化初期多数城市为求改变交通面貌，第一反应是通过大规模建设环路、大型立交、高架道路，不断加大交通供给、优化机动车出行条件来满足交通需求的快速增长。然而城市道路网络的增长速度远远赶不上小汽车的增长速度，2000 年以来我国城市道路和私人汽车保有量增长情况见图 20-1。整个城市很快陷入了“水多了加面，面多了加水”的被动局面，交通拥堵有增无减。

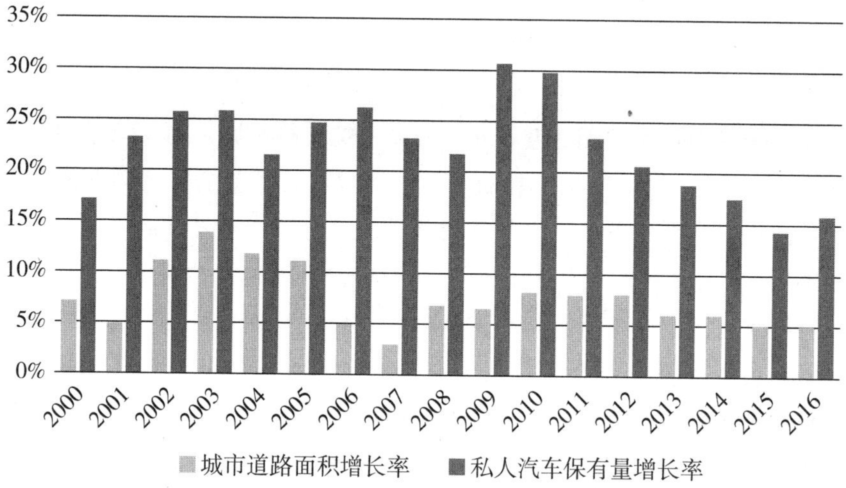

图 20-1　2000 年以来我国城市道路和私人汽车保有量增长率

数据来源：《中国统计年鉴》。

随着城市规模和小汽车保有量的急剧攀升，城市交通拥堵不断加剧，中央和城市政府逐渐意识到，仅仅靠修路和优化控制已经无法满足日益增长的小汽车交通需求，应该从优化出行结构上找出路。2004 年，建设部会同国家发展改革委、国土资源部、财政部下发《关于清理和控制城市建设中脱离实际的宽马路、大广场建设的通知》（建规〔2004〕29 号），对这种小汽车导向的城市交通发展趋势进行遏制。同年，《建设部关于优先发展城市公共交通的意见》（建城〔2004〕38 号）出台，2005 年 9 月国务院办公厅转发该意见，即国办发〔2005〕46 号，正式明确了公共交通在城市交通中的战略地位。为进一步加快推动城市公共交通发展，国务院于 2012 年再次发布《关于城市优先发展公共交通的指导意见》（国发〔2012〕64 号），提出“合理规划建设以公共汽电车为主体的地面公共交通系统，包括快速公共汽车、现代有轨电车等大容量地面公共交通系统，有条件的特大城市、大城市有序推进轨道交通系统建设”“大城市要基本实现中心城区公共交通站点 500 米全覆盖，公共交通占机动化出行比例达到 60% 左右”的城市公共交通发展要求，同时出台了“免征新购置的公共汽电车的车辆购置税，减征或者免征公共交通车船的车船税，对城市轨道交通运营企业实施电价优惠”等优惠政策。文件出台后，相关部委、各地政府高度重视，经过几年时间的部署，城市公共交通开始进入快速发展阶段。特别是 2012 年交通运输部启动“公交都市”创建行动以来，更是进入了加速发展通道。

截至 2016 年，全国共有城市公共交通运营车辆 53.9 万辆，轨道交通运营线路 3728 公里（不含市域快轨），公共交通客运量也从 1978 年的 13 亿人次增长到 2016 年的 844 亿人次，我国成为名副其实的公共交通大国，但服务水平总体偏低，其对于城市机动车增长的抑制作用尚未充分显现，优先发展仍然在路上。

除不断提升公共交通服务能力和服务水平外，在北京、上海等超大城市引领下，部分城市陆续出台了机动车限购、机动车限行、加强停车管理等小汽车出行限制措施，以进一步压缩私人汽车出行空间，优化城市交通方式结构。

*机动车限购政策方面。*上海市早在 1998 年就通过私家车牌照无底价竞拍方式来控制私人小汽车增长，小汽车增长速度得到有效控制，2017 年千人汽车保有量仅约 149 辆。为应对机动车总量的爆炸式增长，北京市也于 2011 年正式推出摇号购车政策，将首年的新增小汽车数量限定为 24 万辆，2018 年这一数量已减至 10 万个，但由于开始较晚，2017 年千人汽车保有量约为 215 辆。此后，广州、贵阳、石家庄、天津、杭州、深圳等八个城市也以“一年一城”的速度加入限购行列，引发强大的示范效应。

*机动车限行政策方面。*为从使用层面进一步抑制小汽车出行需求，2007 年 8 月，北京开始实施机动车尾号限行措施，成为国内第一个通过采取尾号限行来治理交通拥堵的城市。此后，天津、南昌、长春、兰

州、贵阳、杭州、成都等城市先后实施尾号限行。至今，全国共有 8 大城市实施尾号限行。

*加强停车管理方面。*静态交通与动态交通共同组成城市交通系统，两者既相互支撑，也相互制约。深圳市于 2006 年 9 月实施了《深圳市机动车停放服务收费管理办法》，旨在通过合理提高交通拥堵区域停车收费，引导市民降低小汽车使用强度。停车费提高后，中心城区交通改善效果较为明显。2012 年 5 月，深圳市政府发布《深圳市城市交通白皮书》，正式提出"以调整停车收费为主要抓手，采用经济手段引导车辆使用"的静态交通发展思路。除深圳外，北京、上海、广州等也采取了此类措施。

第三节　从单纯提升城市交通容量到交通城市融合发展

1985 年，我国主要城市的机动车平均时速从 60 年代的 30~35 公里下降到 15~20 公里，交通拥堵问题已经十分严重。针对上述问题，国家层面《中国技术政策》中明确提到了要"提高道路通行能力，拓宽路面"，各大城市开始加大城市道路建设力度。根据国家统计局数据，1985 年到 2005 年全国道路面积增长近 11 倍，平均每年增长约 15%，具体数据见图 20-2。

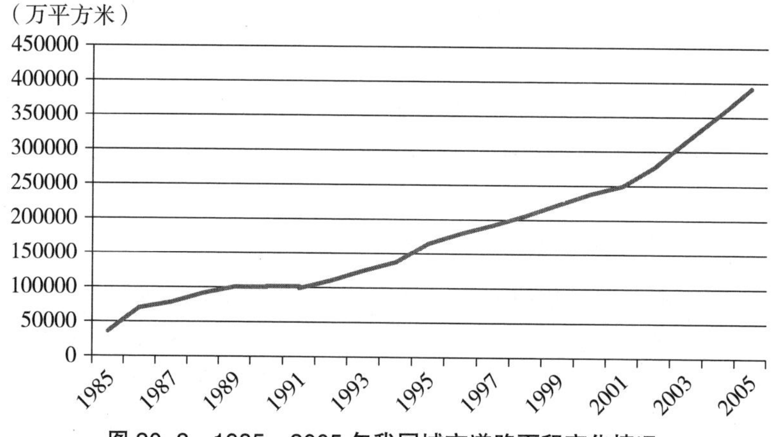

图 20-2　1985—2005 年我国城市道路面积变化情况

数据来源：国家统计局。

在新建拓宽道路的基础上，各城市还积极采取一系列交通管理优化政策，以减少路网瓶颈点，提升城市道路整体通行能力，具体措施包括优化平面交叉口信号控制、优化快速路分（合）流区交通组织、优化道路渠化及指路标志设置等。如北京市 2004 年发布《关于缓解北京市区交通拥堵分阶段工作方案》，在总体思路和目标中明确提出“强化交通管理，提高智能化交通管理水平”，要求“建成综合交通信息平台和智能交通调度指挥系统，市区内主干道以上道路交叉口实现智能信息采集”，并于 2005 年正式立项建立了道路交叉口协调控制系统，将二环至四环内大约 750 个交叉口纳入 ACTRA 信号控制系统，实现信号控制路口的点、线、面自适应优化控制。

上述措施有效提升了路网整体通行能力，但由于提升的幅度远远小于出行需求增加所带来的交通压力，缓解拥堵的效果也并不明显。管理者逐渐意识到，城市交通作为城市生产、生活的衍生需求，居民出行需求的总量、分布与方式结构同城市功能布局息息相关，仅仅从供给侧提升城市交通系统承载能力还不足以从根本上缓解交通拥堵。合理引导居民需求同样重要，具体政策主要包括卫星城疏解、公共交通引导开发和“窄马路密路网”城市开发三个方面。

卫星城疏解城市人口。为遏制城市摊大饼式扩张，缓解中心区的交通压力，部分大城市尝试采用建设卫星城的方式来疏解中心城区人口。如北京市于 2004 年在《北京城市总体规划（2004—2020 年）》中提出“市域战略转移”，要求“逐步改变目前单中心的空间格局，加强外围新城建设，中心城与新城相协调，构筑分工明确的多层次空间结构”，并规划了通州、顺义、亦庄、大兴、房山、昌平、怀柔、密云、平谷、延庆、门头沟等 11 个新城。

公共交通引导城市开发。“公共交通导向型开发（TOD）”的理念主张以地铁、轻轨等轨道交通或快速公交等大容量公交站点为中心，进行集商业、办公、居住、生活等功能为一体的高密度、混合开发，使城市居民能够通过公共交通以及使用自行车、步行等慢行交通方式就能满足日常需要，从而减少市民出行对地面交通和私家车的需求，成功案例包括哥本哈根、库里蒂巴等城市。2000 年以来，我国多个城市在

城市规划中融入了TOD发展理念，如北京市在《北京市城市总体规划（2004—2020）》中提出“根据城市总体布局，积极推广以公共交通为导向的城市开发模式（TOD）”;《北京市轨道交通近期建设规划（2007—2015）》中也强调在轨道交通建设项目的前期规划设计中，要充分体现轨道交通与土地的协调发展。

窄马路密路网城市开发。长期以来，我国城市开发过程中倾向于“超大街区”开发模式，过多地关注了机动车的快速通过，牺牲了行人和自行车交通的可达性、安全性与舒适性，在一定程度上促进了出行结构由非机动车向机动车的转变。2016年，中共中央、国务院发布《关于进一步加强城市规划建设管理工作的若干意见》（中发〔2016〕6号），提出要树立“窄马路、密路网”的城市道路布局理念，“原则上不再建设封闭住宅小区，已建成的住宅小区和单位大院要逐步打开，实现内部道路公共化，解决交通路网布局问题”，以期改善“宽马路、大街区”现状，推动出行方式结构优化。根据中央文件要求，济南中央商务区、昆明呈贡新区、淄博新城等相继在其规划中明确了“窄马路、密路网”发展要求，上述新区建成后，有望为全国城市交通发展树立典范。

第四节　从挤压步行和自行车空间到鼓励绿色共享交通发展

在快速机动化初期，为尽量满足私人汽车出行需求，各城市在加强城市道路建设时更多考虑的是小汽车出行需求，虽然城市道路面积总量快速增长，但非机动车道、人行道条件却未得到同步改善。相反，很多城市还将规划的自行车道、人行道改变为机动车道、路侧停车位，自行车、行人的通行空间和路权逐渐被小汽车交通侵蚀，城市居民出行结构也进入小汽车比例越来越高的恶性循环。2013年，北京市自行车出行比例已由2000年的38.5%下降至不足15%，深圳市从1995年的30%下降到6%，这两个城市成为全国众多类似城市的缩影。

随着我国城镇化、机动化水平快速提高，交通拥堵、能耗上升、环境恶化等一系列“城市病”也凸显出来，越来越成为城市发展和居民生活质量提高的重要制约因素。积极推进公共交通、步行和自行车等绿色交通系统的建设，倡导绿色出行，逐渐成为城市交通可持续发展的核心政策。2012 年，住房和城乡建设部联合国家发展改革委、财政部印发《关于加强城市步行和自行车交通系统建设的指导意见》（建城〔2012〕133 号），对城市步行和自行车交通系统建设提出了具体要求，总体思路是“大城市、特大城市发展步行和自行车交通，重点是解决中短距离出行和与公共交通的接驳换乘；中小城市要将步行和自行车交通作为主要交通方式予以重点发展”。文件出台后，得到相关部门、各城市积极响应，如住房和城乡建设部于 2013 年发布《城市步行和自行车交通系统规划设计导则》，北京、深圳、杭州、武汉等多个城市大力发展公共自行车，全面优化非机动车道路网络，厦门市于 2016 年开工建设空中自行车道等，我国城市步行和自行车出行环境开始逐步改善。

随着移动互联网的快速发展，以摩拜、ofo 为代表的互联网共享单车应运而生，更加便捷的无桩单车开始迅速取代公共自行车。2017 年，交通运输部等 10 部门联合发布《关于鼓励和规范互联网租赁自行车发展的指导意见》（交运发〔2017〕109 号），明确了共享单车定位是城市绿色交通系统的组成部分，要求城市人民政府承担主体管理责任，积极鼓励和规范其发展。文件出台后，各地纷纷出台相关政策，从完善非机动车道路网络、增加非机动车停车设施等方面优化慢行交通出行环境，有力推动了我国城市的自行车复兴进程。

在绿色发展理念的引领下，除大力推动非机动交通复兴外，新能源汽车的推广也成为城市交通管理的工作重点。2014 年，国务院印发《关于加快新能源汽车推广应用的指导意见》（国办发〔2014〕35 号），提出要“以纯电驱动为新能源汽车发展的主要战略取向，重点发展纯电动汽车、插电式混合动力汽车和燃料电池汽车，以市场主导和政府扶持相结合，建立长期稳定的新能源汽车发展政策体系，创造良好发展环境，加快培育市场，促进新能源汽车产业健康发展”。随后，国务院相关部门相继从技术研发、资金补贴、税费减免、充电设施建设等方面出台一系列鼓励新能源汽车发展措施，部分省市也通过新能源汽车不限购、公务公交车优先采购新能源汽车、个人新能源车购置税减免等一系列政策，有力推动了新能源汽车保有量的大幅增长。

第二十一章

我国城市交通当前存在的问题与解决思路

改革开放40年来，我国城市交通治理思路经历不断调整完善，在发展目标和导向上已经基本适应当前发展需要。但由于前期积累问题较多、实施路径选择不当、措施落实力度不够等多方面原因，在出行需求管理、公共交通优先、出行环境优化等方面仍有突出问题，与高质量发展要求存在较大差距。

第一节　当前城市交通存在的问题

一、交通城市融合不足，出行需求不合理

城市交通是城市居民经济社会活动的衍生品，居民出行需求分布同城市功能布局密切相关，若不能实现交通与城市的融合发展，将导致出行距离过长、时空集聚严重等一系列问题，从源头上限制城市交通运行效率的提升。我国城市管理者已经充分认识到交通与城市融合发展的重要性，从卫星城疏解、公共交通引导开发和“窄马路密路网”等方面加以推动，但目前效果尚不明显。

一是“卫星城”变“睡城”，加剧了潮汐客流。多中心、组团式的

城市发展策略理论上是科学的，但在我国城市却鲜有成功，主要原因是规划和建设过程中未充分重视“职住平衡”要求，导致大多数新城沦为中心城区居住需求溢出的房价洼地，而未成为产业和人口转移的集中承载地，反而加剧了卫星城与中心城之间的潮汐交通流。

二是公共交通站点周边用地开发“高密度”有余，“混合”不足。TOD 开发策略强调站点周边用地的“高密度”和“混合”开发，但大部分城市在落实过程中往往仅实现了“高密度”，由于“混合”程度较差，站点辐射范围内难以充分满足居民的日常工作和休闲等主要需求，对外出行发生率仍然居高不下。

三是“宽马路大街区”格局未变，公交和慢行交通可达性不高。40 年来，城市规划建设者在努力增加道路供给的过程中，重视尺度而忽视密度，导致道路尺度越来越膨胀，小汽车出行越来越方便，非机动车出行和公共交通可达性不高，在一定程度上助长了小汽车出行需求。虽然“窄马路密路网”的发展理念越来越受到重视，但要起到明显效果尚需时日。

二、需求管理措施不当，公交出行不优先

城市交通系统容量有限，居民出行的集约化程度越高，总体上对交通系统的压力就越小。当前，我国多数大城市小汽车出行比例过高，单次出行所占用的城市交通资源过多，导致了严重的交通拥堵与环境污染。目前。虽然部分城市采取了小汽车限购、限行等需求管理措施来推动小汽车出行需求向公共交通转移，但这种“一刀切”式的行政命令只能让市民“不能”开车，并不是“不愿”开车，不但不利于小汽车使用权这一稀缺资源的合理配置，也不能从根本上降低小汽车出行比例，究其原因，主要有二：

一是小汽车使用成本较低。东京、新加坡、中国香港等城市并未限制市民购买汽车，但由于采取了提高停车收费、征收拥堵费等一系列措施提高用车成本，居民使用小汽车的意愿并不高，相比之下，我国用车成本仍然偏低，是导致居民使用小汽车意愿较强的主要原因之一。

二是公共交通服务水平不高。一个城市小汽车出行比例的高低，同公共交通服务水平高低密切相关。由于当前我国多数城市公共交通服务水平不高，因此私家车主宁愿忍受交通拥堵也不愿转而选择公共交通，也是导致小汽车出行比例居高不下的重要原因。

三、建设管理水平不高，出行环境不宜人

交通系统是居民同城市实现亲密接触的最直接载体之一，其出行环境的人性化程度是衡量一个城市宜居水平的重要标志，也是城市高质量发展的关键指标。长期以来，我国城市交通的发展重点大多放在加快完善机动化交通设施上，对慢行交通基础设施的完善和交通基础设施的运营管理方面关注相对不足，导致出行环境的人性化程度不够。慢行交通基础设施方面，当前自行车道、人行街道不连续、宽度不够、同周边建筑不协调等问题普遍存在，自行车、行人出行的便捷性、安全性和舒适性受到严重影响。基础设施运营管理方面，虽然我国城市交通基础设施在规模和智能化程度上已经有大幅改善，但由于精细化管理程度不够，对外客运枢纽换乘难、小汽车违法占道停车、电动自行车违规行驶等问题普遍存在，居民出行体验较差。

第二节　城市交通未来发展思路

针对当前我国城市交通在出行需求管理、公共交通优先、出行环境优化等方面存在的不足，结合我国未来城镇化发展趋势，综合考虑科学技术发展、资源环境制约等多方面因素，总结我国城市交通未来发展思路如下。

一、加强交通城市融合，科学管理出行需求

一是引导大城市多中心、职住平衡发展。目前，我国正处在快速

城镇化阶段，现有大城市规模将进一步扩大。为避免摊大饼式扩张所带来的交通拥堵问题，各大城市应采用多中心、组团发展模式，并通过实现各组团的职住平衡，减少组团与中心城之间的通勤出行。同时，借助高速轨道交通连接各组团，保证各组团之间的同城化，发挥城市经济发展的规模效应。

二是践行“窄马路密路网”城市开发模式。各城市在新城规划、建设，老城改造过程中应摈弃贪大求阔的思维，积极践行“窄马路密路网”发展理念。此外，可探索通过居民小区、企事业单位内部道路外部化等措施提升道路网密度，促使城市中心区、人口密集区逐步形成小尺度街区格局，提升慢行交通的便利性、舒适性和安全性。

三是贯彻公共交通导向性城市开发策略。加快贯彻以轨道交通、BRT 等大容量公共交通站点为中心，800 米（10 分钟步行路程）范围内用地高密度混合开发、周边区域随距离加大密度递减的 TOD 发展理念，以使大容量公共交通站点覆盖更多的城市居民，有效缩短平均出行距离。同时，优化站点周边接驳公交和慢行交通环境，增强公共交通吸引力。

二、加强出行需求管理，全面优化出行结构

一是合理提高小汽车出行成本。静态交通系统与动态交通系统共同组成了城市交通系统，两者既相互促进，又相互制约。停车设施作为小汽车停放的必要场所，其供给数量和收费情况与小汽车拥有和使用密切相关。各城市可采取“以静制动”的思路，通过基本停车位（在不出行的情况下用于停放车辆的停车位）供给来调节小汽车拥有量，通过减少出行停车位数量、停车价格调节来提高小汽车使用的直接成本，使小汽车出行比例维持在合理范围，比拥堵费征收更加易于实施，较小汽车限购、限行政策对交通资源的配置效率更高。

二是加大公交优先战略推进力度。城市交通出行结构是全体居民在考虑各种交通方式综合成本和效应之后做出的理性选择，是一种动态平衡，因此，公共交通的服务水平在一定程度上决定了一个城市的拥堵

水平。不同类型城市应根据其出行需求强度和交通拥堵程度合理确定本城市公共交通应达到的服务水平，同时综合考虑居民出行分布特点、经济社会发展水平等关键因素，科学选取城市公共交通制式构成，并加快落实用地、投资、路权、财税等方面优惠政策，推动公共交通优先发展。

三、提升建设管理水平，营造良好出行环境

一是优化慢行交通系统。通过大力发展慢行交通系统，能有效引导居民从依赖私家车出行向公共交通转移，从而形成“步行 + 公交”“自行车 + 公交”为主导的城市交通模式。各城市应重点从三个方面加快优化慢行交通系统：（1）完善非机动车道、步行道网络，提升其连续性、独立性、景观性，增设自行车停车设施；（2）对非机动交通过街设施、非机动交通与机动交通冲突点进行系统梳理和优化设计，提升非机动交通安全性；（3）统筹考虑城市功能布局，提升慢行交通与公共交通、建筑之间的协调性。

二是提升精细化管理水平。对现有基础设施实施精细化管理是提升基础设施利用效率、改善出行体验的重要途径。针对当前城市交通管理中存在的不足，着重从优化客运枢纽换乘衔接、违法占道停车清理、规范电动自行车出行等三个方面加强管理。其中，客运枢纽换乘衔接方面重点关注优化运力配置、缩短换乘距离、改善换乘环境等；违法占道停车清理方面重点关注明确执法主体、扩大执法范围、加大处罚力度等；规范电动自行车出行方面重点关注明确标准规范、健全法律法规、加强执法力度等。

四、优化交通能源结构，倡导绿色共享出行

一是积极推动城市交通能源结构优化。当前，城市交通领域化石能源的使用是导致城市空气污染的主要因素之一，迫切需要进行一场彻底的能源革命。未来，随着乙醇、氢气等燃料电池技术的成熟，以及太阳能采集转化效率的提高，城市交通领域传统化石能源应用比例将有望

大幅降低，甚至完全退出，机动化交通工具进入“零排放”时代。城市交通管理者应密切关注新能源技术发展趋势，适时出台相应引导性措施，推动城市交通领域能源结构优化进程。

二是引导和规范共享交通发展。当前涌现出的共享汽车、共享单车等共享交通业态，有效提升了存量交通工具的使用效率，既方便了城市居民出行，又在一定程度上降低了私人交通工具的购买需求，对促进城市交通集约、绿色发展起到积极作用。但同时共享交通也带来了一系列问题，如滥用公共空间、押金监管缺位、安全保障不足、个人信息泄露等，需要及时加以规范。城市交通管理者一方面应本着开放包容的态度，主动破除阻碍共享交通发展的制度障碍，引导其快速发展；另一方面也应及时出台相应管理措施，抑制其负外部性，保证其规范发展。

五、积极拥抱前沿科技，打造智慧交通系统

近年来，随着移动互联网、大数据和云计算等技术的进步和应用的普及，大量创新交通服务集中涌现，对变革城市交通服务的生产组织方式、激发城市活力起到了重要推动作用，受到世界各国的普遍高度关注。如：网络预约出租汽车通过移动互联网平台实现车主和用户的实时、精确匹配，提高了传统出租车服务的供给效率，极大方便了市民出行；“出行即服务（MaaS）”通过整合公共和私人交通工具提供“门到门”一站式出行服务，大幅提升了城市交通服务水平；自动驾驶汽车技术迅速发展，有望从根本上减少由于人类驾驶所导致的城市交通运行的不确定性，从而提高城市交通运行效率和安全性，等等。纵观人类发展史，虽然每次技术革命都会对传统产业和社会结构产生一定冲击，但这属于发展过程中所必须面临的“阵痛”，不会从根本上阻挡新技术对旧技术的替代。城市交通领域的创新交通服务，是信息时代技术发展的必然产物，有力推动了交通运输生产组织方式的变革和服务效率的提升，为更好满足出行需求、激发城市活力发挥了重要作用，应积极拥抱这一历史潮流，引导和规范其快速、健康和可持续发展，打造智慧交通系统。

第七篇

农村交通

执笔人：赵欣苗　向爱兵

第二十二章

农村交通发展历程回顾

作为农村发展的重要基础设施，农村交通的发展历程与农村改革的总体进程密切相关。根据40年来我国农村改革的进程阶段，结合农村交通特点，我国农村交通发展历程可划分为四个阶段：初级发展阶段（1978—1991年）、粗放发展阶段（1992—2001年）、快速发展阶段（2002—2012年）和提质增效阶段（2013—2018年）。

第一节　初级发展阶段

我国交通基础设施总体处于起步阶段，国家级交通主干线尚处于规划或修建阶段，农村交通更是无暇顾及。此阶段农村交通以服务农资、农产品流通和部分农民城镇务工出行为主，运输需求相对较小。农村公路以泥土路、砂石路等原始形态为主，交通工具主要包括自行车、畜力车、面包车、四轮拖拉机等短途运输工具，以及载货货车、大客车、绿皮火车等中长途运输工具。农村水运也处于当地居民自发营运阶段，船型以小型木质渡船为主。

一、农村客货运输需求逐渐增加

改革开放初期，我国农村产业结构以农业为主，非农产业比较落后。由于农副产品流通长期实施按行政区划、行政层次统一收购和供应的批发体制，一定程度上阻碍了农村交通的发展。之后随着农产品流通、农民乡镇务工等逐渐放开管制，农村客货运输需求逐渐增加。

*农产品流通逐渐放开。*1979年提出恢复农村集市贸易，允许粮食议购议销（参见《中共中央关于加快农业发展若干问题的决定》），然而农产品流通主要经营主体是国营企业和合作商业，垄断经营下流通渠道不畅通，导致很多农副土特产品不能顺利运销。1983年明确允许农民个人或合伙进入农产品流通领域，提出打破城乡分割和地区封锁，农民私人可以从事国家确立收购任务以外的农副产品流通（参见《关于当前农村经济政策的若干问题》）。同时，农村家庭承包经营为基础、统分结合的双层经营体制调动了农民的积极性，促进了农副产品产量逐渐提升，政府开始在大中城市和商品集散地建设农副产品贸易中心和批发市场，促进了农副产品流通。1985年，中国改革了实行三十多年的统购派购农产品流通体制，规定针对不同农产品分别实行合同定价和市场收购（参见《关于进一步活跃农村经济的十项政策》），刺激了农民合法加入农产品流通过程中，农村交通需求逐渐开始增加。

*农民外出务工开始增加。*1984年，政府逐渐放开对农民进入城镇务工的限制，允许务工、经商、办服务业的农民自理口粮到集镇落户，由此农民工流动逐渐增加。1989年，流动人数达3000万人，其中跨省流动达700万人，春运拥挤、民工潮等现象开始受到关注。然而，1991年经济开始紧缩，政府又加强了对农村劳动力外出的管制，要求各级政府从严或暂停办理民工外出务工手续。

二、农村交通发展总体缓慢滞后

我国经济体制发生了重大变化，商品经济迅速发展，农业生产结构不断优化，对农村交通网络规模和服务质量提出了较高要求。然而，我国交通基础设施总体仍处于起步阶段。以公路为例，虽然我国设立了省—地市—县区—乡镇四级运输管理机构，确定了国道、省道由省级公路主管部门负责修建、养护和管理，县乡道路分别由县乡人民政府负责修建、修护和管理的“条块结合”体制模式，但国家干线路网尚处于利用外资贷款建设阶段，农村公路投入远远不足，以“以工代赈”形式为主，各级政府财力难以大规模扶持，且农村运输需求也没有达到促进农民大范围自发修路的程度。

因此，农村交通总体发展缓慢。农村公路标准低，以等外路为主，泥土路、砂石路等低等级路面和无路面公路占据大多数。此外，农村交通工具主要为自行车、畜力车、拖拉机、面包车等，通往中远距离城市的客货运主要依靠大客车、绿皮火车、货车等，其中，农村客运班线逐渐从仅联通乡镇到县城，转变为联通乡镇与中心城市、本省与外省省会等。1990 年，全国开行 3.3 万条农村客运班车线路，约九成乡镇开通了客运班车，初步形成以县城为中心、向乡镇及部分建制村辐射的班车客运网络，农民乘车难的问题初步得到缓解。此阶段，农村水运基本由农村居民自行承担渡工并负责经营，用来解决居民在周边的短距离出行及货物运输，运输工具较为落后，以小型木质渡船为主。此阶段的农村交通在政策、资金、需求等多方面还不具备快速发展的条件。

第二节　粗放发展阶段

此阶段处于市场经济初期，随着农产品流通、农民进城务工等进一步放宽管制，我国农村生产活力被激发，农副产品流通、农民外出务工都快速增加，客货运输需求明显提升。与此同时，国家倾向于交通主干线建设，高速公路逐渐成网，作为路网补充支撑功能的农村公路在国家“以工代赈”、交通扶贫和西部大开发等政策支持下，网络规模出现了扩张式发展，农村居民出行基本实现从“走不了”向“走得了”转变。然而，由于此阶段的农村公路主要是在“想要富先修路”的思想下，通过民工投工投劳、民办公助等方式建设，公路等级和服务质量未得到实质性提升，标准低、安全性和系统性差，交通工具仍以自行车、面包车、农用货车等中小型车辆为主。此阶段农村水运发展较快，乡镇企业兴起带动了旺盛的客货运输需求，很多地区的农村水运在这一阶段达到了鼎盛时期，规范化的水上运输公司开始规模化运营，并将运输工具从木质渡船升级为钢制渡船，个体户经营的农村渡船仍然以木质渡船为主。此阶段的农村交通在政策和资金上得到保障较少，农村交通总体处于粗放发展阶段。

一、农村客货运输需求持续增加

农村农副产品流通逐渐规模化。1992 年，在邓小平南方讲话的推动下，我国计划经济体制开始发生变革。1994 年，我国有 1200 万农民从事农产品长途贩运等销运业务，在市场经济体制下，以经营灵活、流转速度快的特点显示出竞争力。在经过分散、无序、自发状态后，随着农产品价格提升，农民收入持续增长，农村经济快速发展，开始形成合作性经营，建立专业合作社或协会，1997 年，财政部对专业合作社销售农产品免征增值税。此阶段，农村农副产品的流通需求较为旺盛，农民通过自发与合作等形式参与农副产品交易与运输，很大程度上缓解了城乡间农副产品流通问题，也改善了国有商业企业在农副产品流通环节中效率低的问题。

农民外出务工持续增多。1993 年提出鼓励和引导农村剩余劳动力逐步向非农产业转移、在地区间有序流动（参见《中共中央关于建立社会主义经济体制若干问题的决定》）。然而，20 世纪 90 年代后期，我国经济结构调整与亚洲金融危机共同作用下，城市下岗职工剧增，为了照顾本市下岗人员就业，农村劳动力外出就业受到限制和影响。直到 2001 年，政府规定取消对农民和外地人口的限制性就业政策，农村劳动力开始快速转移，再次迎来农民务工的高潮。

二、农村路网规模呈粗放式扩张

农村公路依靠民工修建为主。国家公路网络初步形成，缩短了农产品尤其鲜活农产品的储运时间，农副产品的自由交易和乡镇企业发展带动了为路网提供补充、衔接功能的农村公路发展。1994 年，《国家八七扶贫攻坚计划》中提出新增“以工代赈”资金用于修筑公路，加快贫困县、乡公路建设，在有水运条件的贫困地区积极发展水上运输。然而，此阶段农村公路并非依靠政府投入，而是主要依靠民工投工投劳、民办公助等方式建设。虽然道路以砂石路、水泥路、柏油路为主，等级标准低、安全差、不成系统，但初步形成了能供运输工具行驶的农村公路。农民务工也推动了客运市场开通大量长距离夜班车、卧铺车，农村交通提供与长途车衔接的补充作用。2001 年年底，全国县道、乡道里程共 127.7 万公里，农村客运班线 4.1 万条，乡镇通班车率、村村通班车率分别为 95% 和 80%。

虽然农村交通在政策和资金上得到保障较少，但农村客货运输需求显著，相当数量的农村公路依靠民工修建，以通为主、注重数量、质量较差，缺乏规范化的行业管理，法规制度不健全，地区间发展不平衡，农村交通处于粗放发展阶段。

农村水运迅速发展。由于我国部分地区水系发达的地理特点，很多地区早在上千年前就有了渡口，在明清时就出现过水运发展的鼎盛时期。在 20 世纪 90 年代初，我国农村公路覆盖率、连通率还远远不足，很多农村的客货运输仍然依赖当地水运。此阶段，国家放开了行业准入，我国农村水运出现了第二个发展高峰期，既有专业航运公司，也有大量的个体运输户，当地的航线也较为发达，既能联通周边地区，又能到达一定范围内较远地区。然而，到 90 年代后期，传统水运逐步衰退，尤其中长途客运航线停航，水运总体上开始朝着高速化、客滚化、旅游化方向发展。

第三节　快速发展阶段

市场经济进入深化改革阶段，为补齐农村短板，政府开始重视“三农”问题。农村合作社设立，农村财政支付转移力度加大，刺激农民扩大农业规模、从事商品贸易，农民出行范围拓展、频率提高，城镇密集型企业兴起吸引大量农民外出务工，农村客货运需求更为迫切。此阶段，国家级主干线交通网基本形成，政府开始注重农村交通并倾斜政策、提供资金，农村公路进入快速发展阶段，开始系统性、标准化、高等级建设。道路路面标准逐渐形成以柏油路、水泥路等硬化路面为主，农村公路通行基本实现从“走得了”向“走得通”转变。农村常见的运输工具也发生显著变化，摩托车、面包车、私家车等私人交通工具逐渐增多，同时带动了农村产业如物流、红色旅游等也因农村公路的改善而开始发展。农村公路普及的同时，我国逐渐开始实施“渡改桥”等工程，农村公路开始替代部分农村水运发挥运输功能。

一、农村客货运需求大幅提升

随着市场经济深化改革的推进，我国经济进入高速发展阶段，农村与城市的收入和消费水平拉开了更大差距，为补齐农村短板，实现全民共同富裕，政府对农村问题的重视上升到前所未有的高度。

国家重视农村发展。2002 年，政府正式提出“三农”问题，对农村大幅投入资金，农村基础设施开始进入大规模、规范化建设阶段。2005 年，开始建设社会主义新农村，对农民实行“三减免、三补贴”和退耕还林补贴等政策，对贫困地区劳动力转移培训，扶持龙头企业带动贫困地区调整结构，对缺乏生存条件地区的贫困人口实行易地扶贫，拓宽贫困农户增收渠道。2006 年，全面取消农业税，在推进社会主义新农村建设背景下鼓励农业发展。2008 年，提出加强农业基础设施和提高农民收入，设立了大量农村合作社，开始规范化、系统性地以现代农业组织方式引导农民参与国内外市场竞争。此阶段，中央提出“工业反哺农业、城市支持农村、多予少取放活”的农村方针，通过加大财政对农业的转移支付力度，加强农业基础设施建设，增加农机补贴等，解决市场机制无法提供的公共物品和公共服务，农村产业和经济进入快速发展时期，农村产业结构发生变化。2010 年，中央提出加大统筹城乡发展力度，并夯实农业农村发展基础。2012 年，我国提出推进农业科技创新，增强农产品供给保障能力。2013 年，我国实施新农村规划，并出台农村危房改造政策，总体上进入以工促农、以城带乡的发展阶段。

农民出行活动增加，农村交通工具升级。部分以小商品加工为主要产业的农村迫切需要与城区之间往来货物与原材料，独立的、小规模的个体运输不足以高效地满足运输需求，对农村物流的需求更加突出。城市对农副产品的需求提高，以及商业性小额信贷等融资模式普及，刺激了农民扩大农业规模和从事农副产品流通的积极性，属于农民个人所有的农机数量增加，农村交通工具中出现了更多电动车、摩托车、面包车、私家车，农民出行范围拓展、频率提高，对农村公路、产业路、机耕路的需求更为迫切。

农民外出务工现象普遍。经济快速发展下，政府鼓励和支持符合产业政策的乡镇企业发展，培育产业支撑兴县富民，发展民营经济，壮大县域经济。城镇中劳动密集型企业和服务业等非农产业大量兴起，从事农业的收入水平相对下降，带动了大量农民在城市、乡镇企业务工。农民工春运返乡难成为备受关注的问题，在高速铁路大量开通后，春运难的问题逐渐得到缓解，农民返乡的交通呈现多样化，既依靠普速铁路、高速铁路、民航，也乘坐长途大巴、自驾摩托车等。

二、农村交通发展进入快车道

国家高度重视农村交通发展。2003 年以来，中央和各级政府加大了农村公路建设的投资力度，并相继出台了促进农村公路发展的若干政策文件，如《关于印发加快农村公路发展的若干意见的通知》《农村公路规划指导性意见》等。2005 年，国家修改了农村公路定义，明确“农村公路（包括县道、乡道和村道）是全国公路网的有机组成部分，是农村重要的公益性基础设施”，将村道纳入农村公路中。2006 年，国家开始实施“五年千亿元”工程，并将县道、乡道以及达到一定技术标准的村道纳入“农村公路”统计数据。2011 年，交通部发布《关于“十二五”农村公路建设的指导意见》，提出“十二五”期间农村公路建设重点为：西部地区重点实施以乡（镇）、建制村通沥青（水泥）路的通达、通畅工程，东中部地区重点实施县道、乡道改造和县、乡、村连通工程，同步实施危桥改造和渡改桥工程，基本完成县道、乡道中桥及以上现有危桥改造，在此基础上启动村道中桥及以上危桥改造工程，并完善安全保障等附属设施，改善安全运行状况。农村水运逐渐开始实施“渡改桥”项目，并根据实际情况分为“渡口改人行桥”供行人和摩托车、三轮车等小型车辆通行，以及“渡口改公路桥”供轿车、货车通行。虽然农村渡口开始减少，但农村水运设施与服务逐渐升级，并且农村公路逐渐代替部分农村水运承担运输功能。

*农村交通设施快速成网，实现“县县通公路”。*2003年，国家计委、交通部发布了《县际及农村公路改造工程管理办法》，明确了实施县际及农村公路改造工程着重提升改造连接相邻县与县之间的公路，包括经济干线、口岸公路和省际间公路，以及通乡（镇）、通行政村的农村公路，并且细化中央专项基金和国债资金建设的使用办法。同年，交通部针对“三农”工作提出了“修好农村路、服务城镇化、使农民兄弟走上沥青路和水泥路”的农村公路建设总体目标，安排专项资金用于“东部通村、中部通乡、西部通县”的农村公路通达工程和通畅工程建设。原本计划2002—2005年建成县乡公路17.6万公里，仅2003—2004就建成了35.2万公里，农村公路建设达到了高潮。2003—2007年是农村公路改善最显著的五年，新改建农村公路130万公里，其中水泥路88.7万公里，是新中国成立头50多年的近三倍。此外，我国还全面实施了乡镇农村客运站建设工程、农村公路新改建工程、交通精准扶贫工程等重大工程建设。2013年，前后历经五次开工的西藏墨脱公路通车，我国实现了县县通公路，标志着我国农村公路在基础设施方面基本完备。

*带动农村物流、红色旅游发展。*随着农村货运需求增加，为满足农村对散货运输的需求，国家加大农村市场建设力度，建立和完善农村流通体系，鼓励优势流通企业用连锁经营方式完善农村流通网络（参见《国务院关于促进流通业发展的若干意见》），采取多种方式开拓农村市场，开展农产品连锁经营试点并给予免税优惠，鼓励试点企业建设冷藏、低温仓储、运输为主的农产品冷链系统；一些地方尝试将乡镇客运

站改造为客货一体站，发展农村网点作为货运公交停靠点，与城区四通八达的物流网络实现无缝对接，开通规范的“五定”货运公交来满足农村物流需求，结合固定配送、流动配送和预约配送等模式，促进农村货物高效流转。此外，由于私家车逐渐普及，城区居民休闲出游需求大幅增加，国家从红色旅游开始引导农村旅游业的发展。2004 年，国家大力发展农村公路的同时，先后开启了革命圣地、红色旅游公路等工程建设，便利的交通条件支撑红色旅游发展，推动当地特色加工业和第三产业发展，促进农村产业升级和农民增收。

农村公路覆盖率、连通率、硬化率大幅提升。在国家政策、资金支持保障下，此阶段我国农村交通进入发展的黄金时期，通乡通村油路快速增加，农村公路通镇率、通村率大幅提高，农村公路等级和质量也得到改善。同时，开始注重农村公路的养护，99.7% 的县道、98.7% 的乡道和 96.1% 的村道实现了道路养护，农村公路技术状况评定表明优良率达到 60.18%。2013 年，我国农村公路里程达 378.48 万公里，其中村道 214.74 万公里。全国通公路的乡（镇）占全国乡（镇）总数的 99.97%，其中通硬化路面的乡（镇）占全国乡（镇）总数的 97.8%，通公路的建制村占全国建制村总数的 99.7%，其中通硬化路面的建制村占全国建制村总数的 89%。此阶段，农村公路建设设施基本完善，农村交通带来的新业态逐渐开始呈现，农村物流、红色旅游处于起步尝试阶段。

第四节　提质增效阶段

伴随农村一二三产业快速发展，农村旅游、现代农业等产业蓬勃发展，农村交通在形成路网基本覆盖的基础上，进入提质增效阶段。农村交通需求发生较大变化，在乡村振兴战略以及全民小康的奋斗目标背景下，政府加大了对农民从事现代农业、制造业、服务业的培训力度与优惠政策，引导农民从事专业化合作，并逐渐呈现出农民返乡创业的趋势。农村交通不仅要满足农民出行需求，农村创新与创业所产生的农特产品快递运输、冷链物流等运输需求也需要专业化运输服务来满足，同时，农村脱贫攻坚对农村交通的支撑作用提出了更高要求。

此阶段，农村交通基础设施建设基本实现普及，在“四好农村路”实施背景下，政府开始注重农村交通的服务质量提升，继续对农村倾斜政策、提供资金、给予投融资便利条件，部分省份通过新型投融资模式开始升级农村公路，在“县县通公路”基础上，甚至达到了全省（市）县县通高速，并且在“渡改桥”工程的深入实施下，农村渡口逐渐减少，部分农村渡船设施及服务逐渐升级。农村公路上常见的运输工具以摩托车、私家车、面包车等为主，通往中远距离城市的客货运则依靠私家车、高速铁路、飞机、普速火车、货车等。同时，农村旅游快速发展，自驾游、房车等休闲模式兴起，部分农村旅游景点开始出现景观铁路、通用机场、房车营地等新交通方式，部分传统农村水运转型升级为观光轮渡；农村物流逐渐开始分级布置物流网络，深入到农村布点，并且部分农村开始使用通用飞机提供喷洒农药、灭火等服务。农村交通实现从“走得通”向“走得好”转变。

一、农村客货运需求结构升级

*乡村振兴战略下农村产业结构转型升级。*2014年，我国开始实施新型城镇化战略，提出构建新型农业经营体系，以及城乡统筹、城乡一体、产业互动，推动大中小城市、小城镇、新型农村社区协调发展、互促共进（参见《关于全面深化农村改革加快推进农业现代化的若干意见》）。2015年，政策在土地流运、农业转移人口市民化、现代农业示范区、农村改革试验区等方面支持农村发展，同时，我国开始实施供给侧结构性改革，产业结构逐渐转型升级，向高端制造业和现代服务业转型，人工智能对就业结构产生一定影响。2016年，我国开始实施农业现代化规划，提出深化农业农村改革，推进农业结构调整，促进农业现代化与新型城镇化相辅相成以及农村三产融合。2017年，中央农村工作会议首次提出走中国特色社会主义乡村振兴道路。2018年，进一步提出加快培育农业农村发展新动能，推进农业科技创新、提质增效，壮大乡村休闲旅游产业、农村电商、现代食品产业与特色村镇等新业态，

拓展农业产业链、价值链（参见《中共中央国务院关于实施乡村振兴战略的意见》）。美好家园建设和农村产业转型升级对农村客运、货运、冷链物流提出了更高要求。

农村交通与旅游等产业联动发展。近年来，私家车爆发性增长，自驾车出游比例提高，居民旅游及出行方式发生了变化，有着青山绿水的农村旅游成为休闲放松的方式，带动了农村旅游的快速发展。2016 年，提出设立国家乡村旅游扶贫观测中心，开展旅游“万企万村”结对帮扶行动，推出全国旅游扶贫示范项目，推广“景区带村、能人带户、企业 + 农户、合作社 + 农户”等旅游精准扶贫模式（参见《全国乡村旅游扶贫工程行动方案》）；2018 年，全国旅游工作会议提出推进产业融合，发挥乡村旅游在精准扶贫、精准脱贫中的优势作用，推动农村闲置农房开发乡村旅游，盘活农村沉睡资产，拓宽农民增收渠道。部分省份通过旅游景区带动家庭手工业、服务业本土电商品牌培育，以及旅游扶贫专业培训等方式扶持贫困村、贫困人参与旅游产业，实现脱贫致富。然而，农村旅游发展的关键在于农村交通的可达性、方便性以及耗费时间、舒适性等因素。农村交通越畅通，与机场、高铁站、普铁站的衔接越方便，自驾条件越好，越具有吸引力。畅通的农村交通能给农村带来更好的基础设施和生活条件，提供给旅客舒适的享受，出门能舒服、安全、便捷地看风景，回宾馆能享受到卫生、现代的服务。农村交通在农民出行、游客出行，以及农副产品流通、建材生活用品运输等客货运输上发挥着重要作用。

二、乡村振兴战略实施下发挥交通扶贫作用

在全面建成小康社会，实现“两个一百年”目标背景下，中央农村工作会议提出走中国特色社会主义乡村振兴道路，2018 年全面部署实施乡村振兴战略，提出走中国特色社会主义乡村振兴道路，让农业成为有奔头的产业，让农民成为有吸引力的职业，让农村成为安居乐业的美丽家园，坚持农业农村优先发展，在要素配置上优先满足，在资金投入上优先保障，在公共服务上优先安排，加快补齐农业农村短板。提

出乡村振兴的战略目标是：到2020年取得重要进展，制度框架和政策体系基本形成；到2035年取得决定性进展，农业农村现代化基本实现；到2050年乡村全面振兴，农业强、农村美、农民富全面实现。

在全面建成小康社会、打赢脱贫攻坚战的决战阶段，我国对农村问题的关注再次上升到前所未有的高度，由上一阶段发展壮大县域经济，转变为发展乡村为重点，并提出了“绿水青山就是金山银山”，强调交通扶贫的精准性和有效性；增加了对农民从事现代农业、制造业、服务业技术、信息培训力度与返乡创业贷款优惠政策，逐渐呈现农民返乡创业的趋势，同时，通过开发式扶贫促进农村土特产品发展与销售，对农村运输服务提出了更高要求。

三、农村交通设施与服务升级

注重农村交通服务与后期管护。此阶段，农村交通基础设施基本普遍实现通畅，其中，农村公路覆盖率也大幅提升，里程迅速增加。1978—2017年我国农村公路里程规模变化情况见图22-1。

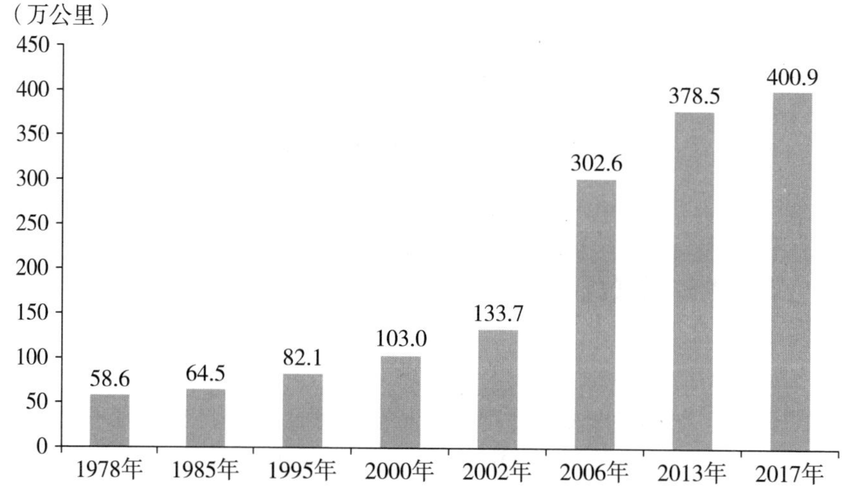

图22-1　1978—2017年我国农村公路里程规模变化

资料来源：《中国统计年鉴》。

在农村基础设施相对完备的基础上，政府开始重视农村交通的管护体制，针对农村公路提出“四好农村路”的要求，农村公路由高速发展阶段逐渐进入高质量发展阶段，部分省份通过新型投融资模式开始升级农村公路，江苏、贵州等达到了全省县县通高速，同时大力补齐农村断头路，对上一阶段以县城为中心向乡村发散的路网结构加密，在邻村间修建农村公路。由于各地征收的养护费用大量用于设施新建，造成养护资金不足，同时养护管理机制不健全，导致大量农村公路缺乏养护。2014 年，习近平总书记提出了进一步把农村公路建好、管好、护好、运营好；2015 年，交通运输部印发了《关于推进“四好农村路”建设的意见》《农村公路养护管理办法》，明确养护管理责任、多元化投融资、养护监督等，鼓励村民个人、家庭分段承包养护，逐步将养护市场化。同时，部分地区已经推动农村公路“建管养一体化”项目的实施。

*农村交通支撑扶贫攻坚。*对于偏远地区，农村交通畅通后能够较方便地将当地物产运到外面市场中实现价值，有助于脱贫致富。2016年，国务院常务会议部署开展交通扶贫工作，在“十二五”集中连片特困地区交通建设扶贫规划基础上，“十三五”交通扶贫规划纳入国家扶贫开发工作重点县、革命老区、民族地区和边境地区县，覆盖近半数全国县（市、区），着力增强贫困地区脱贫致富能力。同年 5 月，国务院进一步提出要以革命老区、民族地区、边疆地区和贫困地区为重点，加强交通基础设施，以“双百”工程为抓手推进交通扶贫脱贫，到 2020 年，我国要在贫困地区建设广覆盖、深通达、提品质的交通运输网络，乡村交通基础网络明显改善，实现乡镇通硬化路，建制村通硬化路、通客车、通邮政，自然村道路条件得到改善，基本消除贫困地区发展的交通瓶颈（参见《关于进一步发挥交通扶贫脱贫攻坚基础支撑作用的实施意见》）。在此背景下，国家发展改革委、交通部、国务院扶贫办共同推进全国交通扶贫脱贫工作并实施了相关项目。

*农村交通与农村三产融合发展。*农村交通从以往支撑经济发展，转变为与农村产业联动发展，逐渐出现交通与农村旅游、现代农业、特色制造业、互联网和物流等产业融合发展的新业态，农村交通对农村经济发展起到了进一步的促进作用。推动现代农业与制造业发展的背景下，

出现为农村生产生活服务的新形式交通，如提供喷洒农药、灭火服务的通用机场，以及随着农村土特产品、家庭手工品等特色品牌培育，在快递物流、邮政物流、电商物流等推动下，农村物流逐渐深入到村形成分级物流网络。随着农村旅游的快速发展，与自驾游、房车等休闲模式的兴起共同促进了农村公路快速升级，成为吸引游客自驾游的重要基础设施，部分地区开始出现景观铁路、沙漠公路、草原公路、房车营地等交通方式，并且，农村传统水运设施与服务虽然逐渐减少，但品质提升转型为观光轮渡等，使游客在乘坐交通工具过程中享受旅游乐趣，从而扩宽当地农民从事工作，促进农村产业结构转型升级，助力乡村振兴。县县通公路甚至县县通高速的农村交通条件使农村交通从“走得通”向“走得好”转变。

第二十三章

农村交通发展成就与经验

第一节　农村交通发展成就

经过40年的发展，我国农村交通建设取得了巨大成就，农村客货运输服务水平大幅提升，广大农村地区出行条件明显改善，“出行难、乘车难、物质运输难”的现象基本消除，农村交通对农村经济社会发展的支撑带动作用进一步增强。主要表现在：

一、农村交通网络规模快速扩张，基础设施质量明显提升

改革开放初期，农村交通基础设施基本靠农民自发建设。随着农村交通得到国家政策与资金大力支持，通达工程、通畅工程等农村交通项目陆续启动，各地区围绕农业产业发展，建设资源路、旅游路、产业路，尤其注重老少边穷地区的农村交通建设。从1978年到2017年，我国农村公路里程大幅增加，县乡公路总里程由58.6万公里增加到170.84万公里，村道由不列入统计到增加为230.08万公里，不通公路的乡（镇）由9.5%降低为0.02%；同时，道路等级提升，不

通硬化路面的建制村仅占 1.65%，从等外路为主转变为以硬化路面为主，初步形成了以县城为中心、乡镇为节点、建制村为网点，遍布农村、连接城乡的农村公路交通网络。除了农村公路，部分农村旅游景点开始建设景观铁路、景观公路、通用机场、邮轮游艇、观光轮渡等，并针对自驾、房车出行配套建设房车营地。农村交通实现了从“走得了”“走得通”到“走得好”的转变，成为乡村精神文明建设的重要组成部分，对农村产品交流、农民就业增收、农村招商引资提供极为坚强的支撑保障与引领作用。

二、农村地区客货运输供给能力和服务质量大幅提高

40 年来，围绕人民群众安全、便捷出行的服务需求，各地积极推动农村客运站点（或候车亭牌、招呼站）与农村公路同步建设和改造，积极创新农村客运经营模式，不断提高农村客车覆盖率及农村客运服务水平。2013 年，全国农村客运站数量达到 26 万个，开通农村客运线路 9.7 万余条，平均日发 110 万班次，乡镇和建制村通客车率分别达到 99.01% 和 94.28%，基本保障了绝大部分农民能够在家门口方便地乘坐客车，并带动了农村地区教育、医疗等民生工作的全面改善。农村水运转型升级，逐渐普及钢制渡船，并由规范化的营运公司开展了规模化经营，部分地区还开发了轮渡的旅游观光功能。与此同时，随着农村产业结构调整、农民收入增加、农村交通条件改善，农村居民出行选择呈现多样化，私家车、摩托车等交通方式成为农村交通出行的重要选择。农村货运方面，在农村合作社、电商直销等方式推动下，长期依赖分散的个体户零担经营模式逐步向集约化运输转变；农村电子商务和农村物流的快速发展促进了农村货运公交、小件物流普及，农村货运的便捷性、安全性和响应个性化需求进一步提升。

三、农村交通对地区经济社会发展的支撑带动作用进一步增强

农村交通是农村经济社会发展的重要支撑，对农村地区产业发展、

经济增长和脱贫致富发挥着重要作用。改革开放以来，我国先后实施了“以工代赈”、八七扶贫攻坚计划、县际及农村公路改造、乡村通达工程、农村公路通畅工程、集中连片特困地区交通建设等工程，有力促进了农村地区尤其是农村贫困地区开放交流和内外融合，推动了农村地区产业发展升级及城镇化进程，带动了贫困地区脱贫致富，改变了贫困地区发展面貌。近年来，伴随新一代信息技术革命和农村交通设施完善、农民收入增加以及居民出行旅游观念与生产生活方式转变，农村交通与乡村旅游、现代物流、现代农业等产业融合程度越来越高，农村交通对地区经济社会发展的支撑带动作用不断增强。以贵州省为例，作为我国贫困人口较为集中的省份，近年来通过走“交通＋旅游”扶贫道路，基本实现了大交通带动大旅游、助推整体脱贫的良好效果，充分发挥了旅游资源丰富的比较优势。此外，一些农村地区因地制宜创新发展景观铁路、沙漠公路、草原公路等新交通业态，发挥交通支撑引领作用，为农村居民带来经济效益，助力乡村振兴。

第二节　农村交通发展经验

回顾改革开放40年来我国农村交通发展的历程和成就，各地在农村交通基础设施规划建设、运营养护以及运输服务供给和运营管理实践中，创造和积累了许多宝贵的经验和做法。

一、充分发挥人民群众及社会共同参与的积极性

在党的统一思想和政策引领下，依靠广大人民群众，充分调动全社会的力量积极参与农村交通基础设施的建设管养和运营，是我国加快农村交通发展的重要基础。农村交通基础设施建设任务重、规模大，仅仅依赖国家包办难以完成，必须充分发动人民群众和全社会的力量积极参与，共同推动农村交通发展。“要想富，先修路”的思想深入人心，“民工建勤、以工代赈”等投工投劳是早期我国农村公路的主

要建设方式，农村水运前期也主要依靠当地农民承担渡工，均为后期大规模建设升级奠定了基础。直到现在，仍有企业、个人对农村交通建设捐资捐物，部分县乡利用受益企业的人力、物力或依靠沿线居民及党员干部认养完成农村公路养护工作，并且农村公路小修保养通常采用家庭或个人承包方式。

二、构建政府主导的多元化农村交通投融资机制

资金问题是影响农村交通发展的关键问题之一。多年来，我国农村交通基础设施建设在经历了国家鼓励“民工建勤、民办公助”等将农民的劳动力转化为农村交通直接投资等模式后，逐渐形成了国家对农村交通提供资金补助为主、社会群体参与的投融资模式。“国家扶持一些，省里补助一些，地方政府投资一些、群众奉献一些，社会捐助一些”是目前农村公路等基础设施融资的主要来源，农村水运在船型升级方面也得到了国家与地方政府的大力资助。此外，在“谁建设，谁使用，谁受益，谁管护”的原则下，我国鼓励社会企业、农民参与到农村交通的建设、管护等过程中，积极探索引导金融和社会资本参与农村交通的利益分配机制，探索农村交通与产业联动发展创造收益后对农村交通的反哺机制，着力提高农村交通的财务可持续性。目前，我国农村交通建设已基本形成以政府资金为主导、社会资本参与以及社区或群众自建、社会捐助等多元化的投融资方式。

三、建立“建管养运一体化”的农村公路发展机制

改革开放以来，各地在农村公路建设过程中，逐步认识到农村公路养护管理工作的重要性，并确立了“建是前提、养是关键”“三分筑路、七分养护”的指导思想，加大对农村公路的养护管理投入。党的十八大以来，习近平总书记对农村公路建设高度重视，多次做出重要指示，要求建好、管好、护好、运营好农村公路。建设“四好农村路”，就是要在农村公路建设过程中，同步建设管理和养护，同步做到路通车通，同

步安排落实管理养护工作。“建管养运一体化”是“四好农村路”落实的重要途径，目前贵州省已经开展农村公路“建养一体化”项目，国内部分其他地区也通过建设农村公路综合服务站的方式打造集建设、管理、养护、运输甚至应急等功能于一体的试点站，来探索推动农村公路建管养运一体化发展。

四、制定符合经济发展阶段和农村特点的方针政策

制定符合不同时期不同阶段经济社会发展政策、不同地域农村特点的农村交通发展方针政策是我国农村交通加快发展的重要政策保障。针对不同时期农村交通发展的特点和需求，中央和地方相继制定了一些与我国经济社会发展阶段和农村交通发展特点相适应的方针政策，如“以工代赈”“交通扶贫”等，极大促进了农村交通的发展。农村税费改革后，一些地方针对农村公路建设资金需求量大而主要资金渠道减少的情况制定了相应政策，譬如山东省聊城市政府 2003 年下发了《聊城市人民政府关于加快农村公路建设实施意见》，从农业税、农村税费改革转移支付中分别提取 5%、10% 用于农村公路建设。这些方针政策的制定和出台，对我国农村交通发展发挥了重要的作用。

第三节　农村交通发展展望

改革开放以来我国农村交通取得了长足进步与发展，在 2020 年全面建成小康社会的目标要求以及打赢交通脱贫攻坚战的背景下，对农村交通提出了更高要求。目前，农村交通在路网通达深度和覆盖广度、基本公共服务均等化和服务水平、基础设施管养体制机制、对农村经济支撑力度等方面仍存在不足，农村交通发展不平衡、不充分问题较为突出。鉴于此，结合未来我国新型城镇化、农业现代化进程快速推进以及乡村振兴、交通强国等国家战略深入实施，综合考虑农村经济发展、科学技术进步、资源环境制约等多方面因素，未来我国农村交通发展应注

重以下五个方面。

一、补足发展短板，改善贫困地区交通条件

当前贫困地区农村交通发展仍然存在短板，由于我国农村广阔分布，受地域位置、经济水平等影响，广大农村发展仍极不均衡，应针对不同农村交通发展基础条件差异化发展。例如东、中、西部农村发展水平差异较大，老少边穷地区农村交通低于平均水平，城市近郊、远郊农村发展不均衡。东部地区、发达地区以及近郊农村的农村交通有待提质增效，中西部、老少边穷地区以及远郊农村等，有待继续加大交通基础设施建设。因此，应加大对贫困农村地区交通基础设施建设项目支持倾斜力度，早日完成交通扶贫“百万千米”农村公路工程，继续推进“渡改桥”工程，改善农村离岛交通条件，坚决打赢交通扶贫攻坚战。进一步提高农村公路的通达深度和网络联通度，畅通对外衔接的区际、县际骨干通道，打通“最后一千米”，推动贫困农村地区与经济相对发达地区、集中连片特困地区与分散分布贫困地区、城市与农村交通基础设施供给结构的协调发展。同时，补足农村交通安全短板，增强农村交通安全保障能力。

二、全面提升农村交通公共服务水平

农村客运公共服务具有准公共产品特性，在农村常住人口减少、小汽车、摩托车快速发展的影响下，政府应进一步提升政策资金扶持力度，加强管理和监督，鼓励运营组织创新，保证农村公益性客运持续开行；为提升农民进出城市的便捷性，应适当加强部分地区农村公共客运服务与城市公交管理运营的一体化水平，加强与周边大交通的联通程度，为医疗、教育等资源的均等化提供支撑；农村产业结构转型升级下，农特产品对冷链物流、快递物流的需求提升，应根据实际需求深入普及农村货运物流服务，适当打通村级物流服务，并充分利用既有资源、结合电商快递等方式降低农村物流成本。

三、探索建立农村公路养护管理长效机制

农村公路的养护管理是农村公路实现可持续发展的关键，探索建立农村公路养护管理长效机制，是落实“四好农村路”、推动农村公路建管养运一体化发展的制度保障。目前，我国农村公路管养不足的主要原因是资金不足，加大对农村公路的管养资金投入是未来农村公路交通发展的重要任务之一。考虑到农村公路的公益性特征，未来应探索建立事权匹配、财务可持续的长效管护机制，尤其对农村公路沿线受益企业制定反哺农村公路管护的回馈机制；同时，针对部分具有特色旅游产业的农村，探索社会资本参与的利益分配机制，提高对社会资本的吸引力；加强培育专业养护人员，调动农民参与积极性。

四、促进农村交通与产业、城镇融合发展

按照乡村振兴战略要求，应充分发挥交通支撑引领作用，推动农村交通与现代特色农业、生态旅游业、现代物流等产业系统性规划与联动发展，促进农村三产融合发展，针对我国老龄化、个性化、绿色化等出行特征，应把农村打造为诗意栖居的农村旅游与休闲环境，带动农村就业与创新，助力解决“三农问题”；在区域协调发展和脱贫攻坚战略下，发挥农村交通对城乡融合的促进作用，通过“交通＋特色农业”“交通＋生态旅游”“交通＋电商快递”等方式发挥交通扶贫作用，盘活农村优势资源，吸引人才和资金流入农村，助力乡村振兴。

第八篇

交通投融资

（执笔人：马德隆　李玉涛　赵丽珍　邓岩　李堃）

第二十四章

交通基础设施投融资体制改革总体脉络

改革开放40年来，我国交通基础设施建设取得了举世瞩目的成就，为其提供支撑保障的投融资体制不断演进发展。围绕投资和融资两条主线，交通基础设施的央地主体由中央集中向属地化和企业化过渡，政企关系上促进政府主导与市场参与的平衡，融资导向上坚持公益性领域政府筹资和准公益性领域市场融资，资金来源由财政向土地再向多元化演进。

第一节　央地主体：由中央集中向属地化和企业化过渡

从投资主体看，我国交通投资主体总体上由中央集中统一向属地化和企业化过渡。在20世纪80年代中期以前，除了公路领域，交通其他领域均高度集中，由中央政府部门直接管理。随着80年代中期和21世纪初两轮较大规模的权力下放和“政企分离”改革，地方政府分阶段成为收费公路、港口、机场等交通基础设施的所有者，这大大激发了地方政府的发展动力。但地方政府很快意识到，对于交通的发展诉求难以完全通过自身力量来实现，必须成立代表其意志的企业来负责项目具体运作，从而加快发展。因此，我国交通投资主体的属地化和企业化改革几乎是同时进行的。这样，地方政府所属企业在21世纪初以后就均成为公路、港口、机场名义上的投资主体和法人，而铁路在2013年“政企分离”后使中国铁路总公司作为企业成为投资主体。

第二节　政企关系：促进政府主导与市场参与的平衡

从政企关系看，我国政府投资在交通大多领域都发挥主导作用，虽然不同领域市场参与度不同、不同阶段政府投资的形式内涵不同，但始终在促进政府主导与市场参与的平衡。在以财政投资为主的交通投资体制时期，政府既是各类型交通项目实质上的投资主体，也是大部分项目名义上的投资主体，因为此时政府既要通过财政资金投资，贷款也以政府信用为直接保证，还要负责交通项目全流程运作，社会资本主要以股权投资形式参与。

在逐渐以融资平台为主的投融资体制时期，几乎所有项目政府都已不是名义上的投资主体，而是退居幕后，成为交通项目的发起者、决策者和监管者，并大量通过成立所属融资平台，由融资平台作为名义上的投资主体，负责融资建设等工作。不仅很多融资平台具有投资自主权，而且很多社会资本已经可以以独资或控股形式投资交通项目，其中港口的市场化程度最高。十八大以后，地方融资平台政府融资功能被逐渐限制，PPP作为一种新的投融资模式大量应用于交通项目，名义上的投资主体和法人从融资平台转移到了社会资本，政府是交通PPP项目的参与者和监督者，但在幕后依然也是多数项目发起者和决策者。

第三节　融资导向：坚持公益性领域政府筹资和准公益性领域市场融资

从融资导向看，我国国省干线公路、农村公路和内河航道等没有收费机制的公益性领域坚持政府筹资，而在具有收费机制的准公益性领域坚持市场化融资的改革主线。其中以三轮较大幅度的下放权力和放宽准入条件为标志，带来融资管制的放松。

第一轮是 20 世纪 80 年代中期开展的初步属地化和对内对外开放，铁路、公路、港口和机场“以路养路、以港养港”的交通发展模式初步形成，内外资大举进入交通领域，使合资铁路、利用外资、发行股票等融资渠道成为准公益性交通发展资金的新来源，以开征多项政府性基金形成对普通公路等公益性交通发展的支撑。

第二轮是 2000 年左右开展的进一步属地化和对内对外开放，地方完全成为公路、港口、机场的所有者并取消这些领域大部分内外资准入限制，大大激励了地方发展的内生动力，并很快完成投资主体的企业化改革，极大拓展了利用融资工具的深度和广度，债务融资的占比开始快速上升，企业债券成为对银行贷款的重要补充，国债成为公益性交通的重要资金来源。

第三轮是 2013 年前后的全面开放，铁道部完成“政企分离”和铁路对内对外基本开放标志着交通领域已基本全部取消内外资准入限制，并完成全部企业化改革。伴随着 PPP 的快速发展，很多项目的名义投资主体已经从融资平台转移到社会资本，同时交通产业基金的兴起，使地方政府又找到了表外融资的新渠道。

第四节　资金来源：由财政向土地再向多元化演进

从资金来源看，我国交通投资的资金来源总体由财政向土地再向多元化演进。在改革开放的头几年，交通投资高度依赖中央政府和地方政府的财政预算内资金。随着财税体制的演进，政府性基金逐渐从财政预算外转为预算内，拨付方式也从中央直接投资改为专项转移支付，地方政府及其所属企业陆续成为实质上和名义上的投资主体，但地方财政也远不足以提供交通发展所需的资金，需要寻找新的预算外资金来源。

伴随着城镇化进程的加快，土地成为这种资金来源的最佳选择，土地及其所产生的融资信用在接下来十余年中扮演了核心角色。

近年土地资源的逐渐稀缺和融资环境的逐步限制，加之对土地出让的监管也愈发严格，依赖“土地信用”支撑交通高速发展的作用有所降低，PPP 和交通产业基金作为新的预算外资金成为交通发展资金的重要补充，并借助逐渐发达的资本市场不断丰富新的融资工具，从资金来源的比例上基本形成多元化来源的格局。

第二十五章

交通基础设施投融资体制政策演变

从交通基础设施投融资体制政策具体的演变过程看，在改革开放前的计划经济时期，我国交通基础设施建设都是按计划由政府进行投资建设，政府是唯一的投资主体，固定资产投资是典型的行政行为。铁路、港口、机场等基本上都是中央统一安排投资建设；公路由地方政府负责投资，国家仅对国防公路有少量资金安排，地方政府由于缺乏资金来源，主要挤用养路费和靠民工建勤、民办公助的方式实施建设。改革开放后，交通基础设施投融资体制政策先后经历了以财政投资为主（1978—1997 年）、逐步以融资平台为主（1998—2012 年）、多元投资并存（自 2013 年至今）三个时期。

第一节　以财政投资为主的投融资体制

伴随着财税体制和投资体制的改革，以“拨改贷”和“利改税”为标志，我国交通投资不再是财政全额投入，同时开始征收交通建设基金，为交通发展奠定了基础。公路允许收费还贷，港口、机场基础设施先后第一轮属地化和“政企分离”，为调动地方积极性消除交通瓶颈发挥了巨大作用，初步形成了“以路养路”和“以港养港”的交通循环发展模式。在交通初步开放和放松管制的政策下，内外资本大举进入交通基础设施，拓展了融资工具，使交通投资保持稳步增长的趋势。在此阶段，交通投融资体制仍中央和地方政府的财政直接投资和信用为主。

一、"拨改贷"和"利改税"拉开了交通投融资体制改革序幕

我国交通投融资体制改革是以国家财税体制和投资体制改革为序幕的。改革开放后，我国开始进入"以计划经济为主、市场调节为辅"的阶段，指令性计划减少，指导性计划增多。伴随着这一改革总基调，我国财税体制和投资体制开始出现重大变化，中央财政不再与交通投资完全绑定。

财税体制方面，1980 年开始实行"分灶吃饭"的财政包干体制，改变了新中国成立以来由中央集中"统收统支"的财政分配体制，出现了中央和地方两级利益主体，并逐步衍生出多种类型的财政包干体制，使地方的财权得到大幅增强。1981 年，铁道部等单位实行第一步"利改税"，将国有企业上交的部分利润改为缴纳所得税，采用税利两种形式上缴利润，其余留归企业，这调动了国有运输企业的积极性。1985 年，开始全面实行第二步"利改税"，由"税利并存"过渡到完全"以税代利"，同时在铁路实行"大包干"，不交所得税，营业税率下降为 5%，其他运输企业实现的利润上交 55% 的所得税。

投资体制方面，1980 年开始在基建项目中试点"拨改贷"，基建投资由原来的国家无偿拨款改为有偿贷款，虽然在本质上这种需要偿付本息的贷款资金仍属于财政资金，但这已标志着交通投资不再是财政无偿全额投入。1983 年，基本建设项目开始实行包干经济责任制，对建设项目实行建设规模、投资总额、建设工期、工程质量和材料消耗包干的权责利结合的制度，转变了全部由上级统一安排的投资管理模式。从 1985 年起，凡是由中央预算安排的基建投资全部由财政拨款改为银行贷款。

"利改税"和"拨改贷"等财税和投资体制改革为当时提升地方政

府和国有企业交通投资能力和效率提供了体制保障，使地方有了发展本地区交通基础设施建设的内在经济动力和能力，初步实现交通行业的滚动发展。改革开放前10年与交通相关的主要财税体制与投资体制改革见表25-1。

表25-1　改革开放前10年与交通相关的主要财税体制与投资体制改革

类别	举措	开始时间
财税体制	“划分收支、分级包干”财政体制	1980年
	第一步“利改税”	1981年
	第二步“利改税”	1985年
	“划分税种，核定收支，分级包干”的财政体制	1988年
投资体制	试点“拨改贷”	1980年
	基本建设项目实行包干经济责任制	1983年
	全面“拨改贷”	1985年

数据来源：笔者搜集整理。

二、开征交通政府性基金成为预算外资金的重要来源

进入20世纪80年代后，我国经济增速加快，交通供给与运输需求的矛盾越来越突出，“以运定产”的现象越来越多。尽管交通行业开始了“拨改贷”“利改税”等一系列改革，但物价上涨而运价不变，仅依靠养路费等资金，交通行业自身积累能力较差，建设资金依然短缺。为加快交通建设，我国开始通过收取交通政府性基金以扩大资金来源。

1983年开征能源交通重点建设基金，以事业单位和国有企业部分预算外资金和留存利润的10%~15%作为该基金的主要资金来源。在开征的13年时间里，该基金收入平均每年占财政收入的7%，为当时交通发展发挥了重要作用。1985年国务院先后批准从次年开始征收车辆购置附加费和港口建设费，车辆购置附加费按销价10%标准计征并沿用至今，港口建设费针对沿海和长江沿线港口货物吞吐征收，分别主要用于公路和港口建设。

1991—1993 年陆续开征铁路建设基金、内河航道养护费、机场管理建设费、民航基础设施建设基金。铁路建设基金针对货物运输每吨公里征收 0.2 分，随后又三次提高征收标准，到 1998 年亚洲金融危机前，铁路建设基金每年占铁路投资来源的一半以上，成为铁路建设最重要和最稳定的来源。内河航道养护费针对运输船舶运费收入的 8% 计征，主要用于公益性内河航道养护。机场管理建设费和民航基础设施建设基金（简称“一费一金”）分别针对乘坐国内航班的旅客和航空公司运营收入征收，大多用于机场建设。

这些政府性基金虽然当时大都为预算外收入，但都具有显著的财政资金性质，作为国家对交通设施建设项目投入的专项资金，同时也成为银行贷款的信用保障。这些资金构成了我国交通专项资金体系的雏形，自此交通专项资金更多的是在内部的完善和整合，没有再实质性开征新的交通政府性基金。主要交通政府性基金开征与演变情况见表 25–2。

表 25–2　主要交通政府性基金开征与演变

序号	名称	开征时间	现状
1	养路费	1950 年	2009 年起与其他五项规费合并为燃油税
2	能源交通重点建设基金	1983 年	1996 年起取消
3	车辆购置附加费	1986 年	车辆购置税
4	港口建设费	1986 年	港口建设费
5	铁路建设基金	1991 年	铁路建设基金
6	内河航道养护费	1992 年	2009 年起与其他五项规费合并为燃油税
7	机场管理建设费	1991 年	2012 年起合并为民航发展基金
8	民航基础设施建设基金	1993 年	

数据来源：笔者搜集整理。

三、“以路养路”和“以港养港”交通滚动发展模式初步形成

与开征交通政府性基金同步，交通各领域也都在探索自身投融资模式的转变。1984 年，中共中央通过《关于经济体制改革的决定》，我

国开始实行有计划的商品经济，实现政企职责分开，建立多种形式的经济责任制。在这份总纲引领下，交通领域以“经济承包责任制”为核心，公路、港口、铁路、机场领域先后开展了不同程度的“以路养路”和“以港养港”改革，力争提高政府投资效益，通过投融资“内外同步”改革实现交通持续滚动发展。

公路领域率先且较为彻底地进行了“以路养路”改革。1984年年底，国务院做出“贷款修路、收费还贷”的重要决定，允许通过集资或银行贷款修建收费公路，并对通过收费公路的车辆收取过路过桥费，用于偿还贷款。这打破了单纯依靠政府财政发展公路的体制，极大地激发了地方发展公路的积极性。很快我国第一条收费高速公路开工建设，随后还出现了中外合资建设公路。

同样进行较为彻底改革的是当时的铁路“大包干”改革。1986年，国务院批准了“七五”期间铁道部实行“投入产出、以路建路”的全行业经济承包责任制，包括运输生产、基本建设以及机车车辆制造等在内的全面承包，铁道部向中央包干，路局向铁道部包干，将铁路部分收益留存行业内部，并给予税收优惠、“拨改贷”免息等支持政策，铁路由“国有国营”向“国有路营”转变，在当时激发了路局的积极性，减轻了铁路对中央财政的过度依赖。但与公路领域取得很好效果不同的是，当时在物价上涨较快而铁路运价不涨的背景下，铁道部留存收益和投资并未实现之前的预想，原本下放的权限不久又都收归铁道部。

港口领域伴随着第一轮属地化进行了较大幅度的“以港养港”改革。1986年开始，在之前天津港试点的基础上，我国沿海和长江干线37个港口陆续由中央直属转为中央与地方双重领导、以地方政府为主的管理体制。在地方具有主导权限的条件下，港口开始全面实行“独立经营、以港养港、以收抵支”的财务包干制度，收大于支定额上交，支大于收定额补助，转变了中央“统收统支”的财务模式。但这轮改革中不彻底之处在于当时港口并未进行“政企分离”改革，基本建设投资仍由交通部系统负责筹措，在建设投资不断放大的情况下，随后即出现了较大的资金缺口。

与港口不同，民航领域的“以港养港”是伴随着第一轮“政企分离”改革。1986年，在民航总局从空军代管改由国务院直接领导的基础上，国务院确定民航改革实行“政企分开”，机场与地区管理局、航空公司分开，各地民用机场均为企业，实行服务收费制度。允许地方政府和国内企业创办航空公司和投资建设机场，打破了单一由中央政府投资建设机场的模式。但此轮改革民航领域没有进行属地化改革，大部分地方对发展民航的积极性并没有得到根本性提升。

伴随着第一轮“属地化”和“政企分离”改革，交通各领域“以路养路”和“以港养港”效果迥异，公路较为成功，港口、机场领域效果尚可，而铁路则效果不佳，公路投资规模从1992年开始超过铁路，自此成为我国交通投资占比最高的领域。更重要的是，“以路养路、以港养港”的交通滚动发展模式初步形成，“谁受益、谁付费”的交通投资理念开始深入人心。

四、初步开放和放松管制拓宽了融资渠道

1992年，以邓小平南方谈话为标志，随后在全国范围掀起了一股民营化的浪潮，交通领域也不例外。在“以路养路”“以港养港”的激励下和收取交通基金的保障下，20世纪90年代开始，以初步开放为主线，交通领域开始建立企业制度为主导的投融资改革，逐渐扩大了资金来源渠道，初步促进了产业化发展。

1992年，国务院批准了中央和地方合资建设铁路的政策，提出投资各方按投资比例组成合资公司，共担风险、分享利益。国家对合资铁路实行特殊运价等优惠政策，合资铁路公司自主经营、自负盈亏、自偿本息和自我积累。合资铁路政策的实施激励了地方的积极性，促进铁路建设速度的加快，几年内先后有10余个合资铁路项目开工建设。合资铁路政策在20世纪90年代虽然没有成为铁路投融资模式的主流，但直接改变了原先铁道部作为铁路唯一投资主体的局面，使合资的项目公司作为主体负责投融资，使铁路开始走上产业化发展的道路。

同年，交通部提出按照“谁投资、谁建设、谁使用、谁受益”的

原则，鼓励货主与港务局合建公用码头，支持地方自建、合建并经营码头，鼓励中外合资建设并经营公用码头泊位，允许外商独资建设码头。在政策的支持和鼓励下，社会资本和外资开始大范围参与港口建设与经营，有的直接投资建港，有的以股份制合作形式参与港口建设与运营。短短几年内，香港和记黄埔、新加坡港务集团、马士基等企业先后在大连、秦皇岛、天津、青岛、上海、宁波等港口投资港口码头。

1993 年，国务院批准中央政府或地方政府可独资或联合投资建设机场飞行区、机场候机楼等机场设施，允许民间资本参与投资，但国有资本要占控股地位。次年，国家开始允许外商以合资、合作方式在我国投资建设民用机场，但同样中方出资要占控股地位。在政策引导和民航“一费一金”的支撑下，机场投资形成了由“一费一金”和中央预算内资金为主导，企业自筹、贷款、利用外资为补充的的投资结构。

这一时期的初步开放和放松管制的政策，使国内外资本大举进入交通基础设施，同时也带来了融资工具的丰富，利用外资、发行股票等融资渠道成为交通发展资金的新来源，也使这一时期成为融入外资和上市融资最活跃的时期。同时开征多项政府性基金，以财政投资为主的投融资体制得到了一定的有益补充，交通投资占基础设施总投资比例稳步上升。20 世纪 80—90 年代交通运输企业上市融资和利用外资的主要案例见表 25-3。

表 25-3　20 世纪 80-90 年代交通运输企业上市融资和利用外资的主要案例

融资方式	时间	内容
上市融资	1993 年	深赤湾 A、B 股，珠海港在深圳证券交易所上市
	1996 年	粤高速 B 股在深圳证券交易所上市；广深铁路、皖通高速在香港联合交易所上市；天津港在上海证券交易所上市
	1997 年	盐田港、东莞控股在深圳证券交易所上市；宁沪高速、浙江沪杭甬高速、四川成渝高速在香港联合交易所上市
	1998 年	上海机场在上海证券交易所上市
	1999 年	华北高速、东北高速在深圳证券交易所上市，厦门港务在深圳证券交易所上市

续表

融资方式	时间	内容
利用外资	1987 年	京津唐高速公路利用世界银行贷款；广深高速与香港合和集团合作
	1988 年	广佛高速与香港珠江船务公司合作
	90 年代	大连、秦皇岛、天津、青岛、上海、宁波等港口引进香港和记黄埔、新加坡港务集团、马士基等企业投资集装箱码头
	1992 年	金温铁路与香港联盈兴业公司合作

数据来源：笔者搜集整理。

第二节　逐步以融资平台为主的投融资体制

20 世纪 90 年代开始，交通融资平台先后作为公路、港口、机场和铁路项目的投融资主体登上历史舞台，在 1998 年亚洲金融危机之后开始提速发展，在 2008 年世界经济危机后发展到空前规模。以土地信用为代表，交通发展仍带有显著的政府投资特征，政府是退居二线的操作者。港口、机场开始进行第二轮属地化和“政企分离”改革，铁路也成立融资平台形成“统贷统还”，同时交通各领域均实施较大程度的开放政策，带动了交通投资的快速增长。融资平台的发展是融资工具多元的直接原因，同时融资工具多元化必然伴随市场化程度的提升。

一、亚洲金融危机下公路融资平台开始发展

20 世纪 80 年代末到 90 年代初，作为投融资体制改革的产物，我国个别地方陆续成立投融资平台，但当时只是处于零星发展的时期。90 年代后半期，我国经济逐渐转入需求约束阶段，并全面融入世界经济，直至亚洲金融危机爆发。到 1998 年国内市场绝大多商品转入买方市场，商品短缺得到了根本性逆转，同时出现了第一次全面通货紧缩现象。为应对国际金融危机和解决有效需求不足，我国实施了积极的财政政策，

重点提升交通等基础设施的供给能力，以期通过增加投资、扩大内需来拉动经济的增长。但从当时财税体制看，地方财力并不足以支撑积极的财政政策。这是由于1994年后我国进行了分税制改革，地方政府财政收入大幅下降，1995年实行的《预算法》又明确规定地方政府不得进行赤字预算或债务融资，而且中央在为基础设施建设项目提供资金支持的同时，地方政府同样需要安排配套资金。这就使得地方政府需要在财政预算体系外寻求“资本运作”以支持发展，但这种“资本运作”又不能脱离其控制。在这样的背景下，地方政府的融资平台开始了第一次规模化的发展。

交通投融资平台是以收费公路领域带头逐步拓展的。1996年《公路经营权有偿转让管理办法》和1998年《公路法》施行，对公路经营权的概念予以明确，对公路收费权的转让以法律形式予以确立，使收费权可作为质押形式向国内银行申请质押贷款。随后，各省市纷纷设立专门的公路投融资平台，按照政府的投资导向，承担授权范围内公路基础设施建设项目的筹资、投资、建设、运营任务。2004年国务院颁布《收费公路管理条例》，不仅确认了公路收费制度，同时对公路收费等权益进行了原则性规定。很快，收费公路在既有的“贷款修路、收费还贷”基础上，通过交通投融资平台的运作，国债、外国政府贷款、银行信贷、信托、债券、股权转让、集资入股、BOT、BT等融资工具和建设模式得到广泛应用，基本形成了自身滚动发展的模式，并在接下来10余年得到了高速发展。交通投融资平台运作模式初步确立了交通基础设施建设投融资滚动发展的新机制，投融资体制开始发生深刻变化。

二、铁路酝酿成立融资平台公司形成统贷统还

1999年，在经过一年试点后，铁路开始全面实行资产经营责任制改革。铁道部再次将部分权限下放到各地路局，在允许路局自主经营的情况下，以是否能自负盈亏来考核地方路局领导。资产经营责任制虽然效果不佳很快又被取消，但使当时包括投融资在内的铁路财务模式发生了很大变化。

铁路投融资体制实质性变化是在2004年后。2004年7月，投融资体制改革迎来了里程碑，国务院首次系统性颁布《关于投资体制改革的决定》，强调确立企业在投资活动中的主体地位，规范政府投资行为，放宽社会资本的投资领域。这对市场化程度还相对滞后的铁路领域无疑是一针"强心剂"。随后，2004年版的《外商投资产业指导目录》中，铁路干线路网的建设和运营被列入鼓励外商投资发展类的项目，虽然这个阶段仍要求铁路项目由中方控股，但这是首次在制度上允许和鼓励外商投资铁路。同年，中国铁路建设投资公司作为铁路的投融资主体改组成立，代表铁道部履行铁路大中型建设项目出资者代表职能。自此铁路形成了以铁路建设基金作为资本金、铁道部"统贷统还"的投融资体制并沿用至今。此后，铁道部陆续与31个省签订合资建设铁路的部省协议，形成了较完整的"省部共建"模式，以"省部共建"为核心的合资铁路自此取得更快的发展。2005年，铁道部进一步出台政策，为非公有资本进入铁路提供政策法规支持和保障。

铁道部融资平台的成立是铁路投融资体制改革的重大举措，铁路投资规模在2005年结束了之前多年的徘徊，同比增长达到53.2%；2006年就筹备组建合资铁路公司8个，协议吸引社会资本200亿元。铁路投资规模迅速攀升，2010年达到历史峰值8427亿元。

三、港口机场属地化管理形成地方投资

进入21世纪，港口和机场同步进行了较为彻底的属地化和"政企分离"改革。2001年，国务院批准将由中央管理的秦皇岛港以及中央与地方双重领导的港口全部下放地方管理，对港口管理体制提出了"政企分开"和"一城一港一政"的改革。由港务局负责港口总体规划和监督管理，各港口企业不再承担行政管理职能，发展成为港口集团，承担融资平台和具体建设运营任务；财务上取消港口企业定额上缴、以收抵支的"以港养港"政策，改为"收支两条线"，适当提高各港港口建设费的留成比例。与港口改革类似，2002—2004年绝大部分民用运输机场实行属地化管理，机场发展成为机场集团，负责民用机场的融资、建

设和运营，民航局实行行业管理，承担对行业发展调控的政府职责。至此，我国港口和机场的投资主体已基本完成企业化改革。

同时，港口和机场领域全面对内开放投资，港口全面对外开放。2002 年版的《外商投资产业指导目录》取消了港口公用码头中方控股或占主导地位的要求，明确外商可以合资、合作、独资投资建设经营港口码头。2002 年，国务院批准《外商投资民用航空业规定》，从允许转变为鼓励外商投资建设民用机场和现有的公共航空运输企业，但仍必须由中方控股。2005 年，民航总局发布《国内投资民用航空业规定（试行）》，鼓励、支持国内投资主体投资民用航空业，促进民用航空业快速健康发展。这样，港口、机场建设对国内、国外所有资本参与已基本没有制度障碍。

在这一时期，我国港口和机场完成了较为彻底的属地化和"政企分离"改革，同时实施了相当大程度的开放政策，极大地激发了地方和内外资的投资热情，特别是港口码头基于较为彻底的属地化和投资开放，迎来了建设发展的黄金期。到 2010 年，水运和民航基础设施年投资额分别是 2000 年的 8.6 倍和 4.7 倍，成为这些领域投资增速最快的一段时期，投资增量也正是主要来源于地方港口和机场集团成为投资主体后的自筹资金。2000—2010 年我国水运基础设施投资规模及来源见图 25-1。

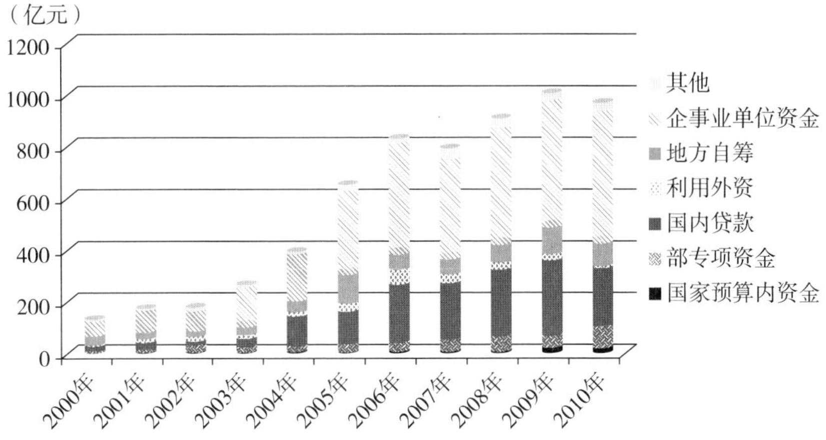

图 25-1　2000—2010 年我国水运基础设施投资规模及来源

数据来源：根据《交通运输统计年鉴》整理。

四、2008 年金融危机后交通等融资平台达到鼎盛

在亚洲金融危机后地方融资平台第一轮发展期间，当时还主要以财政信用作为媒介进行融资，而基于地方财政的有限性，决定了这种融资方式只能维持一个有限的规模。2000 年以后，在地方发展交通积极性高涨的背景下，地方融资平台融资信用的媒介发生了很大变化。在 1994 年分税制改革时，虽然地方税收收入大幅下降，但土地收入划给了地方。伴随着高速城镇化进程和土地"招拍挂"制度的建立，"土地信用"逐渐取代"财政信用"成为交通投融资的媒介，融资平台也在"土地信用"的实践中形成了较为成熟的投融资模式。融资平台除了向银行贷款外，也逐渐形成了具有中国特色的"企业债券"，这种区别于"公司债券"的发行主体主要就是各地方的基础设施投融资平台公司。

2009 年，在我国应对全球金融危机的 4 万亿投资刺激政策出台后，地方交通等投融资平台发展达到鼎盛。各银行纷纷宣布将积极支持国家重点基础设施建设，以公路为代表的交通融资平台数量和贷款余额迅速增长，甚至很多县级交通融资平台纷纷成立，带动交通投资大幅增长。2007—2012 年我国交通基础设施投资规模见图 25-2。不过，融资平台在使自身发展达到鼎盛的同时，也带来政府债务规模迅速膨胀。截至 2013 年 6 月，融资平台在地方政府性债务中占比达到 40%，交通运输在地方政府性债务中占比达到 1/4。截至 2013 年 6 月底地方政府性债务余额支出投向情况见表 25-4。

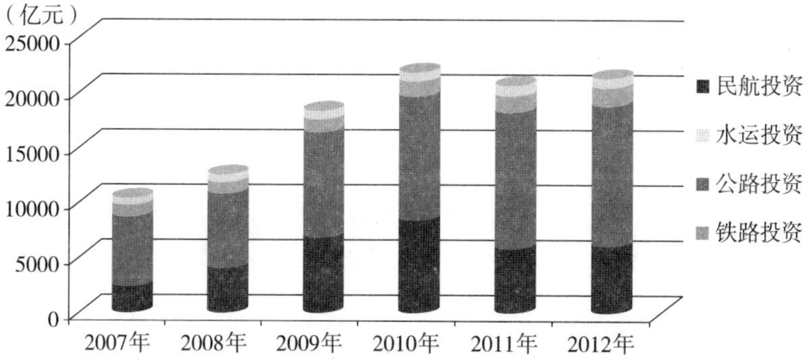

图 25-2　2007—2012 年我国交通基础设施投资规模

数据来源：根据相关统计数据整理。

表 25-4 截至 2013 年 6 月底地方政府性债务余额支出投向情况表

债务支出投向类别	政府负有偿还责任的债务（亿元）	政府或有债务（亿元）	
		政府负有担保责任的债务	政府可能承担一定救助责任的债务
市政建设	37935	5265	14830
土地收储	16892	1078	821
交通运输设施建设	13943	13189	13795
保障性住房	6852	1420	2676
教科文卫	4879	753	4094
农林水利建设	4086	580	768
生态建设和环境保护	3219	434	886
工业和能源	1227	805	260
其他	12155	2110	2552
合计	101189	25635	40684

数据来源:《全国政府性债务审计结果》(2013 年 12 月 30 日)。

五、逐渐重视社会投资特别是民间投资的作用

从 21 世纪初开始，在民营经济兴起的背景下，我国逐渐重视民间资本的作用，以激发投资活力。2004 年，国务院《关于投资体制改革的决定》中首次完整性提出鼓励社会资本投资，放宽社会资本的投资领域，允许社会资本进入法律法规未禁入的基础设施领域，鼓励和引导社会资本以独资、合资、合作、联营、项目融资等方式，参与经营性的公益事业、基础设施项目建设。2005 年，国务院发布的《关于鼓励支持和引导个体私营等非公有制经济发展的若干意见》(俗称“非公 36 条”)提出：加快垄断行业改革，在铁路、民航等领域引入市场竞争机制；对其中的自然垄断业务，积极推进投资主体多元化，非公有资本可以参股等方式进入。2010 年，为进一步鼓励和引导民间资本，国务院发布《关

于鼓励和引导民间资本投资健康发展的若干意见》，鼓励民间资本以多种方式投资建设公路、水运、港口码头、民用机场、通用航空设施等项目，引入市场竞争，抓紧研究制定铁路体制改革方案。2012 年，交通运输部印发《关于鼓励和引导民间资本投资公路水路交通运输领域的实施意见》，继续鼓励和引导民间资本以独资、控股、参股等多种方式投资交通基础设施。

但在这一时期，我国鼓励民间投资并未取得预期效果。主要原因是：一方面，民间资本缺少进入基础设施领域的实际抓手和工具；另一方面，这一阶段处于交通融资平台的大发展时期，政府通过控制融资平台可相对方便简易地实施交通项目，相对挤压了民间投资的发展空间。2004—2010 年我国非公资本占交通投资比重情况见图 25-3。

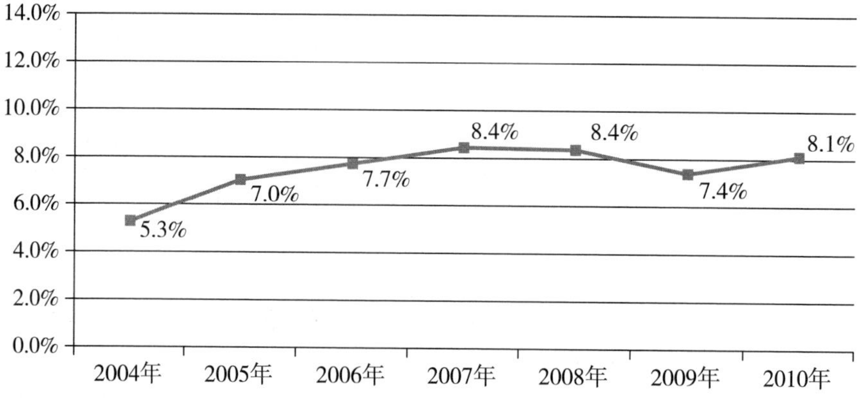

图 25-3　2004—2010 年我国非公资本占交通投资比重

数据来源：根据相关统计数据整理。

第三节　多元投资并存的投融资体制

党的十八大的召开标志着我国拉开了全面深化改革的大幕。在这个阶段，地方融资平台的政府融资功能逐渐被剥离和转型。作为一种融资工具的升级，PPP 和交通产业基金登上历史舞台，并被赋予了新的功能，交通投融资体制正经历着防风险总基调下的新变革。铁路率先完成一系列改革措施，投资保持高位运行；公路成为在 PPP 浪潮中获益最大的领域，在交通投资占比超过 60%；港口、机场投融资体制在这个阶段未出现大的变化。

一、铁路公路领域完成一系列改革措施激发投资潜力

党的十八大吹响了全面深化改革的号角，交通领域中铁路率先实行一系列政策措施，并取得了一定效果。2013 年，铁道部改组中国铁路总公司，组建国家铁路局，这标志着交通各领域已彻底完成“政企分离”改革。同年，国务院印发《关于改革铁路投融资体制改革加快推进铁路建设的意见》，主要包括推进铁路投融资体制改革，不断完善铁路运价机制，建立铁路公益性、政策性运输补贴的制度安排，为社会资本进入铁路创造条件，鼓励土地综合开发利用等六个方面内容。2014 年，国务院办公厅专门就实施铁路用地及站场毗邻区域土地综合开发利用发布政策，支持盘活现有铁路用地和新建铁路站场土地综合开发，并完善土地综合开发配套政策。2015 年，五部委联合发布《关于进一步鼓励和扩大社会资本投资建设铁路的实施意见》，进一步具体提出全面向社会资本开放，拓宽投融资渠道，完善投资环境，推动体制机制创新等方面的政策。至此，除个别涉及国家安全的交通项目外，交通各领域已经全部对社会资本放开。同年 5 月开始，国家发展改革委对列入国家规划的铁路项目不再审批项目建议书，直接审批可行性研究报告；9 月，银监会发布通知，鼓励信托公司开展铁路发展基金专项信托业务创新；11 月，中国进出口银行将向中国铁路总公司提供总额 5000 亿元的授信额度，并将以国外大型项目融资经验支持中铁总实施境内外基础设施建设。

收费公路的市场化导向使其投融资一直走在交通投融资改革的前列。在 PPP 广泛推广前，收费公路就广泛地存在 BOT、“BOT+EPC”等基于特许经营的政府和社会资本合作模式。2015 年，交通运输部提出《关于深化交通运输基础设施投融资改革的指导意见》，针对公路、水路领域，构建公益性交通基础设施公共财政保障制度，积极利用社会资本参与交通基础设施建设运营，提高资金使用效率。同年，公路项目

代建、设计施工总承包、建设市场管理等规章制度实施，对规范公路投资起到了较大作用。2017 年开始，收费公路领域开展试点，发行收费公路专项债券。

铁路、公路领域的一系列改革措施释放了投融资的潜力，且 2015—2016 年国家设立多批次中央财政贴息的专项建设基金，带动铁路、公路投资较快增长。公路近 10 年投资额年均增长超过 12.5%，铁路投资额连续 4 年保持在历史峰值的 8000 亿元水平，成为交通领域投资活跃的两个亮点。近年我国铁路公路投资变化情况见图 25-4。

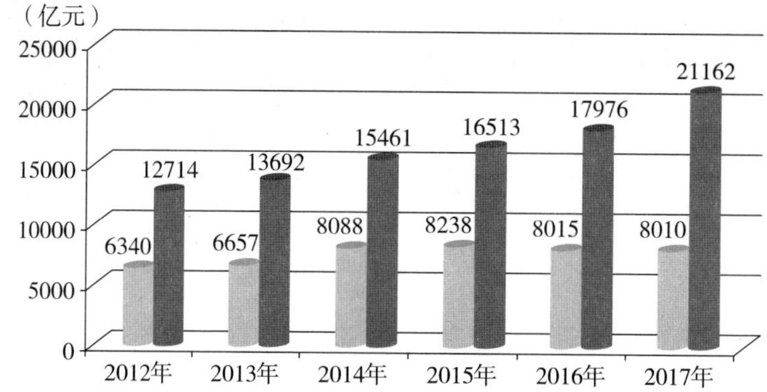

图 25-4　近年我国铁路公路投资变化情况

数据来源：根据《铁道统计公报》《交通统计公报》等整理。

二、以 PPP 和交通产业基金为主要抓手鼓励社会投资

为进一步丰富投资主体，调动社会投资积极性，国务院在 2005 年、2010 年两次发文鼓励民间资本投资基础上，于 2014 年发布《国务院关于创新重点领域投融资机制鼓励社会投资的指导意见》，提出加快推进铁路投融资体制改革，完善公路投融资模式，鼓励社会资本参与水运、民航基础设施建设。2016 年 7 月，投融资体制改革再次迎来里程碑，中共中央和国务院首次联合颁布《关于深化投融资体制改革的意见》，进一步明确“企业为主，政府引导”的总体要求，重申“确立企业投资主体地位、完善政府投资体制、转变政府职能”、强调“充分激发社会投资动力和活力、创新融资机制”；同月，国务院办公厅发布《关于进

一步做好民间投资有关工作的通知》，要求进一步调动民间投资积极性；同时，保监会出台《保险资金间接投资基础设施项目管理办法》，为险资投资基础设施项目进一步松绑。2017 年 1 月，国务院提出扩大对外开放积极利用外资的若干政策，推进交通运输等领域有序对外开放，支持外资依法依规以特许经营方式参与交通等基础设施建设；9 月，国务院办公厅再次发布《关于进一步激发民间有效投资活力促进经济持续健康发展的指导意见》，明确提出鼓励民间资本参与政府和社会资本合作（PPP）项目，促进基础设施和公用事业建设。

近年在鼓励社会投资的进程中，PPP 成为社会资本投资交通领域的关键。2014 年 9 月，国务院《关于加强地方政府性债务管理的意见》首次明确推广使用政府与社会资本合作模式。接着，财政部《关于推广运用政府和社会资本合作模式有关问题的通知》和国家发展改革委《关于开展政府和社会资本合作的指导意见》陆续颁布，标志着我国开始围绕公共服务和基础设施大规模推广应用 PPP。随后，交通运输 PPP 系列政策也陆续实施。财政部、交通运输部《关于在收费公路领域推广运营政府和社会资本合作模式的实施意见》《关于推进交通运输领域政府购买服务的指导意见》，国家发展改革委等五部委《关于进一步鼓励和扩大社会资本投资建设铁路的实施意见》等政策先后颁布，促进了各地交通 PPP 的快速发展。从效果看，截至 2017 年，交通 PPP 投资都是占比最大的 PPP 领域，分别占国家发展改革委和财政部项目库总投资的 55% 和 40% 以上，而交通 PPP 示范项目更是占国家发展改革委全部示范项目总投资的 62%，PPP 成为交通发展资金的新的重要来源。

社会资本参与交通建设的另一大形式是投资交通基金。2014 年，国务院常务会议决定设立铁路发展基金，主要用于国家铁路项目资本金，这成为我国交通基金的“鼻祖”。随后，江西、广东和山东等地纷纷效仿设立铁路或交通发展基金。近年成立的部分交通产业基金见表 25-5。虽然各类交通基金名称不同，但性质和收支方向均基本一致，在来源上充分发挥政府资金的引导作用和放大效应，融入社会资本权益性资金，以此形成基金并主要满足交通发展资金需求，辅以投资高收益项目。同时，交通等各类基金离不开与 PPP 的联动发展，交通基金的主要投向之一就是当地交通 PPP 项目政府方资本金。2016 年，国务院批准的中国政府和社会资本合作融资支持基金成立，主要作为社会资本方参与各地 PPP 项目投资。此后，该基金与内蒙古、吉林等 9 个省区陆续合作设立省级 PPP 基金。

表 25-5　近年成立的部分交通产业基金

区域	名称	规模（亿元）	来源	用途
国家	铁路发展基金	4000~6000	中央预算内投资、车购税、铁路建设基金、社会资本	主要用于国家批准的铁路项目资本金，规模不低于基金总额的 70%；其余资金投资土地综合开发等经营性项目
山东	铁路发展基金	600	省财政、社会资本	70% 用于山东境内铁路项目的省级资本金出资，30% 参与土地综合开发、资本市场运作等以提高收益
河南	铁路产业投资基金	300	省财政、社会资本	65% 用于河南境内铁路项目出资，35% 用于铁路沿线“一站一城”土地开发等其他高收益项目
江西	铁路产业投资基金	300	省财政、省铁路投资集团、社会资本	主要用于全省铁路建设，其余按市场化原则参与风险可控的多元化投资
广东	铁路发展基金	400	省财政、社会资本	至少 80% 用于广东境内铁路项目省级资本金出资，其余资金则可投资铁路土地综合开发等项目
贵州	铁路发展基金	600	省财政、社会资本	主要用于重点铁路项目建设
贵州	交通产业发展基金	400	省财政、社会资本	至少 70% 用于贵州公路、水路交通基础设施重点项目，其余可开展市场化运作

续表

区域	名称	规模（亿元）	来源	用途
四川	交通投资基金	500	省财政、社会资本	用于四川境内中央和省级交通运输规划确定的公路、水路交通基础设施重点项目
内蒙古	交通基金	500	省财政、社会资本	主要用于重点交通项目建设

资料来源：笔者搜集整理。

三、交通投融资向鼓励和规范并重转变

早在2010年，国务院就针对金融危机后地方飞速发展的融资平台所产生的一些问题发布过加强管理的通知。2014年开始，国家加大了对地方政府融资和债务的限制，“开前门、堵后门”成为交通等基础设施投融资的方向。国务院《关于加强地方政府性债务管理的意见》标志着国家开始全面整顿地方政府性债务。2015年新《预算法》实施，规定除发行地方政府债券外，地方政府不得以任何方式举借债务，2015年开始融资平台举债的债务不再属于政府债务，这基本刹住了地方债务快速增长的势头，地方一般性债券和专项债券成为地方政府举债的唯一合法渠道。同年，财政部颁布《关于对地方政府债务实行限额管理的实施意见》，将通过三年左右过渡期，发行地方政府债券置换存量政府债务中非政府债券形式的债务。

通过推进“放管服”改革，投资管理制度也不断规范。国务院于2013年、2014年、2016年接连三次更新《政府核准的投资项目目录》，取消或下放了企业投资的地方城际铁路、普通铁路、港口专用泊位、千吨级以上航电枢纽、机场改扩建等领域的政府核准。2016—2017年《企业投资项目核准和备案管理条例》《中央预算内投资补助和贴息项目管理办法》《企业投资项目核准和备案管理办法》等法规相继实施，以制度形式明确投资项目管理。为进一步落实国家简政放权要求，国家发展

改革委2015年、2017年分两次将纳入国家规划的非跨省的新建普通铁路项目、新建国家高速公路网项目、普通国省道建设项目、部分内河航道建设项目、内河航电枢纽建设项目、机场改扩建项目等中央政府投资交通项目审批权予以下放和简化程序，对能用规划实行有效管理的项目最大程度下放审批。截至2017年年底国务院及国务院投资主管部门的审批权限见表25-6。

表25-6　截至2017年年底国务院及国务院投资主管部门的审批权限

审批部门	审批类型	投资主体	项目类型
国务院	审批、核准	政府投资、企业投资	新建运输机场项目
国家发展改革委	审批	政府投资	高铁项目、跨省普通铁路项目、独立公（铁）路桥隧跨境项目、长江干线航道项目、国际国境河流航道建设项目
国家发展改革委	核准	企业投资	独立公（铁）路桥隧跨境项目
其余项目均已取消和下放审批、核准权			

资料来源：笔者搜集整理。

四、防范地方政府债务风险成为交通投融资总体工作导向

2017年开始，在金融市场高杠杆率、高负债率和高流动性背景下，为打好防范化解重大风险攻坚战，在规范地方政府举债的基础上，交通等基础设施投融资开始重点以防控地方政府债务风险为总的工作导向。2017年，针对地方政府融资不畅而大量变相举债的现象，财政部分别从政府投资基金、PPP融资、政府购买服务、PPP项目库等方面颁布多个文件，促进地方政府融资的规范发展。国资委从加强央企PPP业务风险管控的角度，要求央企对PPP项目累计投资不超过净资产的50%。2018年，相关调控措施进一步加码，国家发展改革委要求进一步规范地方融资平台发行的企业债券，财政部要求金融企业规范对地方政府和

国有企业的投融资行为，以及加强 PPP 示范项目规范管理。2017 年以来针对防范地方政府债务涉及交通投融资有关政策文件见表 25-7。

表 25-7　2017 年以来针对防范地方政府债务涉及交通投融资有关政策文件

发文部门	文件名称	涉及领域
财政部	关于进一步规范地方政府举债融资行为的通知	政府投资基金、PPP
	关于坚决制止地方以政府购买服务名义违法违规融资的通知	政府购买服务
	关于规范政府和社会资本合作（PPP）综合信息平台项目库管理的通知	PPP 项目库
	关于规范金融企业对地方政府和国有企业投融资行为有关问题的通知	金融企业对地方政府和国有企业的投融资行为
	关于进一步加强政府和社会资本合作（PPP）示范项目规范管理的通知	PPP 示范项目
国资委	关于加强中央企业 PPP 业务风险管控的通知	央企参与 PPP
国家发展改革委、财政部	关于进一步增强企业债券服务实体经济能力严格防范地方债务风险的通知	企业债券

资料来源：笔者搜集整理。

在防控地方政府债务风险呈高压态势下，2015—2017 年，地方政府融资平台每年分别有 66 家、130 家、136 家地方融资平台退出；截至 2017 年年末，地方政府债务余额增长至 16.47 万亿元，控制在全国人大批准的限额内。在限制规范地方国有资本融资的同时，对于交通等基础设施仍将继续提高直接融资比重，强调资产证券化、融资租赁等直接融资工具，并进一步吸引民资、险资、外资等非国有资本进入。

第二十六章

交通基础设施投融资基本经验与未来展望

第一节　投融资基本经验

一、政府投资体制始终能发挥主导作用

改革开放40年以来，对于政府投资体制的理解，一方面，不同阶段“政府投资”的内涵不同；另一方面，政府投资体制并非等同于都是政府投资项目，政府投资项目也并非就完全是政府投资的。无论是哪种政府投资体制，政府是在“台前”或是“幕后”，交通项目大都是由政府或政府授权代表其意志的国企规划、发起、融资、建设和运营的，交通发展成就离不开政府投资体制的保障。但是，在很多发展中国家已得到证明，政府投资体制并不能自发地为交通高速发展提供保障，我国交通政府投资体制的成功是通过调动地方积极性和契合交通自身特性合力形成的。

从发展动力看，随着我国交通基础设施事权逐步向地方转移，如公路的“收费还贷”，港口、机场的属地化和“政企分离”，铁路的“省部共建”等，交通运输逐步形成了以地方投资为主的投融资体制，这从

根本上提升了地方发展动力，促进了融资渠道的拓宽和融资模式的形成。从交通自身特性看，一是交通基础设施投资量大，能发挥投资对经济增长的关键作用，自从1998年亚洲金融危机后，我国投资交通基础设施就与积极的财政政策相捆绑。二是交通产业链条长、带动面广、正外部性强，虽然很难通过自身收费回收投资，但建成后通常会带动周边地价大幅上涨，促进产业集聚，使土地出让金和税收大幅上升，理论上是一种存在内生反哺机制的有效投资。三是从政绩考核体系来看，基础设施是政府投资的主要方向，交通、能源、电信、水利四大领域中只有交通运输是人民群众直接使用的，通常被认为是“看得见、用得上”的发展成就。

值得一提的是，政府投资体制带来的长期性挤出效应也比较明显。除了部分国省干线、农村公路和内河航道属于没有付费机制的公益性设施外，交通基础设施大多属于具备使用者付费基础的准公益性领域。我国对于这类准公益性设施，政府和市场的边界一直都不够清晰。站在市场经济角度看，凡是民营企业能够赚钱的领域，政府都应该退出。而从现实情况看，过去我国交通长时期处于发展滞后的阶段，需要有人来主导投资。不过，这种政府主导也从一个极端走向另一个极端，政府不仅在发展滞后的阶段主导投资，在现今交通运输已适度超前的情况下仍然在主导投资，仍习惯性地把赢利能力较强的项目交由所属企业，而把赢利能力弱的项目拿出来做PPP或者鼓励社会资本投资，自然就产生民资和外资投资意愿不强的问题。

二、在政府主导下基本经验多来自融资创新

总的来看，在40年的改革进程中，交通投融资并没有跳出而是顺应了国家总体投融资和财税体制改革的方向和要求。20世纪80年代初期，在铁道部率先实行的“大包干”是在当时财税体制和投资体制由“统收统支”变为“分灶吃饭”，将国有企业的上缴利润改为缴纳所得税的背景下进行的；几乎同时进行的基建投资由国家无偿拨款改为有偿贷款从部分试点拓展到整个基建领域；新世纪前后兴起的交通融资平台

是得益于1994年的分税制改革和应对两次金融危机的刺激性财政政策；近年流行的PPP和交通投资基金正是应对地方债务风险的融资创新等。

顺应国家整体投融资和财税体制改革框架，这就决定了我国交通投融资在政府主导下，基本经验更多的是来源于融资创新。这是因为，一方面，交通投资体制主要是围绕交通固定资产投资行为的运行机制和管理制度展开，而交通投资体制在投资主体、管理程序、审批流程、资本金比例、调控手段等诸多方面必须要遵从国家整体投资体制和财税体制的约束。另一方面，在交通基础设施整体发展滞后的时代，更多的是要解决“从无到有”的问题，通常对交通项目的经济可行性并不深究，对于投资决策者的没有或很少有责任约束。投资体制框架的约束和疏于对项目的论证使得以往较少针对交通自身投资体制展开研究和实践。

相对而言，研究者和实践者花费更多的精力在融资创新上。这更多的是由于长期以来融资都是作为交通发展的“保障措施”来看待，即规划时常常假设“合理规模”的交通发展资金需求应该得到满足，而实际是财政资金有限，那就必须要通过融资创新来保障发展。正是交通基础设施投融资的这一基本逻辑，造就了我国交通基础设施的高速发展。当然，也正是这一贯逻辑的根深蒂固，直接造成了地方政府债台高筑的局面。

三、形成预算外资金为媒介与融资平台为载体的模式

世界各国财政预算内资金对于交通发展支持的力度都是很有限的，而我国在保障交通高速发展这方面的独特经验在于，在不同时期总能找到相当规模的预算外资金作为交通融资的媒介，包括先后出现的政府性基金、土地出让金、PPP和交通产业基金等。这些预算外资金的性质和类别并不完全一致，而功能都是类似的，不仅在财政预算外提供资金上的直接支持，更重要的是以其作为信用保障进行融资创新。但随着现代财政制度的不断演进，预算外资金在一定时间内势必要规范化成为预算内资金，总体上遵循了一种“融资创新—大规模应用—规范化—融资再创新”的路径。在这些预算外资金中，土地出让显然成为最重要的融资

创新，其提供的预算外资金和信用支持衍生了众所周知的“土地财政”，但从其实质来说，土地收益属于融资，“土地信用”应较“土地财政”更接近于土地收益的本质特征。

预算外资金只是融资媒介，还必须通过一定载体来实现资金的融通，以形成适应交通发展需要的相对固定的模式。无论是早期的银行贷款、企业债券、整合存量资产和土地资源，还是近期发展的 PPP 和交通产业基金，都是通过交通融资平台进行的。交通融资平台的成长主要伴随着“土地信用”的壮大。在这个过程中，各级政府需要大量的融资平台，通过以划拨土地为主，财政资金、股权、规费、国债等资产为辅，迅速包装出一个资产和现金流均可达相应融资要求标准的公司，必要时再辅以政府担保，以承接放大杠杆后的各路资金。这就使得这些融资平台兼顾着财政、土地和金融工具的整合，这既是完成业务的需要，也是要达到不同时期财政与金融监管要求。但是，土地资源的有限性注定融资平台需要在一定时期进行转型，探索新的业务模式和资金来源。

四、交通专项基金政策在不同时期均发挥基础性作用

交通专项基金是交通发展的主要财政预算内资金来源。在我国交通专项基金体系中，虽然在主管部门、收入来源、支出用途等多方面迥异，但这些交通专项基金在经济机理上并没有实质的差别，同时许多地方政府性基金通过“费改税”等制度规范转变成专项税，基本从预算外纳入了中央财政预算内管理，如车购税是由车辆购置附加费改革而来、燃油税是由养路费等“六费”而来等。1983 年开征能源交通重点建设基金以来，由于交通专项基金政策的逐步丰富和完善，财政一般预算逐渐减弱了对交通发展的资金支持，因此交通专项基金成为交通领域中央与地方财政关系的纽带。

交通专项基金在不同时期扮演的角色并不完全相同，但相同的是都发挥了交通基础设施融资中的基础性作用，主要体现在三个方面：一是成为交通项目资本金的重要补充，特别是在国省干线公路、农村公路

和内河航道等公益性领域支持地方交通发展。二是成为维系全国交通发展平衡的重要抓手。中央通过属地化等分权措施激励了地方发展动力，又通过专项基金对地方项目予以把控，同时要求地方财政按比例配套资金，使之不游离于国家综合交通运输规划和政策体系之外。三是成为国家背书。专项基金补助在交通项目资金来源中占比不一定很高，但它的存在对地方顺利拿到银行贷款、项目招商等方面都发挥着重要作用，地方申请专项基金的目的不仅是中央补助，更是国家背书。

五、各运输方式投融资体制改革需要与市场化整体联动

我国宏观调控与西方调控体系有着较大的区别，以高度集中的国有经济为主要特征，因此在西方供给管理、需求管理的基础上，又加入了市场化改革这条主线。我国交通基础设施市场化一直处于一种渐进式的变革之中，在适应当时经济社会需要的总体要求下，市场化的目的是调动各方积极性促进交通发展，但市场化的途径并非就是单一属地化、企业化或“政企分离”改革，而是需要与包括价格、财务在内等的体制改革联动，这种联动的同步性和契合度直接影响着市场化改革的成败。

铁路第一轮改革的失败主要就是价格体制改革的滞后。“大包干”创新了财务与任务挂钩的体制，赋予了各路局更多自主权，激发了路局积极性，但却未涉及价格体制和投融资体制改革，由于期间通货膨胀严重，而国家又严格限制运价，导致各路局只能在节约成本上下功夫，减少维修维护成本，随着 1988 年四次严重铁路事故的发生，结束了这一轮改革。同样在 20 世纪 80 年代的实践中，港口、机场都进行了第一轮属地化和“政企分离”改革，当时效果一般也主要是因为虽然财务制度变革，但投融资体制没有跟上；在 2000 年后第二轮较为彻底的属地化和“政企分离”改革，建立了由地方企业为主的投融资及定价权限，地方的积极性被极大激发。最为成功的是公路领域，在改革开放前就已是属地化管理，在“收费还贷”政策的作用下，直接实现价格、财务与投融资的挂钩，促进收费公路一直保持高速发展。

第二节　投融资发展展望

我国交通基础设施投融资在各阶段形成的独特经验总体上是非常积极的，但也不可避免地带来了一些问题。在未来的改革中，需要适应新时代高质量发展的要求，进一步增强交通自身滚动发展的能力，努力实现交通强国目标。

一、投融资重点从融资创新向高效投资转变

我国基础设施的发展阶段已出现根本性的扭转，总体适应了甚至部分领域已适度超前于经济社会发展需要。新建项目的边际收益正在不断递减，而由于人工成本、征地拆迁和物价上涨等因素，新建项目的单位成本却在不断上升，收支双向的作用造成新建项目盈利能力逐步下降。在防范化解地方政府债务风险的要求下，未来融资将更强调可控、规范、透明，势必要求基础设施投资要更加注重投入产出效率，交通特别是准公益性交通的投融资重点要从融资创新向高效投资转变。

投融资总的导向应是，既不能再假设“合理规模”的交通资金需求应得到满足进而融资创新，也不能是“有多少钱就办多少事”，而是要通过基于综合交通体系框架和全面融入经济社会发展，培育交通自身滚动发展的能力。

一方面是交通项目自身的经济可行性。以项目可行性研究报告为代表，以往交通项目可研报告的编写导向通常并不是经济可行性，而更多的是“可批性”。随着审批权的逐步下放和取消，交通项目的“可批性”越来越弱，可研报告要回归经济可行性本源，从线路走向、规模等级、投资规模、政府补贴等方面深入研究，从根本上提升交通投资的合理性。

另一方面是交通项目的综合开发。当前产业融合趋势明显，交通项目可利用高速公路服务区、铁路场站综合开发、临空经济区等枢纽经济和通道经济，通过一体规划、一体建设、一体运营的综合开发，大幅

提升盈利能力。虽然中央和地方都已意识到综合开发对于交通发展的潜在动力，但目前效果仍然不佳，重要原因在于规划调整、土地性质、招投标、招拍挂等制度改革还都没有跟上，对跨领域融合投资的研究和实践还存在一定的滞后性。

二、政府投资体制从全面主导向统筹协调转变

虽然交通发展阶段已经扭转，但我国交通投融资对政府的依赖程度却没有出现大的改变。过去交通领域政府和市场的边界不是十分清晰，需要有足够丰富经验的投资者以促进发展，从这个角度看，政府的作用是决定性的。但这并不意味着政府就总应延续这样的状态，随着交通发展现代化程度的不断提升，政府在交通项目中的角色应逐步后移，由全面主导向统筹协调转变，培育社会资本投资的市场。

这就要求政府不仅要深入贯彻“放管服”改革，从微观事务中摆脱出来，更应发挥统筹协调职能，在发挥市场在资源配置中决定性作用的基础上，主动性、全面性、科学性地发挥政府作用，引导社会资本参与交通项目，同时通过完善财政事权与支出责任划分等措施在市场失灵的公益性领域完善长效机制。一是继续完善制度规则。在交通项目已基本全部向社会投资开放的背景下，需要摒弃对项目和社会资本的“挑肥拣瘦”思维，破除“弹簧门”“玻璃门”等障碍，使社会资本可进可退。二是把控项目全周期盈利能力。项目融资能力差的根本原因在于项目全周期内商业可行性的缺失，要破除“重建设轻运营”的传统思维，注重完善价格、商业开发等与投融资的联动，从源头上提升项目融资能力。三是构建项目搭配机制，交通项目自身盈利能力差，但不仅能通过综合开发弥补，也能通过“肥瘦搭配”商业服务土地来解决，这也正是未来“土地信用”应发挥作用的重要导向。

三、资金来源从预算外向全面预算内转变

目前地方的交通融资主要通过土地信用、PPP和政府投资基金进行，

这些融资工具虽然主管部门先后要求纳入预算内管理，但实际上各地执行力度不一，造成这些融资工具实质上仍游离于预算体系之外。在财税体制的约束下，未来融资的进一步规范是必然要求，这些融资工具虽然不一定会被取消，但可预见的是，相应产生的政府支出都会纳入预算严格管理。

按照当前地方政府债务整顿的要求，今后只有包括一般性债券和专项债券工具两类的政府债券是地方政府举债的唯一合法渠道，这与美国等发达国家的基础设施融资是一致的。但政府债券有总额限制，对财政透明度也有较高的要求，这意味着预算外资金可能很难再发挥大的作用，“假设合理”的融资需求很难再通过预算外资金得到满足。这也进一步要求了政府对交通合理投资的重要性，促进交通发展由外生动力向内生动力的转变。

四、融资平台从政府融资向市场运作转变

目前大部分交通融资平台都不具备交通基础设施运营能力，更多的是通过政府信用支持，负责交通项目投融资及建设招标等前期工作。由于 2015 年以后地方融资平台举借的债务均不构成政府债务，实质上地方融资平台的政府融资功能已经被剥离。这样，大大小小的各类交通融资平台都面临着关闭、整合、重组或者转型。一些小的融资平台可以通过相对简单的关闭或整合来实现退出，而对于规模较大的融资平台公司来说，都需要探索自身转型生存的路径。

融资平台的转型必须要与地方政府交通职能的转型相配合，如果不能改变政府全面主导的局面，那势必需要继续通过所属企业来实现其意志。实际上，通过政府统筹协调和高效投资的导向，融资平台可以发挥其融资优势，在交通项目中向全周期转型，并在政府的支持下将这种全周期理念与城镇化相结合，在交通基础设施与经济社会融合的过程中成为城镇化专业运营商，使融资平台完成由“融资平台—政企合作—市场化运作—城镇化专业运营商”的转型。在近几年的实践中，一些一二线城市的融资平台公司通过多元化运作，已有能力不依赖政府增信，成

为市场化融资的主体。

五、专项基金从专项转移支付向一般性转移支付转变

由于我国交通专项基金都是诞生在交通发展滞后的背景下，带有较强支援国家建设的性质，新形势下交通供需格局的变化使专项基金的争论越来越多，只是通过保持政府投资项目的连续性并不能直接实现专项基金政策的存续性。也就是说，不能单纯因为要满足规划中交通建设项目的庞大融资需求，就认为通过专项基金额外收取税费就是合理的。交通专项资金政策需要不断改革以维系交通自身滚动发展。

总的来看，按照财税体制改革的要求，增加一般性转移支付和清理、整合、规范专项转移支付是交通专项基金的发展趋势。这是因为，一方面，交通运输有了专项资金，就难以从一般预算中获得支持，增加一般性转移支付有利于改变这种局面，通过衔接三年滚动财政预算统筹一般预算与专项资金对交通运输的支持；另一方面，交通专项基金改革应寻找财税体制改革和交通发展要求的契合点，建立有效的平衡约束机制兼顾资金贡献和投资效率，而通过一般性转移支付给地方，资金减少与特定项目捆绑，地方可根据自身需要相对灵活地使用交通资金，从而提高资金使用效率。

第九篇

体制机制

执笔人：陈晓博　毛科俊

第二十七章

交通运输管理体制机制改革成果

第一节　初步建成多部门协同的综合交通运输管理体制

国家发展改革委、交通运输部、住房和城乡建设部、公安部等部委机构及中国铁路总公司等企业协同合作，以法律法规为准绳，顺应经济社会发展规律，在中央层面形成了部委协同的综合交通运输管理体制机制。地方层面也根据地方特点和发展状况，形成了与中央部委统筹协调的地方综合交通运输管理体制机制。本书主要讨论中央层面的交通运输管理体制机制。

我国的交通运输管理体制采用的是一种“条”与“块”相结合的管理模式，即一方面铁路、公路、水路、民航等运输方式分别由各自主管部（局）管理，其中部分部（局）既是行业行政主管部门，又直接领导和经营行业内的运输企业；另一方面中央与地方两级政府在交通运输业上的分工相对模糊。

从 40 年的经济市场化转轨改革和对外开放实践来看，我国交通运输管理体制改革已取得重大进步。但改革始终处于一个并不宽松的环境中，运力紧张常成为改革制约，我国是在边建设边改革，改革难度较大。同时，我国改革还需要承受来自体制内各方压力。交通运输管理体制机制改革在波折中前行，改革成果来之不易。目前，我国交通运输管理体制机制在中央层面主要涉及国家发展改革委、交通运输部、住房和城乡建设部和公安部等部委，此外还与国土、环保、财政等部门密切相关，各部委在交通运输领域的主要职能如下：

国家发展改革委研究提出交通运输（含城市轨道交通）和邮政发展的战略、规划、改革方案和政策措施。统筹交通运输发展规划、计划与国民经济和社会发展规划、计划的衔接平衡。衔接平衡交通、邮政行业规划和行业政策。综合分析交通运输运行状况，加强交通运输趋势发展研判。协调有关重大问题，审核重大建设项目，监管交通基础设施建设。拟订国防交通发展规划和计划。提出交通、邮政行业中央财政性建设投资安排意见。研究拟订流通业和流通基础设施建设规划、方针政策；提出现代物流业发展战略和规划；审核流通设施重大项目。负责关系经济社会运行的交通运输协调和衔接；负责重点物资运输的综合平衡和日常调节，组织应急物资的紧急调运；研究拟订现代物流业发展的相关政策措施并组织实施。

交通运输部负责推进综合交通运输体系建设，统筹规划铁路、公路、水路、民航以及邮政行业发展，建立与综合交通运输体系相适应的制度体制机制，优化交通运输主要通道和重要枢纽节点布局，促进各种交通运输方式融合。负责组织拟订综合交通运输发展战略和政策，组织编制综合交通运输体系规划，拟订铁路、公路、水路发展战略、政策和规划，指导综合交通运输枢纽规划和管理。负责组织起草综合交通运输法律法规草案，统筹铁路、公路、水路、民航、邮政相关法律法规草案的起草工作。负责拟订综合交通运输标准，协调衔接各种交通运输方式标准。

住房和城乡建设部研究拟订城市建设的政策、规划并指导实施，指导城市市政公用设施建设、安全和应急管理，指导城市地铁、轨道交通的规划和建设。

公安部拟订道路交通管理的政策、规定。指导、监督地方公安机关依法查处道路交通违法行为，预防和处理交通事故，维护道路交通秩序和公路治安秩序。指导地方公安机关实施对剧毒化学品的道路运输审批。指导、监督机动车（不含拖拉机）登记、安全检验和驾驶人考试发证工作。组织、指导道路交通安全宣传教育工作。组织、指导道路交通管理科技工作。指导地方公安机关组织城市道路交通，参与城市道路交通规划和建设、道路交通安全设施的规划。

第二节　交通运输管理体制机制的核心问题

交通运输管理体制与机制的核心问题是政府部门之间以及政府与市场、中央与地方、政府与社会组织之间的关系问题，同时还涉及事权和财权的分配问题。

中央政府与地方政府之间建立有效的体制机制是国家综合交通运输系统高效运行的重要基础。清晰划分中央与地方事权，充分发挥中央与地方政府的两个积极性，既保证中央在统筹全局方面的权威性，同时也发挥地方的自主性，有助于保障综合交通运输体系建设的高效推进。而完备的法律法规、明确的改革目标、周密的实施方案和强有力的政府推动则是交通运输体制和机制改革成功的重要保证和关键力量。

交通运输管理体制机制需要随着经济社会和交通运输的发展而不断演进。从分散管理到综合管理是目前世界交通运输发展的总体趋势，充分发挥市场机制作用是综合交通运输管理体制改革的基本方向，政府和企业职能分开是建立综合交通管理体制的基本要求。

第三节　交通运输通管理体制机制改革的总体脉络

改革开放 40 年来交通运输发展的实践证明，交通运输管理体制机制是影响交通运输业发展的核心因素，好的体制机制促进交通运输业发展，落后的体制机制阻碍交通运输业发展。交通运输管理体制改革是解放交通运输生产力、推动交通运输业科学发展的根本动力。

改革开放 40 年来，我国的交通管理体制机制改革与国家经济体制改革及行政管理体制改革一脉相承，通过一系列改革调整了交通运输领域的重大关系。

一是调整政府与市场的关系，实现了政府交通运输管理职能转变。交通运输管理部门从微观管理和对企业的直接管理转变为宏观调控和行业监管。减少、简化和下放了行政审批，充分发挥了市场在配置交通运输资源上的决定性作用。政府在交通运输领域的主要职能调整为宏观调控、政策法规制定、维护市场秩序、社会公共事务管理和服务。相应管理手段也从主要依靠行政命令转变为以经济手段、法律手段为主。

二是基本理顺中央和地方在交通运输方面的管理权限，实现了简政放权，明确了各层级的管理关系。地方政府能够负责的交通运输行业管理职责，中央管理部门均予以下放。基本理顺了中央和地方政府在交通运输投资、运输管理、安全管理等各方面的责权利关系，明确了各自的管理重点。既确保了中央政府在交通运输发展上的宏观调控职能，又充分调动了地方政府在交通运输建设和管理上的积极性。

三是基本实现了政企分开，原属于交通运输主管部门直接管理的企业与主管部门脱钩，成为真正的市场主体。铁路、公路、水运和民航业均已实现政企分开。交通运输部及中国民航局、邮政局不再直接管理运输企业。中国铁路总公司、中国邮政集团公司转变为国家授权投资机构和国家控股公司，由财政部代表国务院履行出资人职责，财务关系在财政部单列。地方省级交通运输主管部门也基本实现了政企分开。

四是进一步放开了交通运输市场，建立了比较完善的交通运输市场体系。各种所有制企业基本实现了自由、完全、有序竞争。公路、水路、民航运输市场已全面放开，民营资本均可进入铁路、公路、水路、民航领域。特别是公路运输行业经过多年的改革，民营企业已成为主导力量。水路、民航运输通过行业内市场竞争形成了一批具有国际竞争力的龙头企业。铁路运输企业通过自身改革，及与其他运输方式的良性竞争，逐步确立了市场主体地位。

五是按照市场经济体制的要求，清理、修改、制定了一系列交通运输领域的法律法规和政策措施，基本形成了符合市场经济发展要求的交通运输政策法规体系。废止和修改了一批排除限制竞争政策措施。通过不断深化交通运输管理体制改革，极大地调动了各级政府在推进交通运输事业发展和社会投资交通运输领域的积极性，市场在交通运输资源配置中的基础性地位不断得到加强。交通运输业也实现了跨越式发展，已从制约国民经济发展的瓶颈，转变为总体适应国民经济发展的需要，支撑引领了新时代的高质量发展。

第二十八章

交通运输管理职能改革历程

第一节　改革交通运输行业管理体制机制

改革开放40年来，我国交通运输领域各机构部门在机构设置和职能划分方面进行一系列卓有成效的探索和创新，综合交通运输管理、铁路、公路、水路、民航等分方式管理、城乡交通、城市群交通区域管理、公安交通等管理体制机制改革均取得了重大突破。同时，交通新业态等不断涌现，也给交通运输管理带来了新的挑战。

一、综合交通运输管理

我国的传统交通运输管理体制采取了分方式分部门的分散式管理体制，分而治之的体制较好地发挥了行业主管部门的积极性和专业优势，在当时的历史条件下，分散式管理体制极大促进了各种交通运输方式的竞争式发展。但同时也带来了较多跨部门的协调问题，不利于提升行政效率和降低运行成本。交通运输体系发展到一定阶段后，综合管理则是交通运输管理体制机制改革的趋势，需要将政府调控与市场调节有机融合，将跨部门的外部协调转化为部委内协调。我国的历次综合交通管理机构和职能改革与国务院机构改革基本同步，改革后的交通管理体制机制基本上适应了当时我国所处的经济社会和交通运输发展阶段。

1987 年，党的十三大报告提出“加快发展以综合交通运输体系为主轴的交通业”。党的十七大报告进一步提出“加强基础产业基础设施建设，加快发展现代能源产业和综合运输体系”，以及《国民经济和社会发展第十一个五年规划纲要》明确要求“统筹规划、合理布局交通基础设施，做好各种运输方式相互衔接，发挥组合效率和整体优势，建设便捷、畅通、高效、安全的综合运输体系”。但是由于 1988 年后全国交通运输事故频发，尤其是铁路领域发生了多起恶性交通事故，国家对交通部门的综合交通运输管理能力存在质疑，因此放缓了综合交通运输管理改革的步伐。事实证明，分运输方式发展模式在一定历史时期对我国交通运输发展起到了非常大的促进作用。

2008 年，全国人大审议通过《关于国务院机构改革方案的决定》，在整合交通运输相关机构、探索职能有机统一的大交通体制等方面迈出了重要步伐。改革内容包括组建交通运输部，将交通部、中国民用航空总局的职责和住建部指导城市客运的职责整合划入交通运输部，国家邮政局改由交通运输部管理。交通运输部正式挂牌。住建部将指导城市客运的职责划给交通运输部；交通运输部指导城市地铁、轨道交通的运营。地方住建部门将城市管理的具体职责交给城市人民政府，并由城市人民政府确定城市客运、市政设施等方面的管理体制。初步形成了交通大部制治理架构。

2013 年，全国人大审议通过《关于国务院机构改革方案的决定》。为推动铁路建设和运营健康可持续发展，保障铁路运营秩序和安全，促进各种交通运输方式相互衔接，实行铁路政企分开，完善综合交通运输体系。将铁道部拟订铁路发展规划和政策的行政职责划入交通运输部。交通运输部统筹规划铁路、公路、水路、民航发展，加快推进综合交通运输体系建设。组建国家铁路局，由交通运输部管理，承担铁道部的其他行政职责，负责拟订铁路技术标准，监督管理铁路安全生产、运输服务质量和铁路工程质量等。国家继续支持铁路建设发展，加快推进铁路投融资体制改革和运价改革，建立健全规范的公益性线路和运输补贴机制，继续深化铁路企业改革。中央层面的交通大部制改革基本完成，地方交通运输管理体制仍在探索中陆续展开。

2018 年，全国人大审议通过《深化党和国家机构改革方案》，将农业农村部的渔船检验和监督管理职责划入交通运输部。

二、铁路管理

我国的铁路管理始终采用高度集中管理，中央铁路管理部门对全国铁路运行进行统一规划建设和指挥调度，对地方铁路局进行垂直管理。铁路的管理体制机制改革主要围绕政企分开、主辅分离展开。

从 1981 年 11 月起，铁道部先后批准上海、广州、齐齐哈尔、吉林铁路局进行扩大企业自主权试点，下放部分管理权限。

1983 年 12 月，组建了广深铁路公司，实行“自主经营、自负盈亏、自我改造、自我发展”的管理体制。

1984 年 1 月，铁道兵集体转业并入铁道部。

1986 年 3 月，经国务院批准，铁道部实行投入产出、以路建路的经济承包责任制（即大包干）。国家规定铁道部除按章缴纳营业税、城市建筑税、教育附加费以外，全部利润留给铁道部，用于发展铁路，实行包括运输、造车和基本建设在内的全面承包。

1993 年 2 月，广州铁路集团和广州铁路（集团）公司正式挂牌成立，开始了国家铁路企业公司化、集团化经营改革的探索。

1994 年《铁道部关于贯彻党的十四届三中全会〈决定〉深化铁路改革若干问题的意见》，确定了铁路改革的总体目标，构筑了铁路走向市场的基本框架，提出运输企业创造条件积极走向市场。当年 12 月，全国铁路第一家按照建立现代企业制度试点规范组建的公司——大连铁道有限公司正式挂牌成立。

从 1996 年 8 月起，铁道部对部分铁路局实行新的铁路运输管理体制改革，实行铁路局直接管理站段的新体制。

1999 年起，铁道部在 14 个铁路局（集团公司）全面实行资产经营责任制，进一步扩大了铁路局经营自主权，减少了铁道部对企业日常生产经营的干预。

2000 年，中国铁路工程总公司、中铁铁路建筑总公司、中国铁路机车车辆总公司、中国铁路通信信号总公司和中国土木工程集团公司等 5 大公司与铁道部脱钩，实现政企分开（包括铁道部直管的 5 家公司的重组、铁道部管理的 10 所高校的脱钩以及中国铁道科学研究院的企业化改造）。

2003 年，铁道部开始实施主辅分离，成立集装箱、特货、行包三个专业运输公司，将中铁物资公司、铁通公司、勘察设计院、中铁铁建等施工企业移交国资委，学校、幼儿园、医院全部移交地方政府管理。

2005 年 3 月，经国务院批准，撤销了所有 43 个铁路分局（公司），实行了铁路局直接管理站段的新体制，同时，全路对运输生产力布局进行了大规模调整，运输站段由 2003 年的 1491 个减少到 2007 年年底的 627 个。这些改革措施为下一步推进铁路管理体制改革奠定了基础。

根据 2009 年 7 月 8 日和 2010 年 12 月 7 日由中编办等有关部门发布的《关于铁路公检法管理体制改革和核定政法机关编制的通知》和《关于铁路法院检察院管理体制改革若干问题的意见》规定，铁路法院和铁路检察院与铁路运输企业全部分离，一次性整体纳入国家司法管理体系，铁路公安局入公安部序列，由铁道部、公安部双重领导，党政工作以铁道部领导为主，公安业务工作以公安部领导为主，公检法工作人员列入国家公务员系列。

2013 年，将铁道部拟订铁路发展规划和政策的行政职责划入交通运输部。不再保留铁道部。组建中国铁路总公司，承担铁道部的企业职责，负责铁路运输统一调度指挥，经营铁路客货运输业务，承担专运、特运任务，负责铁路建设，承担铁路安全生产主体责任等。新组建中国铁路总公司为国家授权投资机构和国家控股公司，财务关系在财政部单列。原铁道部相关资产、负债和人员划入中国铁路总公司，原铁道部所属 18 个铁路局（含广州铁路集团公司、青藏铁路公司）、3 个专业运输公司及其他企业的权益作为中国铁路总公司的国有资本。

2015 年，对在中央管理企业全资及控股铁路上开行的设计时速

200公里以上的高铁动车组列车一、二等座旅客票价，由铁路运输企业依据价格法律法规自主制定。商务座、特等座、动卧等票价，以及社会资本投资控股新建铁路客运专线旅客票价继续实行市场调节，由铁路运输企业根据市场供求和竞争状况等因素自主制定。

2017年11月，中国铁路总公司所属的18个铁路局完成公司制改革工商变更登记，各地铁路局正式更名挂牌，实施铁路公司制改革。铁路总公司总部机关新组建“一局五部”（运输统筹监督局、客运部、货运部、调度部、机辆部、工电部）以及发展和改革部、企业管理和法律事务部、科技和信息化部、经营开发部。铁路总公司对改制后的地方铁路局100%持股，改制后地方铁路局公司具有更大经营自主权。

三、公路管理

我国的公路管理实施以地方为主的管理体制机制，国家主管部门主要负责对国家公路网进行规划和资金保障，对地方公路管理工作进行指导。各省份根据自身特点和实际情况采取“条条”“块块”或“条块结合”的管理体制机制，地方管理体制历经多次变更。

1984年，开始征收公路车辆购置附加费。

1986年年底，全国已有15个省、自治区撤销了省级运输公司，将企业管理权限下放到中心城市。1986年国务院决定由公安机关对城乡道路交通安全进行统一管理。

1987年征收过路（桥、渡）费，公路运输企业全交由中心城市管理。国道、省道由省级政府公路主管部门负责修建、养护和管理，县乡道分别由县乡人民政府负责修建、养护和管理。1987年10月，国务院发布《中华人民共和国公路管理条例》，规定公路工作实行统一领导、分级管理原则，即国道、省道由省级公路主管部门负责修建、养护和管理；县乡道路分别由县乡人民政府负责修建、养护和管理。该条例的颁布从法律上确立了公路管理“条块结合”的基本体制模式。同时，从1987年开始对运输企业推行各种形式的承包经营责任制。

1989年全国道路运输企业普遍推行承包经营责任制，进行企业内部配套改革，改善企业经营机制。

1995 年开始“管养分离、事企分开”的改革。地方根据自身情况对公路管理和养护工作面向事业单位和企业进行分工。

1995 年交通部发布《交通部关于全面加强公路养护管理工作的若干意见》，提出要改革完善公路养护管理运行机制，确立了“管养分离、事企分开”的改革目标。全国各地纷纷开展了公路养护运行机制改革的试点。

1998 年，交通部与直属企业完全实现政企分开。交通部与直属企业全面脱钩，彻底实现了政企分开。各省也陆续开展政企分离的改革，大部分省交通厅将原来直接管理的企业剥离或者转移出去。

2000 年 8 月，交通部决定将部分职责转移（委托）给行业组织承担。这标志着交通行业主管部门的行业管理职能得到进一步明确和完善。省际客运班线的审批权逐步由交通部下放到省一级的运输管理机构。

2005 年 9 月，国务院办公厅下发《农村公路管理养护体制改革方案》。确定县级人民政府是本地区农村公路管理养护的责任主体，其交通主管部门具体负责管理养护工作。县级人民政府交通主管部门所属的公路管理机构具体承担农村公路的日常管理和养护工作

2006 年，交通部发布《更好地为公众服务——“十一五”公路养护管理事业发展纲要》，提出按照“分级管理”和“事权统一”的原则，科学界定各级公路交通主管部门对路网管理的职责，并首次提出将公众利益作为公路养护事业的核心价值取向。

四、水路管理

我国港口行政管理体制改革实际上分为沿海港口和内河港口两大块，基于历史、地理位置和方便管理等原因，形成了两套存在一定差异的港口管理体制。改革开放以来，我国经历了港口和航运管理分离，港口和航道管理事企分开的改革历程。港口管理体制经历了“中央和地方双重管理、以中央为主”“中央和地方双重管理，地方为主”“完全下放地方”等阶段。

1983 年，国家对长江航运管理体制进行了改革，实现了港航分管，政企分开。

1992 年全国航道管理和养护工作会议上，交通部提出了解放思想、转变观念、深化航道管理体制改革的要求，一些省市也积极探索推进航道管理事企分开和在养护工作中引进市场机制的路子。

1996 年设立内河航运建设专项基金。

1998 年，国务院决定将交通部船舶检验局与安全监督局合并，组建交通部海事局。

1999 年国务院办公厅下发《关于转发交通部水上安全监督管理体制改革实施方案的通知》，明确界定中央与地方对有关水域的管理分工，实行“一水一监、一港一监”。在同一水域、同一港口和同一地区不得重复设立水上安全监督管理机构水运企业，中远、中海、长航、中外运等，与主管部门脱钩。

2001 年，国家经贸委、财政部、中央企业工委联合发布《关于深化中央直属和双重领导港口管理体制改革的意见》，将秦皇岛港以及中央与地方政府双重领导的港口全部下放地方管理，实施港口所在城市的属地化管理。港口下放后，实行政企分开，省级或港口所在城市人民政府港口主管部门按照“一港一政”的原则对港口实行统一的行政管理，港口企业不再承担行政管理职能，并按照建立现代企业制度的要求，成为自主经营、自负盈亏的法人实体。2003 年上半年，所有下放港口都已完成港口管理体制改革，成立港口行政管理机构，并实施政企分开。

2004 年 3 月，国务院同意按照政企分开的原则，撤销长江口航道建设有限公司，组建长江口航道管理局，作为交通部长江航务管理局的事业单位，建设期工程结束后，所需经费由中央财政安排解决，纳入交通部门预算。这一改革措施明确了政府对航道这一公共基础设施的投资责任。

2009 年，在实行交通大部制的背景下，交通运输部水运司更名为交通运输部水运局，但涉及国内水路运输管理的机构和职能没有变化。各地方也大都保持原有的管理机构。

五、民航管理

改革开放以来，我国的民航管理实现由军队代管转为向国务院管理，民航机场实现属地化管理，航空运输全面对外开放，价格形成机制逐渐由政府定价转变为市场调节价，推动企业市场化运营。

1980 年，民航总局从 1980 年 3 月 15 日起不再由空军代管。民航总局是国家管理民航事业的行政机构，统一管理全国民航的机构、人员和业务，逐步实现企业化管理。

1987 年开始，初步实现政企分开，组建管理局、航空公司、机场。1987 年，按照国务院批准的民航系统管理体制改革方案，民航业实施了以政企分开，管理局、航空公司、机场分设为主要内容的体制改革。组建了 6 个地区管理局作为管理地区民航事业的政府机构，在各省（区、市）建立省（区、市）局，各省（区、市）局根据授权承担部分政府职能，同时绝大部分省（区、市）局与机场合一，实行企业化运营；同时组建了 6 大骨干航空公司，作为自主经营、独立核算、自负盈亏的经济实体。

1988 年，民航在进行管理体制改革的同时，深化企业内部改革，对航空运输企业和机场试行承包经营责任制度。

1992 年，开始征收民航机场建设费。

1993 年，开始征收民航基础设施建设基金。

1994 年，民航总局将上海虹桥机场正式下放上海市管理。

2002 年，国务院印发《民航体制改革方案》，除首都国际机场和西藏机场，其余机场全部下放地方，移交地方政府管理，基本实现政企分开和属地化管理。民航总局对直属的 9 家航空公司进行联合重组，成立三大运输集团公司（中国国际航空公司、中国东方航空集团公司、中国南方航空集团公司），对直属航空运输企业和服务保障企业重组，成立三大服务保障集团公司（中国民航信息集团公司、中国航空油料集团公司、中国航材进出口有限责任公司），并与民航总局脱钩。民航的发展与管理开始步入企业化时代。同时对民航行业管理部门进行了机构和职能的调整，改革空中交通管理体制，形成了总局空管局—地区空管局—空管中心（站）三级管理与运营的体制架构。

2014 年，国家放开民航国内航线货物运输价格，进一步放开相邻省份之间与地面主要交通运输方式形成竞争的部分短途航线旅客运输票价，由现行的政府指导价改为实行市场调节价。

六、城乡交通管理

我国城市交通管理模式以地方为主导，一般为多部门交叉管理模式，由交通、城建、市政、城管、公安等部门对交通运输实施多部门协同管理。过去，我国的城市主要存在公路网和城市道路网两套体系，交通管理体制也是按照原来的城乡二元管理体制进行设立的。这种二元结构的体制造成了公路与城市道路的分头管理，分头规划、分头建设，分头制订政策。道路交通系统包括公共交通、出租汽车、城市轨道交通等很多城市交通的业务由城市住建部门负责管理，而交通部门主要负责农村公路和普通公路的建设和公路客运。这对道路交通一体化发展造成了显著制约，也不利于城乡便捷出行。

改革开放以来，按照建立社会主义市场经济体系的总体要求，我国的城市不断推进交通行政管理体制改革，积极推行政企分开、政事分开，部分城市初步建立了“城乡道路运输一体化”或“一城一交”的综合交通行政管理体制，在一定程度上解决了交通管理部门交叉和职责关系不顺的问题，交通行政管理的职能转变迈出了重要步伐，交通运输的整体服务水平得到明显提高。

随着城市化进程的加快，城市规模不断扩大，城乡边界日渐模糊，城乡经济一体化趋势日益明显，城区与郊区的交通联系更加紧密，城乡交通一体化发展需求更为迫切。城乡居民需要享受相同或类似的交通服务，推动城乡经济一体化。

2008 年，根据国务院机构和职能改革意见，住建部将指导城市客运的职责划给交通运输部，交通运输部指导城市地铁、轨道交通的运营；住房和城乡建设部将城市管理的具体职责交给城市人民政府，并由城市人民政府确定城市客运、市政设施等方面的管理体制。

2008 年以后，交通运输部全面推动城乡道路运输一体化管理和“一城一交”综合管理模式。城乡道路运输一体化管理模式由交通部门对公路和水路客货运输、城市公交和市域范围内的道路客运进行统一管理。“一城一交”综合管理模式，即由交通部门对交通运输规划、道路（城市道路和公路）和水路运输、城市轨道交通、城市公交、出租汽车的行业管理，及市域内的铁路、民航等其他交通方式的协调等进行统一管理。在北京、深圳、重庆等城市，“一城一交”体制下的交通委员会能对全市的城乡交通、各运输方式进行统一管理，初步实现了“小综合交通运输体系”。

七、都市圈和城市群交通管理

随着区域经济一体化进程的加快，都市圈和城市群交通形态在我国综合交通运输体系中的地位愈发重要。我国已初步形成京津冀、长三角、粤港澳大湾区等世界级城市群，围绕超大、特大城市发展的都市圈的集聚效应初步显现。城市群和都市圈之间及其内部各个城市之间的交通往来日益频繁，迫切需要根据区域经济特点及运输需求，强化城市群、都市圈内交通运输管理的相互沟通协同，建立一体化管理体制机制。

2015 年国家发展改革委印发《城镇化地区综合交通网规划》（简称《规划》），对 21 个城镇化地区的综合交通网布局发展进行了指导，发挥了较好的导向性、引领性作用。《规划》提出完善综合交通管理体制的一系列任务，强调要深化改革，探索适合我国新型城镇化发展的跨区域、跨行政区划的协调机制，加强城市间沟通与协作，协调解决交通运输的统筹规划、同步建设以及资金筹措、运营模式和补贴等问题。同时还要促进地方政府加强与铁路部门合作，利用铁路资源服务于城际、城市客运。推动建立健全综合交通枢纽各种方式衔接、综合开发的体制机制。坚持军民融合，完善军地协调机制。

《规划》对后续城市群发展规划编制和实施起到了重要指导性作用。《规划》发布后，国务院先后批复了《哈长城市群发展规划》《成渝城市群发展规划》《长江三角洲城市群发展规划》《中原城市群发展规划》《北部湾城市群发展规划》《关中平原城市群发展规划》《呼包鄂榆城市群发展规划》《兰州—西宁城市群发展规划》等跨省级行政区的城市群发展规划。城市群发展规划的交通基础设施等重要章节编制过程中均与《城镇化地区综合交通网规划》进行了衔接。

以长三角城市群为例，长三角建立了三省一市联席会议机制，在上海市发展改革委设立了长三角区域合作办公室，江苏、浙江、安徽发展改革委派出专人常驻上海市发展改革委，同时还成立了系列专题组，负责一体化工作执行。近期，长三角联合办公室编制完成了《长三角地区一体化发展三年行动计划（2018—2020）》，未来还计划推出城际铁路、机场群一体化规划，在跨区域审批业务方面实现同步办理互认和互联互通。到2020年，长三角地区基本形成世界级城市群框架，建成枢纽型、功能性、网络化的基础设施体系。

八、公安交通管理

公安交管部门改革主要内容是与交通运输、安监部门等建立道路交通综合执法机构和平台，推进交巡警体系协同发展。国家公安部门依据《道路安全法》，负责全国道路交通安全管理工作。县级以上地方各级人民政府公安机关交通管理部门负责本行政区域内的道路交通安全管理工作。而在民航、水运、铁路等领域目前初步形成公安部门和行业管理部门双重管理的公安交通管理体制机制。

2002年1月，国务院下发《关于长江港航公安管理体制改革有关问题的批复》（国函〔2002〕1号）明确：长江港航公安机构作为国家治安行政力量和刑事司法力量的重要组成部分，行使跨区域的中央管理水域的公安管理事权；长江航运公安局由交通部公安局领导，其党政关系由交通部委托长江航务管理局管理；长江航运公安局所属公安机构由长江航运公安局统一垂直管理，公安业务工作实行长江航运公安局和所在地公安机关双重领导，以长江航运公安局领导为主；长江港航公安机构为行政机构，公安民警纳入国家行政编制；长江港航公安机构的基本建设投资纳入交通部计划渠道。经国务院和中央编委批准，中央机构编制委员会办公室下发《关于批复长江航运公安机构设置和人员编制的通知》(中央编办复字〔2002〕181号)。

2002年3月，国务院印发《关于印发民航体制改革方案的通知》(国发〔2002〕6号)明确：民航总局公安局作为公安部派驻机构，继续由民航总局和公安部双重领导，民航地区管理局公安机构由民航总局公安局派驻。机场公安管理体制及经费，由公安部、中编办、财政部、民航总局专题研究，提出方案报国务院审定。为加强反劫机工作，组建民航空中警察队伍，由民航总局公安局派驻航空公司，实行民航总局公安局和航空公司双重管理。

2009年7月，中央编制委员会办公室印发《关于铁路公检法管理体制改革和核定政法专项编制的通知》(中央编办发〔2009〕15号)提出，铁路运输检察分院和铁路运输检察院与铁路运输企业全部分离。现有铁路检察院一次性移交给驻在地省、自治区、直辖市党委和省级人民检察院，实行属地管理。

2010年12月，最高法、高检院、中央编办、财政部、人力资源部、铁道部联合印发《关于铁路法院检察院管理体制改革若干问题的意见》，对铁路检察院管理体制改革后的干部管理、法律职务任免、业务管辖、资产移交、经费保障等作出了具体规定。

2015年2月，中央审议通过了《关于全面深化公安改革若干重大问题的框架意见》及相关改革方案。在改革交通管理制度等方面，提出了一系列服务改革开放、促进经济发展和便民利民的政策性措施、制度性安排。改革驾驶人培训考试，推行驾驶人自主预约考试、异地考试等制度。深化机动车检验改革，全面实施省内异地验车，逐步推行跨省异地验车。加快建立跨省异地处理交通违法和缴纳罚款制度。未来，公安交管部门还将强化道路运输安全生产管理，健全各级公安交管机构，设立高速交巡警大队、公交安全保卫机构，调剂并适当增加公安交警编制。启动交通智能卡系统和高度集中的公安交通指挥中心，制定道路运输车辆动态监督管理实施细则，完善车辆动态监管平台。

九、交通新业态管理

随着现代综合交通运输体系的不断演进，交通运输与经济社会的深度融合发展产生了大量的新业态新产业新模式，交通运输行业跨业跨域跨界拓展，不断突破其传统边界，形成了一系列新领域。当前，产生了诸如枢纽经济、旅游交通、电商物流、通用航空等新业态新产业。同时，交通领域新技术新模式层出不穷，信息化智能化逐步贯穿于交通建设、运行、服务、监管等全链条各环节。利用信息平台集聚要素，驱动生产组织和管理方式转变，正在全面提升运输效率和服务品质，推动全要素生产率不断提升。如自动驾驶、车联网、新能源汽车、新能源公路、网络预约出租汽车等正在给经济社会带来革命性变化。

我国交通行业主管部门在不断调整管理体制机制来适应交通新业态的发展变化，但当前的管理手段、管理模式以及管理人员仍不能适应新技术、新业态、新模式、新产业发展的需要（以下新技术、新业态、新模式、新产业统称新业态）。

近年来，随着互联网等新技术快速发展，网约车、共享单车、共享汽车、互联网物流等交通运输领域新业态呈现井喷式发展，对满足公众多样化出行需求、培育经济发展新动能发挥了积极作用，但运营安全责任落实不到位、各方权益难以有效保障等问题也日渐显现。

为了获得最大的市场效益，交通新业态企业通常游走于现有管理规定的边缘，或是集中于监管的空白区域。法律法规的缺失导致了行业主管部门交叉管理或是相互推诿。主管部门只能通过仓促出台暂行管理规定或指导意见来满足一时管理需要，并不能长期有效对行业进行治理。出于对新兴产业的培育，行业管理部门主要对新业态、新产业长期处于观望状态。

交通运输管理部门的技术能力和行业经验不足使得交通运输部门对新兴企业无能为力，不论是中央部委还是县市政府都很难对交通新业态新产业采取有效管理，而新业态企业经常采取各种技术手段来规避监管或是抵制监管。交通运输新业态管理能力短板明显，管理手段缺乏，管理效率较低，管理成本过高是交通运输管理体制机制改革面临的重大问题。

同时，交通运输管理部门采用的传统监管手段过于粗暴，矫枉过正的情况经常发生，“一管就死、一放就乱”“要么不管、要么禁止”的管理怪象屡见不鲜。管理部门往往需要协同发力才能实现对交通新业态实现有效治理。

2018 年 8 月 1 日，为加强交通运输新业态监管、形成工作合力，促进行业持续稳定健康发展，经国务院同意，我国建立了交通运输新业态协同监管部际联席会议制度。联席会议由交通运输部、中央宣传部、中央政法委、中央网信办、发展改革委、工业和信息化部、公安部、司法部、人民银行、市场监管总局、信访局、战略支援部队第三部等 12 个部门和单位组成，交通运输部为牵头单位。交通运输新业态协同监管部际联席会议制度有利于形成监管合力，规范交通新业态长期健康发展。

未来，交通运输领域需要建立面向交通新业态的新型管理机构，配备适应新技术新形势发展的管理人员，进一步强化部门间的协同监管和信息互联互通。

第二节　交通运输宏观调控管理体制机制的变革

国家发展改革委作为我国的综合经济管理和宏观调控的国务院组成部门，负责研究提出交通运输（含城市轨道交通）和邮政发展的战略、规划、改革方案和政策措施，统筹能源、交通运输发展规划、计划与国民经济和社会发展规划、计划的衔接平衡，衔接平衡交通、邮政行业规划和行业政策，提出交通、邮政行业中央财政性建设投资安排意见。国家发展改革委同时还负责与国土、住建、环境、流通等交通有关部门的行政性协调事务。

改革开放以来，我国特别重视编制科学有序的计划和规划，在国家发展改革委的牵头推动下，经过多年发展，我国已经形成从中央到地方、从综合到部门、从长期到短期、从发展战略到建设布局的完善交通运输规划机制，为不同时期交通运输发展提供依据和指导。国民经济和社会发展五年规划是指导中国经济社会发展的最高级别政府规划，“六五”到“九五”四个五年规划对交通运输发展进行顶层设计，“十五”时期首次将交通发展重点以专项规划的形式在国民经济和社会发展五年规划中出现。“十一五”时期，由国家发展改革委牵头制定的国家首个综合交通体系五年规划出台。

同时，自“十一五”以来，我国交通运输各类规划密集出台，国家发展改革委牵头制定了我国第一部面向中长期综合交通网布局的《综合交通网中长期发展规划》。同时，国家发展改革委还出台了《全国民用机场布局规划》《中长期铁路网规划》《沿海港口布局规划》等国家重要规划文件，逐步建立健全“中长期布局规划 + 五年发展建设规划 + 年度实施方案”相结合的交通运输规划管理机制，基本涵盖我国交通运输总体布局考虑。相关规划的出台，既增强了宏观调控能力，整合交通优势资源，合理布局，同时还保证了科学有序发展。

直至 2017 年 2 月印发的《“十三五”现代综合交通运输体系发展规划》，我国的综合交通运输体系规划以及中长期综合交通网规划主要由国家发展改革委牵头，联合交通运输部编制完成。国家重大交通基础设施项目和规划由国家发展改革委负责核准和备案。根据国务院“放管服”改革要求，国家发展改革委近年来着力于经济宏观调控职能，不断将交通项目审批权限予以取消、简化和下放，减少了对微观经济活动的干预。

调整交通运输价格形成机制，将一系列政府定价和政府指导价转为企业自主决定的市场调节价，将国家发展改革委在部分领域的定价职能转移至地方价格主管部门。

当前，国家发展改革委更加强调战略性引导，大幅度减少了交通设施项目审批职能。

2015 年年底，经国务院同意，国家发展改革委对其承担的部分中央政府投资交通项目审批权予以下放和简化程序。

第一，将国家高速公路网改扩建项目、普通国省道建设项目、内河航道建设项目（长江干线航道和国际国境河流航道建设项目除外）、内河航电枢纽建设项目、机场改扩建项目（增建跑道除外）下放省级政府审批。

第二，将纳入国家批准规划的铁路增建单线项目由中国铁路总公司自行决定，民航空管项目按隶属关系由民航局审批。

第三，对纳入国家批准规划的长江干线航道项目，跨境、跨 10 万吨级及以上航道海域、跨大江大河（现状或规划为一级及以上通航段）的独立公（铁）路桥梁、隧道项目，以及交通行业直属院校、科研机构等中央本级非经营性项目，国家发展改革委不再审批项目建议书，直接审批可行性研究报告。

2016 年 8 月，国家发展改革委颁发《国家发展改革委办公厅关于国家高速公路网新建政府和社会资本合作项目批复方式的通知》（发改办基础〔2016〕1818 号）（下称“发改〔2016〕1818 号文”）。其中涉及有关 PPP 项目的审批管理，提出“政府采用投资补助方式参与的国家高速公路网新建 PPP 项目按照核准制管理。政府采用资本金注入方式参与的国家高速公路网新建 PPP 项目仍按照审批制管理，直接报批可行性研究报告”。

有关政府核准的投资项目参见 2013—2016 年国务院关于发布政府核准的投资项目目录（交通运输部分）文件：国发〔2016〕72 号、国发〔2014〕53 号和国发〔2013〕47 号文。

第三节　创新运用“信用交通”管理手段

信用体系在交通运输领域正发挥愈发重要的作用。交通运输行业信用体系建设是国家信用体系建设的重要组成部分，是交通运输行业完善治理体系、提升治理能力的客观需要，也是完善交通运输现代市场体系的重要基础，是推进“放管服”改革、加强事中事后监管、服务大众创业万众创新的重要手段。

总体上，我国尚未形成覆盖全社会的征信系统，交通运输行业也未形成完善的针对失信者的联合惩治机制。社会成员信息用记录不完备，守信激励和失信惩戒机制存在大量空白，守信激励不足，失信成本偏低，信用服务市场不发达。服务体系不成熟，服务行为不规范，服务机构公信力不足，信用信息主体权益保护机制缺失，社会诚信意识和信用水平偏低。同时，与诚信相关的政务诚信度、司法公信度离人民群众的期望还有一定差距。

当前，我国已建立以国家发展改革委牵头的国家社会信用体系建设部际联席会议机制。我国交通信用体系正在国家发展改革委统一指导下，由交通运输部负责实施，构建“信用交通”的信用体系，打造“信用中国”体系重要构件。

2017 年 1 月，由国家发展改革委牵头，联合交通运输部、公安部、中国民航局、中国铁路总公司联合发布了《关于加强交通出行领域信用建设的指导意见》（发改运行〔2017〕10 号），有效规范客运服务提供者的经营行为和行业市场秩序，营造优质服务、诚信经营的市场环境；同时有效约束出行者的行为，提高文明出行的意识，推动诚信成为全社会共同的价值追求和行为准则，提高全社会的诚信意识和信用水平。

目前，国家发展改革委、交通运输部、人民银行等国家部委和机构联合发布了一系列联合惩戒的合作备忘录，国家发展改革委还与阿里巴巴、京东等电商物流企业签订了联合惩戒合作备忘录。未来，联合惩戒机制将覆盖交通运输全领域。交通运输部也正在以“信用交通省”创建为统领，推动交通运输信用体系建设工作。

交通运输是支撑经济社会运行的基础性、先导性、服务型产业，交通运输既是“信用中国”重点建设的领域，也是“信用中国”失信惩戒的重要手段。包括企业和个人征信系统在内的信用体系对交通运输与网络信息融合发展也具有非常重要的意义。“信用交通”建设需要依托政府对征信信息的严格管理，充分调动互联网平台和交通运输企业的积极性，通过独立的第三方平台囊括各类互联网企业的交通运输平台信息、金融信息，制定信用信息的分级使用规定。交通违规违法、超限超载、危险作业、逃避收费、伪造票证号牌都可以视为是交通运输领域的失信行为。禁止乘坐高铁、飞机，使用共享单车等都可以作为惩罚所有失信行为的有效手段。

虽然我国交通运输信息共享平台已经得到广泛应用，但如何推进企业信息共享共用将成为关键问题。我国未来将在公路建设、水路建设、道路运输、水路运输、试验检测、海事、铁路、民航、邮政等领域实现信用信息共享共用。

第四节　完善交通运输法律法规体系

构建完备的法律法规体系是推动交通运输治理能力和治理体系现代化的重要基础，是加强交通运输法治政府部门建设的保障。我国已经初步形成“法律—行政法规—部委规章—规范性文件”为一体的交通运输法律法规体系。

改革开放40年来，我国相继出台了《海上交通安全法》《铁路法》《海商法》《民用航空法》《公路法》《港口法》《道路交通安全法》《邮政法》《航道法》等多部法律，编制实施了《航道管理条例》《通用航空飞行管制条例》《道路运输条例》《收费公路管理条例》《民用机场管理条例》《国内水路运输管理条例》《铁路安全管理条例》《国际海运条例》《快递暂行条例》等行业条例。完善法律法规有效填补了我国交通运输领域法律法规的空白，使得交通运输执法和行政管理有法可依，降低了管理执法的随意性和选择性。

改革开放以来交通运输领域颁布的重要法律法规见附录1和附录2。

第二十九章

我国交通运输管理体制机制改革经验与展望

第一节　体制机制改革的经验

一、发挥社会主义制度优越性，集中力量办大事

长期以来，交通基础设施一直是我国经济社会发展的瓶颈制约，在发展战略引领和规划指导下，我国发挥“集中力量办大事”的体制优势，坚持全国一盘棋，加大财政和货币宏观调控倾斜力度，充分利用区域调控、定向调控、相机调控等调控手段，加快交通基础设施发展步伐，特别是1998年、2008年以及当前经济换挡降速时期，在应对国际金融危机、缓解经济下行压力过程中果断加强基础设施投资，补齐基础设施发展短板，在较短时间内建成高速公路网、高速铁路网主骨架，创造了“中国速度”，实现我国基础设施跨越式发展。通过领导小组和联席会议机制，有效应对了单一部门难以解决的重大问题，实现了统筹协同。

二、推动交通运输市场化改革

以交通基础设施为代表的基础设施领域一直是我国推进改革开放

的先锋。早在 20 世纪 80 年代“有计划的商品经济”时代，交通运输率先提出“有路大家行车、有水大家行船”的市场化改革，车购税、港建费等专项资金制度设计基本实现，公路、港口、机场等交通运输市场化改革深入推进，初步建立政企分开的制度框架。公路、港口等领域以地方建设为主，充分调动了地方建设积极性，实现了大发展。而分运输方式独立发展则有力推动了各运输方式之间的良性竞争，如高速公路的大发展间接推动了 2000 年后铁路跨越式大发展。长期以来，改革成为我国交通运输持续健康发展的动力，在全面深化改革的统一部署下，交通运输各领域各环节改革深入推进，适应市场化发展的投资、运价、管理、体制等系统性改革全面展开。经过改革开放近 40 年的发展，公路、港口及机场等基础设施市场化改革基本完成，尤其是铁路行业积极吸引地方政府和社会资本，地方政府注资资本金和以征地拆迁入股铁路线路运营企业，推动了铁路网规模的快速扩展。

三、推进综合交通运输管理体制改革

按照行政管理体制改革总体要求，转变政府职能，清理、取消和下放行政审批事项，推进事中事后监管，分类建立权利清单、责任清单和负面清单，最大程度地激发市场活力。为优化交通运输布局，发挥整体优势和组合效率，国务院将交通部、中国民用航空总局的职责及建设部的指导城市客运职责整合划入交通运输部。2013 年，在国务院新一轮的机构改革中，铁路行业政企分开，交通运输大部门体制改革取得重大突破。国家发展改革委也进一步简化和下放了一系列交通基础设施项目的审批手续，强化交通规划功能，更加强调战略引领。

四、全面推动“放管服”改革，深化对外开放

改革已成为我国交通运输持续健康发展的不竭动力，在全面深化改革的统一部署下，按照行政管理体制改革总体要求，我国在交通运输领域转变政府职能，清理、取消和下放行政审批事项，推进事中事后监

管，分类建立权利清单、责任清单和负面清单，最大程度地激发了市场活力。深化交通领域对外开放工作，全面落实准入前国民待遇加负面清单管理制度，推进自由贸易试验区、中国特色自由贸易港建设，形成了交通领域全方位对外开放新格局。

第二节　交通运输管理体制机制改革展望

一、深化交通运输“放管服”改革

按照交通运输高质量发展的要求，深化交通“放管服”改革，推进行政审批制度改革，全面梳理交通运输行业行政审批事项，进一步下放投资项目审批权限和简化手续，进一步清理现行排除限制竞争政策措施，完善城市群和都市圈地区跨区域联合审批制度。

加强综合交通运输体系建设，强化政府部门政策与管理的创新引领，建立健全综合交通运输发展协调机制，促进各种交通运输方式融合发展。加强军民航协调联动，促进军民融合发展。进一步提高行政审批效率，充分运用多种手段加强事中事后监管。

推进各种运输方式统筹管理，构建区域交通发展协调机制。进一步理顺中央部门和地方政府的事权职责。遵循事权与财权相匹配的原则，根据各类基础设施的功能作用、技术特征及服务范围，逐步厘清中央部门和地方各级政府事权与支出责任，建立中央部门和各级政府综合交通运输分类投资、建设和运行管理的制度设计。公路领域探索建立区域监督管理局，进一步推动收费公路管理体制改革。重点完善农村公路建设管理养护体制。

顺应交通运输与经济社会深度融合趋势，营造鼓励交通运输创新发展的制度环境，完善面向交通运输新业态发展的监管体制机制。全面实施全国统一的市场准入负面清单制度，反对地方保护，反对垄断和不正当竞争。

加强交通行业信用体系建设，建立健全涵盖交通运输工程建设、运输服务等领域的行业信用体系，制定并落实守信激励和失信惩戒制度，建立健全市场主体和从业人员“黑名单”制度。建立全国统一的交通运输行业信用信息平台。建立职能配置合理、运作协调高效、执法行为规范、执法监督有效的交通行政执法体制。

二、完善综合交通运输规划编制和实施机制

完善交通运输规划体系和层级，落实分工协同机制，研究综合交通运输规划编制与实施办法，推进宏观管理部门与交通行业主管部门的规划协调，研究建立综合交通运输规划编制、实施、评估机制，强化任务分工和统筹协作。

充分调动地方积极性，压实地方主体责任，督促地方加大建设项目协调和实施力度，完善项目储备和前期工作推进机制。推动各种运输方式规划的衔接，加强与国民经济和社会发展规划、国土空间规划的对接，建立发展改革、交通运输、自然资源、生态环境、住建等多部门规划编制和实施协调机制。

按照建设社会主义现代化强国的战略部署，抓紧组织编制交通强国、综合交通网中长期发展规划等重大战略规划，明确总体目标、实施路径，确定重大工程、重大技术、重大改革等，重点实施好《“十三五”现代综合交通运输体系发展规划》体制机制改革任务，为全面建成小康社会提供坚实保障。

三、深化交通运输市场化改革，扩大开放力度

加快推进交通运输行业市场体制改革，逐步扩大由市场定价的范围。逐步扩大对民资和外资运输市场开放，降低外资准入门槛，进一步加强自由贸易区和自由贸易港建设，引入外资战略性投资。

正确处理政府与市场、政府与社会的关系，合理确定政府推进交通运输发展、提供基本交通运输公共服务的范围和方式，将应由市场或社会承担的事务，交由市场主体或社会力量承担。加快建立统一开放、

竞争有序的交通运输市场，营造良好营商环境。充分发挥企业、行业协会等市场主体的能动性，促进运输资源跨方式、跨区域优化配置。

按照现代企业制度要求，以实施混合所有制改革为方向，深化铁路、邮政等国有企业市场化改革，培育具有全球竞争力的世界一流企业。持续推进空域管理体制改革，不断优化发展环境。建立事权和支出责任相适应的公路分级管理制度，完善收费公路政策，深化港口、航道、海事、引航等管理体制改革。

四、完善交通运输法律法规体系，实现政策统筹协调

构建与交通运输发展和改革相适应的架构科学、门类齐全、有序衔接、监督有效、保障有力的综合交通法规体系，研究修订铁路法、公路法、港口法、民用航空法，收费公路管理条例、道路运输条例等，研究制定综合交通运输促进法、多式联运法、铁路运输条例等法规，推进交通法治政府部门建设。

加快制定完善先进适用的高速铁路、城际铁路、市域（郊）铁路、城市轨道交通、联程联运、综合性交通枢纽、交通信息化智能化等技术标准。

加强各部委间政策统筹协调，积极推动经济、国土、财政、产业、环保等政策支持交通可持续发展，建立全链条交通产业政策体系。强化调控的精准性。进一步发挥规划在政府宏观调控和行业治理中的战略导向作用。

按照经济属性和规律特征，结合新时期的新变化，进一步细化交通运输各领域调控对象与内容，明确政府与市场的职责地位以及作用空间，实施差异化调控方式与手段。

附录一　改革开放以来我国颁布的交通运输领域法律文件

序号	时间	文件名	文号	类别	主要内容
1	1983-09-02 颁布	海上交通安全法	无	水路	为加强海上交通管理，保障船舶、设施和人命财产的安全，维护国家权益，特制定本法
2	1990-09-07 颁布 2009-08-27 修正 2015-04-24 修正	铁路法	主席令第 25 号	铁路	为了保障铁路运输和铁路建设的顺利进行，适应社会主义现代化建设和人民生活的需要，制定本法
3	1992-11-07 颁布	海商法	无	水路	为了调整海上运输关系、船舶关系，维护当事人各方的合法 权益，促进海上运输和经济贸易的发展，制定本法
4	1995-10-03 颁布 2015-04-24 修正	民用航空法	主席令第 26 号	民航	为了维护国家的领空主权和民用航空权利，保障民用航空活动安全和有秩序地进行，保护民用航空活动当事人各方的合法权益，促进民用航空事业的发展，制定本法
5	1997-07-03 颁布 1999-10-31 修正 2004-08-28 修正	公路法	无	公路	为了加强公路的建设和管理，促进公路事业的发展，适应社会主义现代化建设和人民生活的需要，制定本法

续表

序号	时间	文件名	文号	类别	主要内容
6	2003-06-28颁布	港口法	无	港口	为了加强港口管理，维护港口的安全与经营秩序，保护当事人的合法权益，促进港口的建设与发展，制定本法
7	2003-10-28颁布 2007-12-29修正 2011-04-22修正	道路交通安全法	无	道路交通	为了维护道路交通秩序，预防和减少交通事故，保护人身安全，保护公民、法人和其他组织的财产安全及其他合法权益，提高通行效率，制定本法
8	1986-12-02颁布 2009-04-24修正 2015-04-24修正	邮政法	主席令第25号	邮政	为了保障邮政普遍服务，加强对邮政市场的监督管理，维护邮政通信与信息安全，保护通信自由和通信秘密，保护用户合法权益，促进邮政业健康发展，适应经济社会发展和人民生活需要，制定本法
9	2014-12-28颁布	航道法	无	水路	为了规范和加强航道的规划、建设、养护、保护，保障航道畅通和通航安全，促进水路运输发展，制定本法

附录二　改革开放以来党中央国务院印发的交通管理体制机制改革重要行政法规

序号	时间	文件名	文号	发布单位	类别	主要内容
1	1980-05-17	国务院、中央军委关于民航管理体制若干问题的决定	无	国务院、中央军委	民航	民航总局从 1980 年 3 月 15 日起不再由空军代管。民航总局是国家管理民航事业的行政机构，统一管理全国民航的机构、人员和业务，逐步实现企业化的管理。民航的方针、政策、规定等重大问题，由民航总局拟定，报国务院审批
2	1984-02-27	国务院批转中国民用航空局关于成立民用机场管理委员会的请示的通知	国发〔1984〕30 号	国务院	民航	为了加强民用机场的管理，协调各有关部门的工作，及时处理机场内发生的重大问题，建议所有民用机场（不含军民合用机场）均成立机场管理委员会，在当地人民政府直接领导下，对驻机场各单位实行统一管理
3	1985-12-30	国务院、中央军委关于军民合用机场使用管理的若干暂行规定	无	国务院、中央军委	民航	机场的使用管理，原则上由机场产权单位负责，可根据双方需要和实际情况，划分区域，分区管理。场区建设，由产权单位统一规划，军民航专用设施应尽量分开修建，自成体系，自行管理

续表

序号	时间	文件名	文号	发布单位	类别	主要内容
4	1986-01-08	国务院关于通用航空管理的暂行规定	国发〔1986〕2号	国务院	民航	凡使用民用航空器从事为工业、农业、林业、牧业、渔业生产和国家建设服务的作业飞行，以及从事医疗卫生、抢险救灾、海洋及环境监测、科学实验、教育训练、文化体育及游览等项飞行活动（以下统称通用航空），都应当遵守本规定。紧急情况下的救援飞行活动，按照国家的有关规定执行。通用航空由中国民用航空局（以下简称民航局）归口管理
5	1987-10-01	航道管理条例	国务院令第545号	国务院	水路	国家航道发展规划由交通部编制，报国务院审查批准后实施。地方航道发展规划由省、自治区、直辖市交通主管部门编制，报省、自治区、直辖市人民政府审查批准后实施，并抄报交通部备案
6	1988-07-24	国务院关于加强交通运输安全工作的决定	国发〔1988〕48号	国务院	综合交通	铁路大包干和其他交通运输部门实行的承包经营责任制，方向是正确的，成效也是显著的，但要根据交通运输行业的特点，进一步深化和完善。铁路是高度集中的企业，是国民经济的大动脉，具有半军事化的特点。在实行大包干中，铁路局和分局可实行全面承包，基层站段的承包则应采取综合指标管理和考核的办法

续表

序号	时间	文件名	文号	发布单位	类别	主要内容
7	1999-08-20	国务院办公厅关于转发交通部水上安全监督管理体制改革实施方案的通知	国办发〔1999〕54 号	国务院	水路	明确界定中央与地方对有关水域的管理分工，实行“一水一监、一港一监”。在同一水域、同一港口和同一地区不得重复设立水上安全监督管理机构
8	2001-10-08	国务院办公厅转发交通部等部门关于深化中央直属和双重领导港口管理体制改革意见的通知	国办发〔2001〕91 号	交通部、国家计委、国家经贸委、财政部、中央企业工委	水路	将现由中央管理的秦皇岛港以及中央与地方政府双重领导的港口全部下放地方管理。港口下放后，在保证中央必要的港口建设费支出的前提下，适当提高各港港口建设费的留成比例。逐步放开理货市场，进一步规范理货业务。沿海港口的引航机构作为向各码头靠泊船舶提供引航服务的单位，应从港口企业中分离出来
9	2002-01-07	关于长江港航公安管理体制改革有关问题的批复	国函〔2002〕1 号	国务院	水路	长江港航公安机构作为国家治安行政力量和刑事司法力量的重要组成部分，行使跨区域的中央管理水域的公安管理事权。长江航运公安局由交通部公安局领导，其党政关系由交通部委托长江航务管理局管理。长江航运公安局所属公安机构由长江航运公安局统一垂直管理，公安业务工作实行长江航运公安局和所在地公安机关双重领导，以长江航运公安局领导为主。长江港航公安机构为行政机构，公安民警纳入国家行政编制

续表

序号	时间	文件名	文号	发布单位	类别	主要内容
10	2002-03-03	国务院关于印发民航体制改革方案的通知	国发〔2002〕6号	国务院	民航	对民航总局直属的9家航空公司进行联合重组，实行政企分开，形成3家大型航空集团公司。机场实行属地管理，首都国际机场和西藏自治区内的民用机场仍由民航总局管理。改组形成中国民航信息集团公司、中国航空油料集团公司、中国航材进出口有限责任公司。将现行民航总局—地区管理局—省（区、市）局三级行政管理，改为民航总局—地区管理局两级管理
11	2003-01-10	通用航空飞行管制条例	国务院、中央军事委员会令第371号	国务院、中央军事委员会	民航	为了促进通用航空事业的发展，规范通用航空飞行活动，保证飞行安全，根据《中华人民共和国民用航空法》和《中华人民共和国飞行基本规则》，制定本条例
12	2004-07-01	道路运输条例	国务院令第666号	国务院	道路	为了维护道路运输市场秩序，保障道路运输安全，保护道路运输有关各方当事人的合法权益，促进道路运输业的健康发展，制定本条例

续表

序号	时间	文件名	文号	发布单位	类别	主要内容
13	2004-11-01	收费公路管理条例	国务院令第417号	国务院	公路	为了加强对收费公路的管理，规范公路收费行为，维护收费公路的经营管理者和使用者的合法权益，促进公路事业的发展，根据《中华人民共和国公路法》，制定本条例
14	2005-09-29	国务院办公厅关于印发农村公路管理养护体制改革方案的通知	国办发〔2005〕49号	国务院	公路	农村公路（包括县道、乡道和村道，下同）是全国公路网的有机组成部分，是农村重要的公益性基础设施。为加强农村公路的管理和养护，确保公路完好畅通，更好地为农村经济社会发展服务，就改革农村公路管理养护体制提出改革方案
15	2009-07-01	民用机场管理条例	国务院令第553号	国务院	民航	为了规范民用机场的建设与管理，积极、稳步推进民用机场发展，保障民用机场安全和有序运营，维护有关当事人的合法权益，依据《中华人民共和国民用航空法》，制定本条例
16	2012-07-08	国务院关于促进民航业发展的若干意见	国发〔2012〕24号	国务院	民航	全面贯彻《民用机场管理条例》，深化机场管理体制改革，进一步明确地方政府在机场发展中的主体责任和相关职能

续表

序号	时间	文件名	文号	发布单位	类别	主要内容
17	2012-09-26 2016-02-06（修订） 2017-03-01（修订）	国内水路运输管理条例	国务院令第625号	国务院	水路	为了规范国内水路运输经营行为，维护国内水路运输市场秩序，保障国内水路运输安全，促进国内水路运输业健康发展，制定本条例
18	2012-12-29	国务院关于城市优先发展公共交通的指导意见	国发〔2012〕64号	国务院	城市交通	因地制宜，根据城市功能定位、发展条件和交通需求等特点，科学确定公共交通发展目标和发展模式。明确城市公共交通的主导方式，选择合理的建设实施方案，建立适宜的运行管理机制，配套相应的政策保障措施
19	2013-03-10	国务院机构改革和职能转变方案	无	国务院	铁路	实行铁路政企分开。将铁道部拟订铁路发展规划和政策的行政职责划入交通运输部。组建国家铁路局，由交通运输部管理，承担铁道部的其他行政职责。组建中国铁路总公司，承担铁道部的企业职责。不再保留铁道部
20	2013-12-31	铁路安全管理条例	国务院令第639号	国务院	铁路	为了加强铁路安全管理，保障铁路运输安全和畅通，保护人身安全和财产安全，制定本条例
21	2016-02-06	国际海运条例	国务院令第666号	国务院	水路	为了规范国际海上运输活动，保护公平竞争，维护国际海上运输市场秩序，保障国际海上运输各方当事人的合法权益，制定本条例

续表

序号	时间	文件名	文号	发布单位	类别	主要内容
22	2018-03-02	快递暂行条例	国务院令第697号	国务院	邮政	为促进快递业健康发展，保障快递安全，保护快递用户合法权益，加强对快递业的监督管理，根据《中华人民共和国邮政法》和其他有关法律，制定本条例
23	2018-03-17	深化党和国家机构改革方案	无	国务院	水路	将农业农村部的渔船检验和监督管理职责划入交通运输部
24	2018-07-25	国务院办公厅关于同意建立交通运输新业态协同监管部际联席会议制度的函	国办函〔2018〕45号	国务院	交通新业态	为加强交通运输新业态监管、形成工作合力，促进行业持续稳定健康发展，建立交通运输新业态协同监管部际联席会议制度。完善涉及交通运输领域新业态的法律法规体系，建立健全多部门协同监管机制，加强舆论引导和形势研判，提高行业治理和应急处置能力，促进行业持续稳定健康发展

第十篇

交通强国

执笔人：宿凤鸣

第三十章

交通强国愿景

未来30年，为打造交通强国，实现交通运输现代化，必须变“单兵突进”为系统推进的模式和路径，通过基础设施、技术装备、运输服务三大构成要素协同联动，打造快速通达的基础设施网络、创新先进智能的技术设备、优化高质流畅的交通服务，深度具象至城市、广度拓展到全球，并形成能够为世界交通文明提供特色范本的制度体系，聚焦落实低碳、智慧、共享等理念，通过交通运输供给侧结构性改革，加快交通运输系统向综合运输和综合发展的方向转型升级，支撑经济社会更优质发展。

第一节　快速通达：基础设施网络优化

现代高质量的交通基础设施是交通强国的标志和载体。30年后，作为交通强国，我国将建成全面覆盖国土、多层次、多功能的交通运输基础设施网络，推动区域协同发展、城市群完善发育，塑造要素有序自由流动、主体功能约束有效、基本公共服务均等、资源环境可承载的区域协调发展新格局。按照既有规划和人均交通基础设施资本保有量，我国交通基础设施投资建设仍处于快速增长阶段，为适应交通强国建设要求和提高发展质量，需要对既有规划的执行进行质量适应性、功能针对性和空间差异性调整，将基础设施整体纳入高质量发展的轨道。从打通主通道、主骨架向进一步优化基础设施网络布局、更好发挥设施功能转变，增加高速铁路、高速公路、航空等快速交通方式的比重，建设用于更高速的新型交通方式的基础设施，加快提升整体网络基底技术标准、质量水平等建设改造维护工作，明确具有综合性、整体性和区域与方式差别性的基础设施升级新任务，强化交通基础设施的绿色、智慧、安全等特征。

一、铁路建设唱响时代发展主旋律

一是重大干线运输走廊的建设，进一步加强中西部地区同东部地区，尤其是与环渤海、长三角、珠三角等经济发达地区之间的交通联系，建设中西部与东部地区对角连接新通道，沟通西南至华北地区、西北至东南地区，优化完善西部地区南北大通道，建设跨渤海通道形成东北与华东地区的直线联系通道，东部城市群间运输大通道进一步加密和提升等级，视技术成熟度，选择大密度城际群际通道建设高速磁悬浮客运干线，环渤海地区、长三角和珠三角城市群的主要大城市之间实现 12 小时的“商务 + 往返”。同时，在既有通道和网络基础上，进行运输走廊归并梳理，在功能上满足集装箱多式联运、驼背运输、零担集散、大宗集约等多种体现铁路运输降本增效特点的设施需求，推动高容量交通方式使用及物流车道网扩展，增加相应的运行班次，提升货运走廊的服务能力，形成大能力的铁路货运核心网络，降低货主成本及环境等方面的社会成本。

二是满足城市、城市群通勤需求的大运量客运网络建设，满足新型城镇化提速所产生的超级运输需求。以城际铁路和高速公路拉开城市群空间骨架，支撑 1~2 小时经济圈的实现。2035 年形成长江三角洲、珠江三角洲、京津冀城市群、长江中游城市群、成渝城市群城际铁路骨干网络，有效支撑都市圈通勤同城化。到 2050 年基本建成 1000 万以上人口城市群城际铁路网络，形成城市群复合交通走廊，实现大型城市群的空间结构由“点轴式”向“网络式”转变，加强节点城市与周边辐射地区之间的快速通道和干线网络建设，实现交通运输网络功能由单中心放射型向多枢纽互联型转变，形成对周边地区具有辐射和带动作用的战略新高地。

三是满足运输组织提质增效的关键抓手即铁路运输枢纽系统合理布局和建设的发展需要。铁路发展质量的提升必须围绕规模、效率提升的方向进行，形成运输组织通道化、网络化功能提升导向下的质量提升新路径。

二、公路建设走好现代化“最后一千米”

“贷款修路、收费还贷”开启了我国公路基础设施快速发展的闸门，成为基础设施建设改革开放的排头兵。40 年来，更大的自主权和较为充裕的资金来源，维系了地方政府修建公路的热情，形成了较为完整的公路骨干网络，也使得公路在交通强国建设中更接近最终目标。公路建设的“最后一千米”充分显现了发展的关键所在，美丽乡村、公平发展、宜居城市将是公路发展的“最后一千米”，要以功能定标准、定配套，建设适用、便利、高效的现代化公路体系。

一是县乡村级道路建设问题。农村公路在承担农村生活与农业生产功能的同时，事实上还承担着农村工业发展的需要。按照“四好公路”要求，为落实乡村振兴战略进行空间布局、质量保证、维护保障等方面的统筹优化，成为“最后一千米”攻坚方向。尤其对于扶贫开发、资源开采和旅游开发等有重要作用的县乡公路应达到二级及以上，建制村通等级公路，口岸公路、红色旅游公路等建设需进一步强化，50 户以上自然村 99% 通等级公路，家家户户通生活公路。

二是城市、城市群、城乡之间，以及发达地区与后发地区基础设施发展水平差异的弥补，不单纯是个技术问题，更是对现代化发展下的城镇化、产业布局、经济交流关系等的系统认知的过程，从优化发展节奏与设施布局差异两方面组合入手，方能从理论和实践上真正解决这些问题。30 年后，高速公路系统将 10 万人口以上的城市连接在一起，普通国道覆盖所有县城，并形成完整的全国性货车专用公路网络。

三是城市道路的功能指向和优化方向问题，为真正促进城市交通低碳绿色发展，不但要处理好城市道路与轨道等其他交通基础设施之间的分工配合，还应推动以功能而非分级定义城市道路，更为关注体现路网可达性的线密度，而非小汽车纵横驰骋的面积密度问题。还要加快推进各城市群“双环＋放射”状高速公路路网建设，扩大主要城际公路走廊能力，在大中城市环线实现公路的客货分离。

三、港口需要完成艰巨的功能延伸和提质增效

港口也属于较早向社会资本开放的基础设施建设领域，整体覆盖度、规模等都颇为可观，2017年全国规模以上港口完成货物吞吐量达126亿吨。我国港口产能过剩已经不是一个新话题，港口行业大而不强、盈利下降、同质化严重等问题也日益凸显。在累累过剩、累累不足的循环中，中央和地方政府在港口的发展上犹豫徘徊。按照高质量发展要求，与其将精力放在并不能很好解决的是否过剩、港口分工问题上，不如把发展的主动权交给市场，政府严控岸线、海洋等资源，让已经具有巨大规模的港口开展基于效率、效益、质量的竞争，打造各具特色、错位发展、服务竞争为主体的港口体系，更好发展港口枢纽经济，建设复合型基础设施，而不是仅仅局限于港口单一建设。

一是提升港口生产效率。针对港口主要服务对象的特征，进一步优化完善港口集疏运及其智能化自动化水平，加快发展港口与铁路的大宗物资、集装箱等的联运，实现铁路直接延伸到泊位，或依托港口前沿的运输枢纽设施，高效组织运输服务，提升港口运输组织和辐射效能带动的整体生产效率。尤其在内需扮演拉动经济增长重要角色的背景下，港口货流和服务方向将发生转向，港口由出口贸易衔接地向进口资源加工和分拨中心转型应当引起各个港口足够的重视。

二是依托港口拓展供应链掌控能力。这不仅仅是港口自身的发展问题，更是港口枢纽经济发展的问题，应转变各领域孤立发展思维，依托港口发展仓储等配套的物流设施，布局相关产业，提供贸易、金融等服

务，打造平台经济，提升我国港口对国际国内供应链的全程掌控能力。大力建设以全球货物贸易集散中心、综合物流服务基地和金融服务基站等为主要特征的第四代港口。加快具有多式联运功能的货运枢纽型物流园区、集装箱作业中心、快递分拨中心、国际陆港等设施的建设，引导传统运输枢纽场站加快转型升级；加强货运枢纽与经济开发区、产业园区的衔接，依托大型机场、港口、铁路枢纽建设，促进临空、临港、临站经济发展。

四、机场建设要嵌入高质量产业布局发展链条

在高质量发展要求下，我国产业竞争愈发强调产业链和供应链的连通性、高效性和灵活性，而机场恰能顺应各类商务活动快捷性和商品流通的高效全球化网络趋势，并具备提供相应服务的优势，航空业务同其他产业之间的关联度将不断增强。

为加快提升机场建设在经济发展链条、产业布局与供应链服务中的地位与作用，机场建设在强调自身运输功能的同时，应大力发展机场内和周边影响区域的相关产业。一方面要加快依赖航空客流的商业、展览等的发展，另一方面要加强布局依赖航空货运的相关制造、物流等产业，鼓励快递物流企业、航空公司等各类企业投资建设和运营专业化货运机场，打造具有综合竞争力的航空物流枢纽。同时，应更加注重强化机场与所在城市和周边城市的交通、经济联系，以既有城市能量带动航空产业集聚区、航空物流枢纽、航空枢纽经济发展，同时进行反向带动，加快现代航空都市区的培育发展。

五、管道建设要适应增量高效发展需求

与美国、日本等发达国家相比较，我国管道运输发展明显较为滞后，甚至在油品运输中都不占据绝对主导地位，我国潜在的需求和交通强国建设的要求，迫切需要加快管道运输发展速度。

目前我国 96% 以上的陆上长输油气管道为中石油和中石化两大集

团所有。省管网和城市燃气管网问题较为复杂，发展水平更不尽如人意。管网投资主体构成复杂，既有地方政府独资的省管网公司，也有地方政府与央企合资的省管网公司，还有一些民资和外资的介入，它们通过与地方政府达成一致，获得支线管道的建设运营权。中石油等央企并没有完全放弃支干线的规划和建设，多以“一线一议”方式进行投资建设，民营资本和地方能否参股、参股多少，需要有关方面协商达成一致。小型的城市燃气管网由取得各个城市或乡镇燃气专营权的燃气运营商投资，由于管道建设在地下的特殊性，掌握的资产情况相对不够清晰。

要发展管道运输以及正在兴起的地下管廊，关键在于统筹规划和加大投资，拓宽投融资渠道，由于其技术性较强，要加快发展，前提是在国家层面形成发展统筹共识，并加大管道、管廊市场开放力度。尤其是省管网和城市燃气管网，应进一步向社会资本开放，强化政府、国有资本、社会资本的合作，加大研发投入，突破技术“瓶颈”，推动网运分离。

六、枢纽建设要突破体制机制“瓶颈”制约

枢纽建设是综合运输体系方式间、线路间衔接转换的重要设施，是提高运输服务运作和方式衔接效率的关键所在，某种程度而言，枢纽不仅仅是设施更是体制机制适应性的晴雨表。当前，各种运输方式的干线网络基本形成后，通过技术标准、管理标准和投融资创新，优化提升客货运输枢纽服务能力，使其在新的基础设施网络规划布局和建设中发挥引领、串接、提质作用，是实现交通运输基础设施高质量协同发展、推进交通强国建设的关键环节。

优化枢纽布局和提升枢纽建设水平的技术难度并不大，关键的问题在于体制机制制约，是具体设计、管理理念、治理能力等的不适应。枢纽场站的设计建设、线路衔接等多从方便单一运输方式管理的角度出发，对出行需求的“一贯性”“全程性”关注不到位，为实现高质量发展，需要尽快打破体制机制约束，实现多种运输方式的通力合作。

七、基础设施应提升安全绿色智慧等特征

一是建设更加安全的交通基础设施。根据经济社会发展要求，形成国家战略层面的交通运输安全规划及具体计划。对公路、铁路等路线设计，更注重路线与地形环境的配合和协调，设置合理的线网密度、线位、线型和特殊交通功能线路，根据安全需求进行设施配套，追求实际行驶车速相对平稳等，以克服超速等危险现象，减少交通事故，并保护生态环境和道路景观。提高交通基础设施的设计、建设和维护的安全标准，对技术、材料、工具、设备、程序、规格、方法等进行全方位的安全改进，应用创新做法，开发使用大量先进安全设备，从技术上消除安全隐患。加强对危险路段的检测防护、改造、警示等，强化相应的信息掌控。

二是推动绿色交通基础设施建设。考虑环境承载力和资源能源消耗，灵活确定布局、规模、建设标准等，推进土地、岸线等资源的合理、有序和共同利用，推进水运、铁路、公共交通等低能耗交通方式的发展。尤其生态脆弱地区应适当控制通行能力，资源枯竭、产业衰退、生态严重退化等地区改造既有货运基础设施，开发旅游资源，支持产业转型等。

三是提升交通基础设施智能化水平和技术等级。打造新型立体化交通基础设施网络，包括浮动隧道、蜂巢状公路、都市地下货运系统等。超大型桥梁隧道、高寒、高原地区基础设施工程、填海造岛工程、跨海跨洋通道等过去无法实现的超级工程将成为现实。

第二节　先进智能：交通技术装备创新

未来 30 年，我国交通运输领域的技术将达到世界领先地位，新技术的应用将体现于载运工具等硬件，更将体现于信息系统等软件。要加大技术装备研发财力、物力、人力投入，对企业技术创新投入的支持力度需要进一步强化。充分发挥企业家、科研人员与社会资本的合力，促进技术与相关市场规制、金融等协同发展，以尽快推动先进技术的实际

应用。

一、突破关键技术装备

未来在汽车、飞机和船舶等领域，我国都需要形成整套的开发流程规范及相关标准的数据库，使系统集成技术得到极大提升；同时，我国的交通大数据技术、智能化交通控制等技术也将得到长足进步，中国逐渐建立自有标准体系，并进一步提升在世界上的技术话语权。

*轨道交通和船舶等载运装备。*21世纪初，我国作为世界上最大的高速铁路市场，以整体市场成功换来了技术创新，经过多年消化、吸收、提升，以高铁为代表的轨道交通技术在世界上居于领先地位。就船舶等水上载运装备而言，我国的造船能力在世界上也处于中上水平，需要在高端设备上多下功夫。目前，在进一步完善提升轨道交通系统技术的同时，还应积极储备时速400公里以上轮轨和600公里以上磁悬浮的技术力量。日本已经在2016年10月开工建设东海铁路公司（JR东海）磁悬浮中央新干线，最高时速500公里，40分钟即可连接日本东部地区和名古屋、大阪等关西地区，计划2027年开通。美国新创公司Hyperloop One已经在户外测试超级高铁。到2050年，我国可能构建串联京津冀、山东半岛、长三角、珠三角的超级高铁示范线，甚至有可能主导建造洲际联通线。

*传统燃油汽车和新能源汽车、无人驾驶汽车。*我国汽车技术与世界先进水平相比还有明显差距，自动变速器技术、整车集成优化能力等都有待提升，核心创新能力有限。除了传统燃油汽车外，新能源汽车的发展也并不占优，尽管发展较为迅速，市场占有率不断提升，但仍然面临电池能量密度与成本、充电桩普及率、充电速度等方面的发展瓶颈。自动驾驶汽车是未来汽车发展的另一个重要方向，是汽车产业与人工智能、物联网、高性能计算等新一代信息技术深度融合的产物。就目前情况来看，我国在这些方面也并不具备明显竞争优势。为此，不但要加大研发投入力度，还要推动出台能够促进交通新技术应用的标准规范，提供良好法治环境和配套基础设施系统等。例如，无人驾驶技术的市场化

应用需要配套建设相应的基础设施，出台新的道路交通法，从进入规则、责任认定等多方面进行明确，城市全域自动驾驶既需要车辆本身的智能化技术，更依赖于智能交通基础设施、数字化城市的支撑。这些问题解决了，技术产品才有应用的空间。到2050年，电动汽车、混合动力汽车和小型、轻量化乘用车，节能环保型船舶、铁路机车车辆、民用航空器、港站设备等得到大面积推广应用，传统燃料汽车将大量退出城市，交通运输领域使用的电力来源也将进一步清洁化。

大飞机。大飞机一直以来是我国发展的短板，国家下了大力气进行科技攻坚，但仍未达到世界前列。美国的飞机研制能力依靠军民互相促进，军方飞机发挥技术方向引领作用，民用飞机也为军方飞机发展积累了丰富的经验。我国的军民融合发展还有较大不足，应正视军民融合在促进技术创新中的重要性。政府促进相关市场环境的优化，合理加快军用技术解密流转速度，助推资本投入，实现军用技术产业化和市场化；同时也应扩大军方购买市场技术服务的规模，还应关注市场的扩大，为大飞机技术进步提供更多实践经验。未来，世界洲际航线也有可能主要由超音速客机执行飞行任务，应关注此方面技术积累。

二、引领运输服务创新

全面建立市场促技术的发展模式。在我国已经具备的强大制造业、交通运输装备研发、生产能力的基础上，以高质量、大规模的市场需求为支撑，将改革开放以来形成的市场换技术转变为市场促技术，通过创新技术研发、投融资、市场对接模式，探索出一条具有中国特色的大需求市场促进交通运输技术装备创新的路径，为交通强国建设提供强大的动力源泉。

以信息技术为引领实现技术装备与服务的高效融合、快速发展。充分发挥互联网、大数据、云计算、物联网等技术与运输服务、技术装备结合产生的能量，聚集客流、物流、信息流、资金流形成服务规模，将交通运输装备研发生产嵌入信息服务网络，打造平台型制造—服务新模式，加快交通技术装备的技术突破及市场应用步伐，最终促进和引领运输服务创新。

第三节　高质流畅：交通服务质量提升

优质高效的运输服务是交通强国的直观体现，是人民幸福感、获得感的重要源泉。我国运输服务基于优质基础设施和创新技术装备的更新迭代，对运输服务的组织模式、水平、价值理念等方面提出了更高要求。为打造交通强国，要不断提升运输服务的覆盖面、效率、可靠性等，还应切实提升运输服务的舒适度、便捷性、经济性，使运输服务明显区别于满足基本需求的状态，加快运输服务的现代化进程。

一、提升铁路服务能力

高质量供求关系的形成和市场的不断扩大，为我国铁路服务能力的提升创造了契机。高铁成网之前，尽管我国铁路的运输组织效率是非常高的，但能力供不应求使得服务不能满足客户需求。高铁成网之后，铁路客运服务水平提升较快，货运改革促进了“开门办铁路”的服务，铁路货运服务水平也有所提高。面对交通强国的建设任务，铁路运输服务如何与时代脉搏一起跳动，需要解决的问题除了基础设施能力外，更重要的是提供市场所需要的服务。经济现代化、新型城镇化对运输服务的需求是多样化、高效率的，铁路运输服务组织自身又具有成组化、跨区域点对点等特征，要实现运输服务的迭代，既需要一般意义上的引入多样化市场运营主体，加快价格机制改革，更需要实现信息技术和服务平台下客货服务组织模式创新，提高整、零需求之间的高效转换与铁路组织特征之间的融合匹配，加快服务能力建设，提高服务质量。

二、加快公路市场细分

公路门到门运输服务的灵活性和单车生产的小规模性，决定了其运输服务效率的提升、成本的下降难以得到规模经济支撑。公路运输实现运输服务迭代和质量提升的关键，是寻求规模经济的发展路径。现代公路运输服务的网络化和运输服务市场的细分化为公路服务提升带来了机遇，尤其是互联网技术应用形成的“车—货”“车—人”匹配环境，价值运输场站节点系统构建形成的网络化运输资源，为运输服务细分市场在枢纽节点的有机对接创造了条件。

未来公路运输服务创新、提质发展的方向是构建强大的线上线下互动的运输服务网络，加强公路运输内部的市场细分并与铁路、水运等运输方式进行有机衔接，实现基于节点设施物理网络和信息服务平台网络的规模经济，以规模经济保障运输服务向现代化方向提质发展。

三、提升水运服务价值

与其他运输方式比较，水运最大的优势是价格低，劣势是应用场所局限、速度慢，无法满足运输的“门到门”需要。提升水运服务质量的关键在于优化水运与公路、铁路的配合，尤其是发展铁水联运，在保持水运价格优势的同时，优化组合效率，提升全程速度，提升水运服务市场价值。在港口物流枢纽建设基础上，打破方式间的服务衔接约束，形成联运合力。

四、提高航空国际水平

民航服务的短板主要在于国际市场竞争力不强、占市场份额较低。大型网络运输服务运营商需要靠规模经济方能在国际上更具竞争优势，国际上的发展大势是向寡头垄断方向演进。为提高国际竞争力，应培育国际化、竞争力强的航空公司，延伸航空运输服务链条，提升国际供应链、旅游链的控制力。放宽市场准入，鼓励非公有资本发展“小而美”公司，对国有企业提供服务进行有效补充。

五、创新服务业态模式

在互联网迅猛发展的今天，“交通 +”成为服务发展的大方向，抓住机遇，加快促进运输服务业态和模式创新，为交通强国提供创新动力。未来应以服务链条和价值增值为基本方向，培育“全出行链”和“全供应链”，实现运输服务与信息、物流、仓储、商贸、金融、保险、农业、制造、旅游、餐饮、休闲、军事等融合发展，捕捉、激发客户消费新需求，通过提供“一站式”解决方案，形成新型的运输服务生态圈，支撑新型产业体系的形成。

客运方面　将基于人的价值，创新“全程管家”客运服务模式，以高精尖技术完成高质量、个性化、一站式的服务闭环，提升旅客全出行链的体验。

一是优化联程联运组织，以城市中的铁路综合客运枢纽为重点抓手，优化枢纽布局和场站设计，加强长途、城际、市郊等各类铁路与城市轨道交通、地面公共交通等多种交通方式的线路组织衔接，配套构建多方式间相互契合的运行方案，实现旅客联运在时间安排上的“无缝衔接”“随到随走”。还要以机场为重要节点，实现轨道交通网络与区域机场体系的衔接联动，有效发挥高速铁路和航空交通的“双高”优势，并应用下一代飞机导航系统等先进技术提高机场使用效率。

二是打造“出行即服务”的联运经营人平台，以“一站式”服务将旅客从自行组织出行的工作中解放出来，并提升旅客对出行全程的掌控能力。

三是依托大数据、互联网，支持运输企业与餐饮、健身、酒店、商业等服务型企业开展合作，发展交通出行过程中的综合服务，提升“移动新时空”的服务质量，在满足旅客位移需求的同时，使旅客出行体验更加美好，除交通功能之外，还将具备办公、休闲、娱乐、消费等多重属性，强调出行中的美感、舒适感以及其他精神层面的享受。

货运方面　应围绕全链条、大平台、一体化的发展方向，将运输链、物流链、供应链和产业链上下游各主体及其生产和交易组织进行高效衔接和一体化运作，积极培育优质的运输企业，提供全供应链的“一单式”

货运服务。

一是培育旗舰领军企业，形成若干全国性或大区域性的多式联运经营人，包括航运物流商、铁路联运商、快递物流商等，承担全程运输任务，做强服务品牌，引领行业发展前沿和全球化服务标准，建成货运物流服务的大平台，提供“定制化”货运服务，实现货运物流的全链条一体化发展、一单式的世界一流服务。

二是构建复合模式和新型业态的点到点物流系统，提升全程货运物流服务的效率，实现货运物流行业与制造业、商贸流通业、农业、金融等相关行业甚至军事领域的高度协同融合发展，适应和改造全球生产贸易体系，打造全球物流和供应链体系，提升中国在全球价值链中的地位，提升全球连接、全球服务、全球解决方案的能力。

第四节　诗意栖居：城市高质生长支撑

随着城市化的推进，我国大部分人口将聚居于城市，城市成为人民最能享受国家经济社会财富之地，也将是人民日益增长的美好生活需要和不平衡不充分的发展之间的矛盾最为集中之地。2050 年，大都市圈将进一步强化作为我国人口与经济增长中心的地位。我国现在的超大城市主要有北上广深，未来将形成 10~20 个国家中心城市，成为世界城市体系中的“塔尖”城市，打造 3 个以上世界级枢纽；城市发展仍将基于现有形态，但也有可能出现新的形态，不仅满足城市人口、经济等要素集聚的要求，也进一步满足人类亲近自然、追求自由、崇尚文化的本源需求，城市高密度居住区发展和城市中心绿化相结合。届时，城市交通将能够更好保障公民的“诗意栖居”，有效解决交通拥堵、污染问题，以交通正义实现城市空间正义，回归日常生活需求、公平分配财富与空间资源，提升城市的弹性、韧性与多样性，使人们享受更美好、更健康的城市生活。

一、依托交通优化城市形态

从目前的发展规律看，城市人口、产业等将进一步集聚，而密度过高、规模过大的交通流量可能降低城市系统运行效率，因此需要以城市交通网络引导优化城市形态以消减城市交通需求的负面影响。配套内密外疏、立体多样的城市交通网络，打造中国特色的组合型田园城市，形成功能协作、交通同城化、生态共享化、服务均等化、容量弹性化、边界法定化、本地零碳化等空间范式，有效平衡交通需求和交通供给的时空分布。提升城市中心区的立体密度，实现生态友好型的高密度生存与发展，结合大幅进步的互联网、通信等新技术，促进城市中心区的交通需求向离心化、垂直化等方向转变，助推人均出行次数继续增长的客运需求平峰化、非生产化，减弱时空集聚特征。助推城市货运强化服务第三产业、生活类物流的特征，向外转移产生较大生产性货运需求的产业。

二、促进城乡交通一体发展

2050 年，将以交通运输系统为重要依托打破城乡二元化格局，大都市圈实现无差体验的全域“泛城市交通”，城市群内实现中心城市、小城镇、农村协调互动发展，交通均等化水平得到极大提高。加强小城镇与交通干线、交通枢纽城市的连接，提高中小城市和小城镇公路技术等级、通行能力和铁路覆盖率，向农村拓展中小城市和小城镇交通基础设施网络，推动城镇公共交通服务向市郊、农村延伸，扩大城市对乡村地区的辐射带动作用，并分散城市人口和交通压力。依托不同地区的人口密度配置交通运输基础设施硬件，以针对性服务供给弥合交通体验的不同，例如共享交通、需求响应交通等，使“泛城市交通”有长短之分，无城乡之别；有功能之分，无层级之别，使人民的体验感受进一步无差别化。

三、推动基础设施多元发展

一是合理发展地铁、轻轨、市郊铁路等轨道交通建设。根据需要持续进行扩大和更新，并结合地下管廊的建设布置线路；区域内重要铁路车站与地铁站基本在同一站点，且各站点配有公共汽车站和停车场，形成以轨道交通枢纽为核心的多元交通方式换乘接驳一体化系统，实现线路、车站工程与周边土地综合开发的协调发展，引导城市空间布局调整。

二是建设立体化、蜂巢状、自动化的全新城市道路网络。在对城市道路提高密度和提升质量的同时，进一步对道路进行细化设计和改造更新，通过改扩建道路、立交桥和新建连接道路、绕城公路等方式畅通人口密集区域出入口、干线公路与城市道路衔接路段，实现公路全图无堵点顺畅成网。优化路权分配，形成以社会资本投资为主的停车场系统，提高城市空间资源的利用效率。提高城市道路立体化程度，打造地下公路，例如瑞典马尔默的林德堡居住区的人车分流“双层城市”，东京都城铁环线“山手线”地下的高速公路等。

借助传感器、光学装置和嵌入式处理器等设备，孵化出全新的城市道路系统，例如自动驾驶车道、利用太阳能发电的公路、通过车路互联在行驶中为新能源汽车进行充电的道路等。通过车路协同实现海量信息的采集，将各种信息传输汇聚到中央处理器，计算出不同车辆的最佳路线、安排信号灯周期，每辆汽车随时自动向交通管理系统发送请求并接收指令。

三是建设城市地下物流系统。打造连接城市各需求终端的高度智能化地下管廊物流运输网络，完成货物的运输、存储和配送等功能。例如德国从 1998 年开始，计划在鲁尔区修建一条从科隆到多特蒙德、长约 80 千米的地下管内轨道货运系统（Cargo Cap 系统）。

同时，还将发展个人快速换乘（PRT）、先进的群体快速换乘（AGRP）等先进交通方式；空中资源也将得到进一步开发，主要是私人飞行交通为主。

四、优化宜居城市交通服务

一是提升公共交通出行体验。提高公共交通运输能力，加快形成布局合理、换乘便捷、舒适可靠的城市公共客运系统，服务城区、郊区、都市圈的通勤、旅游等生产生活性出行需求。发展商务快线、旅游专线、大站快车、社区接驳公交、高峰通勤班车和需求响应交通等多样化特色公共交通服务，发展其他技术先进的公共交通和准公共交通。构建具备赏景、休闲等功能的体验公交系统，例如将具备条件的郊野铁路改造为旅游铁路，将城市休闲客流运送至郊区步道系统，整合文化资源，带动休闲需求，引入旅游消费。

二是优化城市慢行服务能力。应用“完整街道”等新土地利用理念，基于“小街区”和混合使用的区划，设计适宜步行的街道和人行尺度的街区。推动实现慢行交通与机动化交通的高度隔离与完美配合，构建高速行人传输带、天空单车道等，拓展交通空间尤其是慢行交通空间的其他城市功能，包括社会交往场所功能、城市公园功能等。

三是发展共享交通。创新管理体制机制，鼓励交通运输领域共享经济发展，打造“出行即服务”平台，整合各种交通出行服务，提高运输工具利用率，降低静态交通压力。推动交通供给的自组织、平台化，实现从个人拥有出行工具到将出行作为服务进行消费的转变，进一步降低私人交通工具比例。随着自动驾驶、互联网汽车技术的推广，探索供给无人驾驶小汽车等共享交通工具，远期推广种类更加齐全的无人驾驶共享交通工具，实现基于移动终端的交通工具实时预约。

四是降低城市物流对城市交通的影响。推进城市共同配送发展，改进城市货运与车辆通行管理等相关制度，重视公用型城市配送节点建设。规范化城市快递服务，加大资金投入，推动城市配送车辆向标准化、清洁化和专业化发展，鼓励共同配送和夜间配送，实现城市物流配送零碳排放。远期依托地下货运系统的建设，彻底实现客货分流。

五是提升城市交通无障碍程度。提高为老龄人群、残障人士和低收入人群提供的交通基本公共服务水平，使弱势群体的交通可达性接近普通人群。实现对城市交通环境的全面无障碍化改造。以大中城市为重点先行一步，进一步完善和落实相关规范标准，逐步形成系统化、网络化和连续性的无障碍化交通基础设施，尤其是步行网络和公共交通网络。将各项规范依法纳入城市规划、设计、建设、验收和管理等审核内容，切实保障标准规范的监督落实，对交通基础设施、运力等方面的无障碍设施的建设、维护等进行严格的定期检查，并真正从生理性弱势群体的角度出发处理基础设施设计、管理等细节。推动经济适用交通服务覆盖更广收入水平的人群；通过需求响应、自动驾驶等交通模式改进、交通技术创新，为老龄、残障等弱势群体提供接近普通人群的交通可达性。

第五节　互联互通：全球格局主动拓展

2050 年，中国有望成为世界经济重心、全球贸易中心，为此，需推动构建我国面向全球的“联通七大洲四大洋”的交通运输体系，打造以中国为核心的网络，重塑世界的交通发展秩序，重现我国在全球的交通中心价值与地位，共筑全球生产、生活链条，促进“中国全球化”。

一是“一带一路”交通互联互通和沿线国家其他交通基础设施建设，要与沿线国家产业合作相配合，互为前提进行交通基础设施规划和投资建设，以便以产业合作发展带动和支撑基础设施建设“走出去”，降低基础设施单兵突进的风险。

二是国有企业需要发挥领头羊作用并打造“走出去”的组织平台，与我国政府积极配合、与沿线国家多方协商，促进完善交通基础设施、国际产能合作联动的相关投融资机制，不断积累经验、优化联动发展环境，提高“一带一路”交通互联互通发展水平与质量。并广泛参与境外铁路、公路、桥梁、港口、机场等基础设施的设计、咨询、建设和运营，加强设备和服务“走出去”，并推动相关企业向资本输出、标准化输出、技术输出、管理输出转变。

一、建成泛亚陆上交通网络

到 2050 年我国将重组区域、洲际网络，形成强大的“陆相”交通运输系统。为此，需推动形成较为完善的泛亚交通网，实现东北亚、东南亚、中亚、西亚、北非的陆路连接。依托陆上交通运输网络，密切与全球其他国家特别是周边国家的合作。积极推进中蒙俄、新亚欧大陆桥、中国—中亚—西亚、中国—中南半岛、中巴、孟中印缅等六大经济走廊建设。通过以上国际大通道建设，构建起联通世界的全球交通网络，奠定我国联通东西、沟通南北的世界交通网。

中蒙俄国际通道。本通道主要走向是第一亚欧陆桥通道，目前已实现全线贯通。从远期来看，该通道还可能纵越亚洲大陆打通与北冰洋航线的连接。

新亚欧陆桥国际通道。从新疆的阿拉山口北上，途经哈萨克斯坦、俄罗斯、白俄罗斯、波兰、德国、法国，至英国伦敦。未来可以与连接匈牙利、塞尔维亚、马其顿、希腊四国的中欧陆海快线对接，抵达“欧洲南大门”——希腊比雷埃夫斯港。该通道还可能建成连接中俄的欧亚高铁，成为贯通欧亚的主干大通道。

中国—中亚—西亚国际通道。该国际通道与古老的“丝绸之路”重合，起点是乌鲁木齐，经由吉尔吉斯斯坦、哈萨克斯坦、乌兹别克斯坦、土库曼斯坦、伊朗、土耳其等国家，最终到达德国。这一贯通欧亚的便捷大通道，将助推沿线国家发展的大提速，实现“丝绸之路”的复兴。

中国—中南半岛国际通道。该通道主要分东线、西线、中线，从昆明、南宁出发，连接缅甸、老挝、越南、柬埔寨、泰国，经马来西亚直抵新加坡。可大大缩短中国到新加坡的距离，并可绕过马六甲海峡，能够直连泰国、缅甸西入印度洋的出海口。该通道将中国与东南亚交通网连为一体，是泛亚交通网络的核心。

中国—印度洋中巴国际通道。中巴经济走廊是“一带一路”倡议构想中的重要组成部分，被划定为旗舰项目。除了中国至巴基斯坦瓜达尔港的公路，中巴铁路已在酝酿之中，该铁路从中国新疆喀什至巴基斯坦港口城市瓜达尔，而且中巴陆路大通道事实上还包括从瓜达尔输送往中国的油气管道建设。中巴陆路大通道可以让中国最快地由陆路入印度洋，靠近波斯湾及其沿岸石油储备丰富地区。

中国—南亚孟中印缅国际通道。该通道是我国连接南亚乃至欧洲的重要战略通道，对维护国家安全、外交安全、经济安全、能源安全，进一步扩大对外开放，深化交流合作，具有重大意义，是实现我国交通网络向南亚印度洋方向延伸的重要通道，也是构建泛亚交通网的重要组成部分。

二、强化世界航运体系地位

到2050年，我国在世界海运和民航体系中的地位将得到极大提升，更具控制能力。以我国港口为平台进行海上物流信息化合作，扩大与全球沿海国家的海运互联互通。在传统东向太平洋通道基础上，开辟直通印度洋、北冰洋的通道；谋划我国东北地区出海口建设；积极推进红海—地中海高铁建设，打造“陆上苏伊士运河”。

立足于服务我国国内强大的生产能力和消费市场，前瞻性谋划扶持全球或区域竞争力强、具有“门户”地位的海外物流枢纽，构筑和完善与周边国家互联互通的陆上交通网络和覆盖全球的海上物流网络，支撑对全球资源和市场的利用。积极加强与全球主要集装箱枢纽港的合作，积极推进与重要外贸区域核心港口的合作，积极参与国际次区域合作相关港口的开发建设，积极加强具有较好介入基础的港口的示范带动效应，并加快参与利于我国产业转移和资源引进的码头建设。加强与国际城市的密切联系，密切关注全球新兴物流集群的发展，异地建设保税物流中心。

形成强大并具有国际竞争力的远洋船队和国际航空公司，使运输服务贸易保持顺差。积极参与国际现有交通政策、金融、市场、技术、质量等领域规则制定中心的各种活动，并积极主导在五大洲四大洋新建国际交通运输组织。建成3个以上国际航运中心，在航运服务、航运金融、智慧航运等方面掌握标准、价格等话语权，具备强大的全球资源配置能力，并在交通的“全球共治”中发挥重要作用。

第六节　制度健全：交通文明特色优势

作为建设交通强国的必要内容和保障，我国需要根据自身独特国情和发展阶段，进一步优化完善交通运输治理体系，健全交通运输法律法规体系，完善综合交通运输管理体制，推动交通运输治理体系的制度化、科学化、规范化、程序化，形成具有中国特色的交通运输现代化治理体系。

一、完善交通运输法律

经济社会的发展使人民对于交通出行的权利更为看重，随着我国交通运输供给水平的提高，我们已经有实力提出“交通权”的概念。应以我国既有的《铁路法》《海商法》《民用航空法》《公路法》等分方式交通基本法为基础，通过立法明确人民的交通出行权保障。此外，交通政策导向应通过交通基本法加以确立，明确协调、绿色、开放、共享等交通运输政策的价值取向；通过立法建立系统化、权威化的交通运输公共政策程序，明确资金拨付等方面的重要问题和解决之道。在国家层面进一步提高交通运输规划的法定地位，充分发挥其对国民经济和社会发展的支撑和引导作用。明确规划的编制主体，出台相关规划管理办法，明确交通运输规划的定位、对象、内容、成果形式，规范编制、审批、评价等程序和标准要求，尤其重要的是应细化确定具体项目与资金来源。同时，还应注重在相邻的其他法律里明确交通领域的相关事项，尤其是环保类法律、公平类社会保障相关法律等。

我国现行交通运输法规体系的交通运输行政法规、行政规章多是针对不同交通运输方式的不同问题出台，数量众多，相互之间关系并不清晰，且有部分出台时间较早，已不适应新形势的发展，应加快推动系统整合。对国务院交通运输各主管部门制定的行政法规规章，包括各种实施细则、规程、规则、办法和规定等以及国务院制定或经国务院批准由交通行政主管部门发布实施的行政法规进行清理、整合，还应加快推动形成交通行为法以及相关技术标准，以调整规范交通运输市场主体和相关政府部门从事交通运输活动的行为，对其如何履行权责进行具体定义，并确立国际先进的交通运输技术与管理标准。

二、明确交通运输市场主体

在较高层次建立适应市场经济体制的交通运输法律规范，规范运输市场，确立各种交通运输市场主体资格地位，规范交通运输市场主体参与各种市场活动的权益规则，包括市场准入、退出等方面问题。同时，厘清政府与各种市场主体之间以及各个市场主体之间的关系。面对新的科技革命、新的产业革命，还应调整法律，把这些新技术、新产业以及由此衍生的新的市场主体之间的关系予以接纳，包括人与人、人与企业、企业与企业、企业与社会、企业与政府等。尤其对社会资本在交通运输领域进行投融资的准入、退出、利益保障、如何盈利、如何与政府合作等方面问题进行明确立法，吸引更多社会资本进入交通运输领域。

三、出台新形势下新型法规

未来可能形成的创新趋势主要包括自动化、互联网化、低碳化等，政府应及时出台应对新技术革命的新型行政法规。

一是无人驾驶发展趋势下，从国家层面对无人驾驶等关乎未来交通生态系统的技术研发和产业化应用做好顶层设计和科学规划。此外，尽快修订和完善适应于新交通技术的相关法律法规，包括：为无人驾驶技术的研发、测试和商业化应用提供制度保障，加快无人驾驶技术标准及法律法规等方面的前瞻性研究，推动《道路交通安全法》及其配套的法律体系的修改。推进无人驾驶汽车相关技术标准的建立和完善，积极组织开展无人驾驶汽车测试的试点工作，加快规划智能交通系统等基础配套设施，在无人驾驶汽车行业的国际标准制定上争取更多主动权。

二是互联网+交通发展趋势下，可能形成共享交通、“出行即服务”等新业态模式。未来将从交通行为法的层面制定相应法规加以规范，并对这些新出现的生产、服务模式予以支持。从全新的视角对城市交通系统进行颠覆性规划和管理，配合以相应的行政法规。

三是交通的低碳化发展趋势成为必然。在相关环境保护等法律指导的同时，出台交通运输领域相关规划编制指南，建立健全规划审批、报备、评估和修订制度，研究制定交通运输规划环境影响评价规范。同时，在交通基础设施的设计、施工、监理等技术规范中贯彻绿色循环低碳的要求。

四、优化中央地方部门协调

随着交通运输领域的重点从快速提升基础设施供给逐渐向服务相关工作转型，出行者和市场对交通部门提出了多元化的要求，交通运输部未来的第一发展定位将是成为独立的规制机关，以交通运输现代化法律体系为基础，更多强调发挥制定规则、优化技术规范、监管执行、主导协调等作用，优化完善“大部制”，推动形成各种运输方式深度融合的综合交通运输管理体制。

围绕交通运输法律规范体系，交通运输部应对基本法、授权法、行业法、相关标准等多层面的法律规则进行有效的独立监管执行。提升专业性和包容性，创新交通运输监管方式，从重点对市场主体监管向对市场行为监管改变等。进一步强化与其他部门协调合作的能力，明确与其他管理系统的责任划分，降低冲突、提升协作水平，交通运输部与财政、住建、国土、环保、公安、工信等主管部门在交通事务的行政分工上建立必要的责任制度。

明确各级政府在交通基础设施规划、建设、管理等方面的不同责任。交通运输部可作为地方监管者的监管者，对行政垄断、公平竞争给予审查，对地方政府的违法违规行为加强调查、纠正和处罚，还可以作为地方交通部门的知识传播者、辅导者和培训者，通过资金补贴等方式鼓励地方部门按照中央提倡的方向发展相关项目等；作为地方政府之间的协调者，以对话组织者的身份加强各个区域的联网，协助建立协同发展的制度框架体系和区域协调机制，推动各个区域的网络建设、规划实施，推动城市群、都市圈等发展跨行政边界的交通设施与服务。

五、发挥政府市场二者合力

政府主要发挥市场秩序确立和维护者的作用。全面清理交通运输领域妨碍统一市场和公平竞争的规定和做法，弱化、消除行政干预行为，破除地方和部门保护，依法行政，打破大集团垄断和不正当竞争，放开所有交通运输行业竞争性环节或领域，鼓励各类市场主体通过公平竞争优胜劣汰，形成较为完善的准入退出机制、各种运输方式的价格形成机制等。同时，不断完善市场监管制度，采用实时大数据等先进科技手段，构建监管信息交互平台，加强信用监管，引入三方监管，探索审慎监管有效手段。政府对相关市场主体的监管治理还应考虑提升公共服务水平，维护交通整体秩序，避免“公地悲剧”。一方面应监管市场的投放总量，考虑可能对交通基础设施等造成的压力，对相关行业门槛进行明确规定；另一方面应注重配套相关基础设施，完善对交通基础设施的使用管理，避免对其他使用者形成不合理挤压。

在构建公平竞争市场的同时，还需要认识到交通运输领域的特殊性，部分产品具有公益性或准公益性，因此，政府需要自行投入，或者通过投资、补贴、税收优惠等方式鼓励各类市场主体参与交通项目建设，或者购买公共服务、形成公益性或准公益性运输领域的政府定价补偿机制等。

交通故事集锦

一双青布鞋

老李是一名口腔科医生。三年前退休成为一名旅者，经常独自开车畅游在美丽新疆的高速公路上，看山看水看沙漠，打发时间。今年老婆也退了，便想着一起回老家待段时间。

这些天在家收拾，打算顺便带些资料给学医的小侄子。打开尘封许久的书柜，荣誉证书、资格职称、专业书籍掉一地，还有个泛黄的塑料袋。老李抄起过去拿钳子、镊子的手，扯开塑料袋，露出一双青色布鞋。它看上去比泛白的荣誉证书年龄还大，布面有裂开缝的毛边和深色的污渍，鞋底泛黄。端详良久，往事浮上心头。

40 多年前，老李还是小李，在湖南西北边陲小镇上高三。每日啃两个馒头，打发无聊的青春。有天学校来了征兵队，号召大家入伍。想着是条出路，小李便报了名。体检很顺利，也很快拿到了通知。上头说，他被派往新疆阿克苏。小李傻了。他从学校图书馆借了张中国地图，想看看阿克苏在什么位置，顺便量一下距离。从湖南老家到新疆阿克苏有 3000 多公里，每天走 40 公里需要走三个月，汽车每天跑 400 公里也得一周多。虽说小李讨厌干农活，但也不想去这么远的地方。想着以后见父母一面都难，可能错过哥哥姐姐结婚，不能给爷爷奶奶磕头送终，18 岁的小李失声痛哭。母亲也舍不得。她颤颤巍巍从鸡窝里摸出 10 个鸡蛋，拿到集市上换了两块鞋底和几块布，缝了个背包，拿了两双青布鞋，又抓了把花生和红薯，让小李带着上路。

从家到县城大约是 15 公里路程。这条路此前小李只走过两次，是入伍报名那会儿学校找来拖拉机拉大家到县医院体检。那是小李第一次坐机动车。拖拉机轰隆隆奔跑在宽阔、不平坦的路上，扬起一片黄土，小李坐在颠簸的大抽屉里，吸着拖拉机吐出的浓烟，觉得拉风极了。但这会儿没有拖拉机，得跟几个一同入伍的同学步行去县城。他们定好了半夜两点出发，走到县城正好是第二天清晨，可以赶早班去省城长沙的汽车。

湖南7月的凌晨两点，月明星稀，没有风。好在白天刚下过雨，天气不算闷。小李和王家两兄弟背着包袱，在村口的大樟树下向送行的父母道完别，便上路了。脚下的乡道大约有两个拖拉机的宽度，中间垫着黄土，两边铺着石子，地面被雨水泡得坑坑洼洼。刚走两步，脚上的新布鞋便沾满了泥巴，小李和王家兄弟赶紧把鞋脱下来拿在手上，光脚往前走。路上除了他们仨没有别人，没有车辆，回望四周，只有大树、农田和星星点点沉睡的房子，熟悉的山丘和村庄消失在朦胧的月色中，自家的小土屋早已无影无踪。小李想到了之前听的鬼故事，心里“咯噔”一下。为壮胆，他们唱起了《东方红》。歌声中，翻过大下坡，穿过河流，还路过了之前的小学。天空渐渐泛出鱼肚白，远远的传来鸡叫。小李再不害怕了，他只感到饿、脚疼。终于到了县城，小李的两只脚已经没有知觉。他们瘫坐在车站外的水洼边，捡两片树叶沾了点水来擦鞋，然后小心地把脚上的水泡一个个戳破。大家就这样坐了许久才起身，去旁边的店铺买馒头，卖馒头的大妈说这会儿是早上六点。这段经历深深刻在老李脑中，回想起来每个场景都清晰无比。当时脚上穿的正是现在塑料袋里这双青布鞋。因为被黄土弄脏，无处清洗，直到10天后到达部队营地，才拿肥皂洗了。可惜隔得太久，很多污渍都洗不掉了。

那一年，从湖南老家到新疆阿克苏，小李走了将近10天。从村口到县城车站步行三个多小时，从县城到长沙大约300公里路程坐了10个小时汽车，从长沙到乌鲁木齐坐了七天七夜火车，再从乌鲁木齐到阿克苏又坐了两天两夜汽车。县城到长沙的大巴车一路走走停停，但比起走路，小李已觉得幸福许多。他因为买了根冰棍吃闹肚子，中途下车上了两回厕所也没有被司机嫌弃。火车就更舒服了，绿皮的大箱子奔跑在广袤的平原上，窗外从苍翠的丘陵，变成金黄的水稻，而后是汹涌的长江、滔天的黄沙，以及红棕的戈壁。重要的是车上有厕所，车厢人也不多，晚上他就躺在座位上和衣而眠。只是时间太久，从长沙火车站买的报纸看了十遍，才抵达了乌鲁木齐。这一路，他穿着母亲做的裤衩、衬衣和青布鞋，风尘仆仆，买了 30 个馒头，吃光了带的花生和红薯，最后还觉得肚子饿。在营地看到床时，莫名生出亲切感。折腾至此，小李一边刷鞋一边暗下决心，一定要混出人样。

此后近十年，小李打怪升级，改写人生。1979 年恢复高考，被推荐进入新疆医科大学学习，此后转入新疆武警医院从事牙科工作，留在乌鲁木齐。白日认真工作，夜晚挑灯备考，日复一日年复一年，终于拿下各种职称。十年间，小李没有回过老家，回乡的时间和路费足以让他却步。他只是写信。从来往书信中得知，从村里到县城的路翻修了，大哥结婚了，爷爷去世了……

1987 年小李结婚，因为假期有限不能带老婆回乡。他头次邀请父母兄弟来乌鲁木齐。那会儿从村里到县城已经通了大巴车，票价 2 毛钱一个人，坐车到县城只需要一个多小时。由于火车提速，从长沙到乌鲁木齐的路程也缩短到三天三夜。哥哥们担心两周的往返时间会误了播种，于是只派父母前往。大哥送父母到长沙火车站，又斥巨资买了卧铺票。四天后，在乌鲁木齐火车站接到父母的小李激动不已，母亲更是老泪纵横。只是千里迢迢从湖南带来的腊肉、鸡蛋，经不住长时间的高温，都变质了。小李闻了闻变味的腊肉，心想什么时候可以坐飞机回家就好了。离开乌鲁木齐时，母亲收了些他们不穿的衣服带回去给乡里亲戚。收到这双布鞋时，小李有些舍不得，说想留下做个纪念。母亲回乡没多久，小李便有了女儿。女儿四岁那年，小李带着老婆孩子回去探过一次亲，那会儿公路还没通到母亲住的土屋门口，小李一家三口拎着土特产，火车转汽车加步行花了五天，一路颠簸折腾，四岁的女儿还没到奶奶家就先得了重感冒，老婆心生怨气，说了句再不愿回来，小李呵呵赔笑。女人还真是说话算话，从此探亲活动便从小李的议程中取消了。

直到 1999 年，小李父亲过世。老婆推说请不到假，小李只身一人飞往湖南。此时，小李已经成为主任医生、学科带头人，职称与体重同增，工资与白发齐飞，每日顶着肥肉和皱纹在院里散步，人称老李。回乡的机票 2100 元一个人，相当于老李两个月的工资。一咬牙，买了。顺便还带了些新鲜葡萄和蜂蜜。从乌鲁木齐经西安回长沙飞行六个多小时，坐火车从长沙回县城花四个多小时，在火车站叫的士回村半个小时，3500 公里终于实现了一日直达。半夜时分，的士奔跑在回乡的路上，月色皎洁，车轮下是宽阔平坦的沥青公路，两边大树掩映下零星有些亮灯的房屋，路上不时还有过往货车，老李想起了 21 年前坐在拖拉机大抽屉里的追风少年，想起那年自己光着脚走到县城的夜晚，不禁感叹时过境迁。丧事完毕后，老李提出带母亲回乌鲁木齐小住，老母亲不肯坐飞机，坚持要坐火车。想想三天三夜的火车，老李有些头大，好在托了各种人也没搞到火车票，才问心无愧地说服母亲一同上飞机。那一年，离第一条高铁动工还有 6 年，离 12306 订票系统上线还有 12 年，离新疆到长沙的火车全线通动车组还有 15 年，此后乌鲁木齐到长沙的火车时间压缩到 38 个小时、省城长沙到县城的动车全面通车，坐火车回去的时间终于压缩到了两天之内，费用不过千元，而母亲终究没有等到那一天。

想到这里，老李长叹一声，收起了青布鞋，打开手机上的 12306 网站，开始订票……

（执笔人：陈晓博）

从3天到3秒：时间的故事

2018年1月，北京，某天清晨，货车司机小张刚吃完早餐，就听到手机“嘀嘀嘀”的声音。他打开手机，某配货平台APP正在发布货主需求信息，他快速地浏览，并适时地抢下了一单与自己车辆匹配的、由北京发往上海的运输订单，整个下单过程在3秒钟内完成。由此，小张开始了一天繁忙的工作。通过货主事先确定的联系地址和约定时间，借助导航，他向货物所在地出发。等他到达指定位置时，货物已按照他预定到达时间及时放置在待定区域。迅速装载完货物后，货车向目的地上海出发。沿途经过若干自动的ETC收费口。行至济南，小张到达路程中段的济南某园区，加油、补水、吃饭及休息，并在休息间隙，继续查看配货平台，并抢下了某单从上海目的地附近返程至北京的运输订单。休息调整后，小张继续向上海出发，在规定时间将货物及时送达指定地点。因为按时送到，小张得到了APP平台送出的“准时险”奖励。稍事休息，小张前往下一个取货点，开始了下一段运输。

上述这种随时随地智能配货、日益完善的园区司机服务（加油、餐饮、休息、维修等）、智能导航及监控、自动的ETC服务、无缝对接的金融保险等典型的货运场景正越来越成为道路货运领域的常态。一方面，通过技术实现产业自身的转型升级；另一方面，通过高效的服务、规模化之后的低成本支撑着我国产业生产运作效率的提高和迈向全球价值链中高端。而仅仅是在40年前，这一切还无法想像。

1978 年，小张的叔叔老张想自己经营运输业务都不可能。彼时的道路货物运输还完全掌握在国有的车队，按照计划经济模式运行，缺乏市场调节作用的统一运价、统一货源、统一调度“三统”政策正限制着不断觉醒的货运需求。直到 1984 年 2 月，国务院颁布《国务院关于农民个人或联户购置机动车船和拖拉机经营运输业的若干规定》，1985 年 5 月交通部下发《关于重申积极维护城乡个体运输业合法权益的通知》，鼓励个体运输发展的政策才趋于明朗化，从而开启了道路货物运输的 1.0 时代，其核心精神是“有水大家行船，有路大家行车”，促进了道路运输行业迅速发展。

此后的近十年，个体运输业获得了蓬勃的发展，基本解决了运输供给短缺的问题。但随之而来的是鱼龙混杂、散小弱而竞争激烈的市场。许多个体企业面临找不到货的问题，规模不经济正逐步让这些小散弱个体户转行，而老张就是待转行人员之一。但发展越来越壮大的货主又得不到合适的、有保障的服务。在此背景下，出现了传化、德邦、安能等规模化、网络化发展企业，尝试全国布局。在经历了一段时间野蛮增长后，这些企业开始寻求规模效益，追求品牌化发展过程，老张得以进入德邦成为一名司机。彼时，典型的货运场景是：由公司成立专门的营销部门负责货源的收集和处理，借助信息化手段实现自有车辆和货源的匹配优化。最终通过零担或合同物流为主的运作模式承接规模化的业主需求，实现规模效益，并实现品牌建设。

这一货源向大中型运输企业集聚的态势在 2002 年又出现分离迹象。出现了以发送短信、开发网页版车货匹配系统等为主的公司，使得个体运输业主通过信息技术又可以直接对接货源，进而发展。典型的货运场景是：部分信息部依托开发的短信发送系统或网页车货匹配系统对接车源和货源，收取一定比例佣金。而有关的加油、过路过桥、保险等服务由个体户自己安排负责。司机生存状态较差。即使有了手段，相关的配货时间也每次花去司机 2.5~3 天时间。这一状态一直延续至 2013 年，出现了一批以移动互联网技术为支撑的 APP 配货平台，从而改变行业整体生态，才有了故事开头小张的事例。整个配货时间也由原来的 2.5~3 天变为 3 秒钟。

当前，互联网、移动互联网、云计算、大数据、物联网等技术正进一步整合线上线下资源，打造行业完整生态，实现规模效益和生态化发展。许许多多个小张的故事将继续上演。

（执笔人：刘文华）

两代人的远洋等待

老郑是一名远洋船员，每年都会有几个月的时间在大洋上漂泊。从小郑记事儿开始，爸爸每年都有大半年不在家。于是，每年家里都会有一个重要的日子，那是等待爸爸回家的日子。

小郑的等待一直持续了十多年，每年等待的是爸爸的礼物，和爸爸讲不完的世界各地故事，其中记忆最深的一次，是四十年前，爸爸带回一条精致的船模，那是他驰骋大洋的船舶。爸爸告诉他，这是一条世界先进的杂货船，很大很大，比他们学校的跑道还要长，可以运输一万多吨货物，可以开到大洋的任何地方。这条船模着实让小郑激动了好久，也成为他给同学普及知识的重要道具。在一次次“炫耀”中，小郑不知什么时候深深地迷上了大船，迷上了远方的大洋，虽然他还从来没有去过。

小郑的等待一直持续了十多年，直到1985年的夏天，小郑最后一次等待已经快要退休的爸爸回家一起填报高考志愿。父亲并不赞同儿子走上与自己一样的远洋人生，“你向往无边的大海，希望走遍世界角落，可是当你真的走向远洋，你会发现船上的工作很辛苦！需要每天在嘈杂的轮机舱中忍受巨大的噪音，一旦遇到持续的风浪，经验丰富的水手同样逃不掉晕船，不断的呕吐是每个船员的必修课，甚至吐到你吐不出东西，转头还要逼着自己吃饭，因为必须胃里有食物可以吐才行……”，父亲第一次把海上的种种艰辛，仔仔细细地告诉了儿子，可是儿子十多年诗和远方的梦想，岂是老郑几次长谈可以打消的，最终儿子赢了，来到一座海滨城市的远洋院校，选择了跟爸爸一样的轮机专业，走上自己的远洋人生。

转眼，儿子毕业了，进入了父亲当年的船公司，父亲退休了，回归家庭颐养天年。小郑家开启了另一个等待的轮回，一家人等待儿子每年的远洋回归。第一次回家，儿子跟父亲自豪地讲了自己的船，“现在杂货船越来越少，集装箱船已经成为远洋运输的主力，自己的座驾是一条第四代的巴拿马型集装箱船，父亲当年那条万吨轮跟自己的船相比就是小不点，可以装4000多集装箱，200多米长……”。一年年的等待中，儿子从最初的三管轮成为“老轨”，他的座驾也变化了几次。让儿子自豪的第一条集装箱船又已经成了小不点，最让父亲感到欣慰的是，儿子的轮机舱，有着很好的隔音系统，再也不用忍受当年的噪音了。

进入新世纪后，儿子的工作岗位变了，他进入了船公司的管理层，尽管下了船，但老郑家的等待仍然在继续，因为儿子的工作是在海外的网点公司，负责境外的揽货组织，每年大部分的时间还是在国外。儿子告诉父亲，比起以前开船的工作，现在的工作对船公司的价值更高，因为全球的航运网络体系构建，是这个父子俩共同为之付出的大企业成为国际上有竞争力船公司的重要基础。

再后来，儿子的工作似乎变成了做境外铁路和公路的货物运输，父亲曾经问儿子，航运公司不是管好海上运输就行了吗，你怎么干起陆上运输了？儿子的回答父亲已经不太理解了。儿子告诉父亲，现在干的事情，比起航运全球网络建设更为重要，因为我们国家的经济发展阶段变了，那么多的商品如果要获得更高的价值，就需要对它们进行全过程的物流服务，把商业渠道、物流组织、金融结算控制在我们自己企业的手中……

在等待中，父子经历了改革开放的40年。前十几年，儿子等待父亲，后二十多年，父亲在等待儿子，蕴含着两代人对航运物流事业的付出，也折射出我国航运业的不断发展，更体现着国家经济的增长与质变。其实，与老郑家一样，亿万国民何尝不是都在等待与付出，中国梦的真正实现，大概就是这种等待的最好解释。

（执笔人：陆成云）

奔跑吧，快递！

改革开放40年，我国快递业务从无到有，预计2018年将突破500亿件，每天有超过1.3亿件包裹飞驰在路上，奔向我国的城市、乡村和全球各个角落。小小的快递包裹如今承载着中国百姓生活的方方面面，从衣服鞋帽、日常用品到柴米油盐、果菜蛋奶，几乎所有的商品都能被打包进快递箱，由300万快递小哥送到千家万户。飞速发展的快递业像一面镜子，折射出我国生产流通组织模式的变革和人民生活方式的改变，催生了快递员这样一支庞大的职业队伍，并以一种全新的业态成为经济增长的新动能。

“双十一”网购的狂欢，快递的春运

清晨四点半，手机的闹钟将小王从睡梦中惊醒，他跳下床，匆匆洗了把脸，披上厚重的工服出了门。天还没有亮，初冬的晨雾笼罩着昏黄的路灯，显得格外阴冷。小王顾不得这些，他骑上送货的电动三轮车，加速驶入冷清的马路，五点之前他需要赶到配送点，今天是2017年11月11日，这注定是小王和中国所有快递员异常忙碌的一天。

2009年11月11日，中国最大的网络零售平台淘宝网在B2C业务板块淘宝商城推出大型网上促销活动，虽然一天下来5200万元的销售额在今天看来并不算多，但在当年已超过预期。不过当时网络零售对快递业的总体贡献还不算太大，小王作为一名一线快递员，也没有感觉到当天派送量明显增长。

2010 年，淘宝网在 11 月 11 日再次举办促销活动，当天销售额飙升至 9.36 亿元，同比增长了 17 倍；到了 2012 年，销售额达到了 191 亿元，当天产生快递包裹 8200 万个，是全年日均快递处理量的 5 倍。堆积如山的包裹使小王所在的配送点遭遇了史上最严重“爆仓”。接下来的一周，小王和他的同事们每天工作 14 个小时以上，派件 200 多个，才逐渐将积压的包裹分发完毕，而平时他每天只要工作 8 小时，派送 50 件左右。

此后，每年的 11 月 11 日，淘宝网都会开展大型促销，很快这一天不再是淘宝网自己的促销日，“双十一”开始演变成为中国乃至全球的购物狂欢节，也成为小王和中国快递小哥一年中最为忙碌的时刻。仅仅用了 8 年时间，2018 年的“双十一”，淘宝系全天的交易额已达到 2135 亿元，是 2009 年的 4000 多倍；当天快递处理量达到 4.16 亿件，相当于前一年日均快递处理量的 3.8 倍。

然而最近两年，小王虽然在“双十一”期间忙碌依旧，派收的包裹数量翻了几倍，但却感觉配送点“爆仓”现象明显减少，自己和同事派收效率大幅提高，客户收到快递的时间也比往年缩短了不少。原来随着“双十一”影响的不断扩大，越来越多的快递企业开始提前备战，主动参与到这场快递业的“春运”当中去。许多企业从 9 月就开始谋划，扩大场地面积，租用社会车辆，招募临时分拣与快递人员，有的企业还租用飞机来提高快递的时效和扩展全球派送能力。但这些只是应急之举，真正的变化来源于现代科技对电子商务与快递业生产组织方式的巨大变革。

早在 2007 年，国内大型电商企业京东商城就开始利用网络销售积累的海量数据，分析消费者区域分布与消费习惯，并着手自建物流体系。经过多年的网络布局、数据积累与技术革新，目前京东的自营物流体系能够通过大数据的精准预测，将货物前置于离潜在消费者最近的仓库，并在订单生成之后以最快的速度送达消费者手中。近年来，淘宝网也在智能物流体系建设方面大量投入，于 2013 年成立了“菜鸟网络”，着手建设智能物流骨干网，通过线下设施布局和线上平台建设，联合国内主要快递企业和落地配网点，为其电商平台上的众多企业和“卖家”

提供整体物流解决方案。2015 年，菜鸟推出统一电子面单，大幅提升了快递处理效率，实现了全程可视化，包裹的送达时效也显著提高。近年来，快递企业还在无人仓、无人机等方面加快推动研发应用，2018 年，京东已在部分地区开展了无人车全场景常态化配送。这些现代信息技术也被广泛应用于“双十一”的快递高峰，2017 年 11 月 11 日，在巨量物流订单的压力下，京东实现了 85% 的订单当日出库；菜鸟完成 1 亿个快递订单用时仅 2.8 天，而 2013 年完成这些业务用了 9 天。

小王做快递员已经将近 10 年，像他这样的资深一线员工在这个行业并不多见，他说收入比刚开始增加了不少，但工作强度也明显加大了。早些年“双十一”那几天的工作量几乎成为他现在的日常状态。的确，这 10 年间，中国的快递业务量从 12 亿件增长至 400 亿件，年均增速达到 42%，连续两年成为全球第一大快递市场。当初和小王一起从事快递工作的同事很多转了行，有的去送餐、送水、送花，有的转作职业“代买”“跑腿”，其实这些领域大多与快递业密切相关，也可以将其视为快递的新业态。这些行业以民营经济为主，增长迅速、创新踊跃，为中国经济注入了新的活力，也让人民群众的生活变得越来越丰富和便利，几乎天天从小王手里收快递的青青就是亲历这一变化的中国万千百姓中的一员。

快递与网络零售，一对携手成长的小伙伴

青青是一名职业女性，也是一个“80 后”宝妈，虽然年纪不大，但她接触网购与快递已经有将近 20 年的时间，几乎见证了我国网络零售与民营快递齐头并进的快速成长。

1999 年，刚刚参加完高考的青青暑假去了美国，在那里她第一次接触到网购，回国后在北京上大学的她开始寻找中国的购物网站。那时候互联网在中国并不十分普及，更不用说购物网站了，但她还是找到了一个刚刚成立叫作“易趣”的网站，只是由于当时中国的诚信体系还远未建立，快递价格也较为昂贵，最终她没有“下单”，只是默默关注。

2002 年年底，“非典”突然侵袭我国南方，并于次年传播至北京，市民开始减少出行，高校进行了封闭管理。彼时青青已经通过了研究生

复试，互联网在中国也开始慢慢普及，于是网购正式走入了青青的校园生活。也正是那个时候，中国的一些网民为了避免出门，开始尝试网购和使用快递。2003 年 5 月，淘宝网上线，同年 10 月推出第三方支付工具“支付宝”，为网购的交易双方提供担保，解决了信用问题。在此之后，网络零售在中国快速成长起来，与之相伴的是中国快递业的蓬勃发展。

20 世纪 90 年代末至 21 世纪初，也就是像青青一样的广大中国网民开始尝试上网购物的那个时期，我国民营快递企业大面积涌现，如今占据市场半壁江山的“四通一达”，除了申通快递成立较早，其他几家都是在那一段时间成立的。网购高度依赖快递服务，对价格又十分敏感，传统的国有快递服务显然难以满足需求，这一巨大市场空间迅速被民营快递企业填入。在经历严酷竞争与优胜劣汰之后，一些企业开始走向规模化发展。2005 年至 2017 年，我国快递业务量增长了 45 倍，单件业务收入则由 27.6 元下降至 12.4 元，快递开始走入寻常百姓家。

如今在网上“买买买”与收快递已经成为青青的一种生活方式，这些年快递服务日新月异的变化她都有切身感受。十几年前，在网上下单后，青青往往要等待一周多的时间才能收到心心念的“宝贝”，她所购的“宝贝”也仅限于书籍、服装、小件电子产品等易于运输保管、物流成本占比不高、时效要求不太严苛的商品。而现在，大到装修材料、家具电器，小到针头线脑、零食百货，快递几乎可以把她生活中所需要的一切都送到眼前，等待的时间也缩短了一半以上。像她所在的中国一线城市，快递当日达、次日达已占到相当比例。这些年，随着职位升迁、结婚生子，青青少有时间去逛超市和菜市场，对蔬菜、水果、鱼肉、蛋奶这些生鲜食品的购物需求也全部在网上解决，快递企业的冷链物流服务成为她品质生活的有力保障。在紧张的工作中，每个周一早上送到办公室的鲜花、加班到深夜送来的外卖……让青青在忙碌中感到一丝轻松与温暖。而嘿客、顺丰优选、盒马鲜生……这些不管是昙花一现还是蒸蒸日上的新模式，都昭示出快递与网络零售融合创新的大趋势。

尽管感到快递服务能力与水平在不断提升，但青青对一些不愉快的体验也是“槽点”满满。寄给客户的文件迟迟没有送达、新买的马克杯拿到手里却摔出了裂纹、快递员自行放在门口的包裹消失不见、单位楼下快件与随意丢弃的包装占满便道、上班路上被横穿马路的快递三轮车撞倒在地……这些遭遇当然不是只有青青遇到过，对于这些问题，政府与企业都在想办法解决，尤其是企业在技术与管理创新方面加快了脚步。目前，主要快递企业都已借助物联网、云服务实现对每个包裹的全程监控，研发应用环保包装材料、探索包装物回收再利用等也成为很多企业共同努力的方向。

为解决“最后一公里”的问题，快递企业不断下沉网络，服务已覆盖绝大部分县区，并向村镇继续延伸，加强与落地配企业的合作，开展共同配送。在城市社区与广大农村设立自提点，创新发展与便利店、小卖部的网点合作模式等。2014 年，智能快递柜开始规模化发展起来，截至 2017 年上半年，全国已投入运营 17 万套，日派件量突破 1000 万，在末端派送中使用的比例超过 10%。对于小王这些快递员而言，智能快递柜可谓派件“神器”，以前他派送一个包裹平均耗时 7 分钟，现在只要 30 秒，还可以同步取走顾客的寄件，效率大幅提高。更让小王感到兴奋的是正在研发的智能语音助手，它可以自动与收件人进行沟通，商定送货时间，以后小王只需根据收到的指令派件即可，不用像现在每天花费 2 个多小时打电话。青青作为消费者同样感受到各种便利，特别是近年来移动互联网飞速发展，她经常在上班路上用手机 APP 挑选好商品，下班回家时，这些商品就已在小区的智能自提柜里默默等待她了。

近年来，生活水平的提高让青青将“剁手”范围进一步扩大，国外的化妆品、奢侈品、婴儿用品甚至日常用品，家中“海淘”商品随处可见。这离不开我国快递业“走出去”以及不断拓展的全球网络与服务体系，而对这一切感受更为深刻的是青青的父亲老张，作为一名在国际市场上打拼的企业家，他的创业之路与中国快递业的发展始终紧密联系在一起。

共同转型升级的快递与中国制造、对外贸易

我国快递业起步于国际业务。在改革开放之前，我国还没有一家

快递公司。1980 年，中国邮政 EMS 开办全球邮政特快专递业务，成为我国第一家也是当时唯一一家快递企业。1984 年，EMS 开通国内快递业务，由于价格较高，普通百姓大多难以接受，快递还主要用于商务领域，市场规模十分有限。

1992 年，珠三角、长三角等地作为中国改革开放的最前沿，对外贸易空前繁荣增长，老张正是那时在深圳“下海”从事“三来一补”加工贸易。企业开办之初，老张经常自己带着货物样品往返于深圳、香港之间。随着生意越做越大，他希望找到在内地与香港之间快速又便宜的货物寄递途径。在珠三角，许多企业老板都和老张有同样的需求，而远在 1000 多公里以外的长三角，也有一群人在为上海与杭州之间的报关文件快速传送而发愁。在当时市场经济已经生根发芽的中国改革前沿，这些商机自然不会被放过。1993 年，包括顺丰、申通等一批民营快递企业相继创立，靠着背包、拉杆箱、自行车和凌晨的火车，中国的快递业就这样自发成长起来。

起初，中国的民营快递以连锁经营的模式快速扩张，经历了一段野蛮生长与违规操作之后，以顺丰为代表的快递企业改“加盟制”为“直营制”，其他快递企业也加强了管理，快递行业慢慢走向规范经营。但是，由于扩张过快，竞争激烈，而市场需求不足，中国的快递业一开始并没有形成规模，成本居高不下。直到网购一步步走进千家万户，对快递服务产生旺盛需求和规模经济支撑，我国快递业才真正进入到一个崭新的时代。2005 年年底，我国履行入世承诺，全面开放物流市场，国际快递巨头加速涌入，加上民营快递纷纷成长起来，EMS 一家独大的市场格局被彻底打破，井喷的需求也为所有市场参与者创造了前所未有的发展机遇。

网购是支撑快递业规模增长的主要力量，但产业升级的动力则更多来源于我国制造业的转型升级与对外贸易的业态创新。中国加入 WTO 以后，迅速融入国际市场，成为全球制造业中心，老张工厂的订单成倍增长，遍布世界各地，与国外生意伙伴之间的单证传递、样品寄送和部分产品的运输都要依靠国际快递。由于当时我国快递网络覆盖范围还十分有限，服务水平也差强人意，而且老张的企业总体处于全球供应链低端，在物流方面一直由国外合作方主导，他们大多指定由 UPS、Fedex、DHL 等跨国快递巨头提供国际物流服务，老张在享受优质服务的同时，也只能接受并不低廉的收费。那时，和老张一样的企业家面临的情况也差不多，在中国入世之后十年左右的时间里，外资企业占我国国际 / 港澳台快递业务的市场份额始终保持在 50% 以上，在业务收入方面更是占到了六成。

近年来，随着我国土地、劳动力等要素成本的上升和资源环境约束加大，低端制造业的国际竞争比较优势逐渐下降，出口贸易受到国际经济、政治环境不稳定因素的影响不断增多，老张的生意越来越难做，对物流成本也越来越敏感，他开始为事业谋求新的出路，在看准中国互联网与电子商务快速崛起的重大机遇之后，老张进入了跨境电商领域。而这一时期正是国内快递企业加速成长阶段，在以国内业务为基础形成规模化扩张能力以后，许多企业开始拓展国际市场，这为老张的新事业提供了重要支撑。依托跨境电商平台、国际快递服务网络、升级换代的企业产品，老张以一种全新的供应链组织方式再次打开了国际市场，还有一些与老张同时创业做出口贸易的企业家，则发现了中国巨大的内需消费市场，转做进口贸易。

中国正在进行的制造业转型升级与贸易格局重塑，使快递业发展又一次面临重大机遇，也对快递业完善网络、加快升级提出了迫切要求。顺应这一趋势，快递企业纷纷加紧布局，顺丰、圆通等企业开始筹建航空货运枢纽，菜鸟等企业加快了海外仓与境内保税仓的建设……在供给与需求双轮驱动下，我国国际快递市场迎来爆发式增长，2011 年至 2017 年，业务量年均增速达到 36.2%，国内快递企业的市场份额提升至 80% 以上；与此同时，成本费用大幅下降，单件收入下降超过一半，使老张切实感受到经营成本的节约。然而，外资企业市场份额的缩减并没有太多影响其收入与利润，在高端市场上，他们依然占据着绝对的垄断地位，单位收入甚至达到了国内企业的 8 倍。未来，中国经济的转型升级必然会给快递业创造更大的市场空间，也会提出更高的发展要求，无论是国有、民营还是外资企业，他们都将面临同样的机遇。

我国快递业的起步发展几乎与改革开放同步，但真正发展起来不过是近 20 年左右的时间，相比于发达国家已经走过 50 年甚至一个世纪的历史进程，我国的快递业仍然很不完善。但中国有全球最大的市场、不断释放的消费潜力、正在迈向中高端的现代产业和长期稳定向好的经济环境，这些都为快递业的未来发展提供了无限可能。

青青已经开始制定今年“双十一”的购物清单，但那时给她送快递的或许不再是小王，而是无人快递车。小王也在谋划返乡创业，用这些年积累的经验与资源做“村淘”。老张正在密切关注雄安新区的建设进展，他打算把公司总部迁过去，那里或将成为中国连通世界最便捷的地方。与他们一样，那些陪伴中国快递业成长的万千普通百姓，都会随着国家继续深化改革和全面对外开放，在生活与事业中收获更多幸福与辉煌。

（执笔人：谢雨蓉）

一个城市的“三级跳”

谈论起X市三十多年来的发展，这里的人们喜欢用“三级跳”来形容，喜欢和“交通”这个词联系起来，也喜欢念叨念叨“W大胆”“交通书记”“老书记”。

第一跳：从普通城市到综合枢纽

20世纪50年代，一位诗人深情吟诵“中国的公路呼唤着汽车”；80年代，还是这位诗人写下了“中国的汽车呼唤着高速公路”，而那时，高速公路在很多地方还“只是个传说”。到了90年代，S省X市这个普普通通地级市的多数人还只是在电视上见过这个传说中的东西。这个市在全省一向是不上不下，勉强算个“中等生”，离旁边有大工厂、大烟囱的省内重点工业中心城市还有几百千米，各种实力落后一大截儿。90年代初的一个春天，城里最热闹的那条街，就是市政府门前，做生意的人声鼎沸，供销社和乡下挑菜来卖的农民挤在一处，街上到处都有点灰扑扑地插不下脚。

市政府的会议室里烟雾缭绕、气氛凝滞。就任没几年的W市长在会上石破天惊提出要建高速公路，不少人都想不通，咱这里除了有点农产品，其他的实在有限，建了高速公路走拖拉机吗？更要命的是，建高速公路，钱从哪儿出？到处都紧巴巴地吃饭财政，凭白出几千万的建路钱，好比白日做梦！W市长却是铁了心：“政府想办法出部分资本金、吸引外资，再争取银行贷款，只要有决心，这事儿就有门儿。经济要跟得上，必须发展工业，我们这里资源丰富，人力也充足，但是谁会来我们这里投资呢？路烂得拖拉机走起来都费劲，建成了高速公路，原料产品能运进运出，才会有人投资！一旦建成了高速公路，我们城市的发展一定会日新月异。这是个发展的大机遇，我们一定要抓住。”一番话把会议室里人们的心思说动了，大家脸上都隐隐有兴奋的神色。“资本金的问题，财政勒紧裤腰带，我们人民公仆也要出力！我个人先捐3个月工资，提议全市所有公职人员一律一人最低捐半个月的！”大家都被镇住了，从自己口袋掏钱毕竟不是人人都愿意，嘴上不说，心里也不情愿。会开了一场又一场，上上下下、左左右右，总算基本统一了思想。再求爷爷告奶奶四处凑钱，拉来了外资，搞定了贷款，高速公路平地建成！

后来有民间的“高人”说，纵贯全境的这条高速公路一下子打通了这个地方的“任督二脉”，“风水”果然好了。这姑且做个打比方的说法，倒也贴切。高速公路通了，原来潜在的资源被重新发现、重新估价，这里一下子成了投资热土。大工厂拔地而起，楼房鳞次栉比，X市在国家经济大发展的浪潮中赶上了前几班车，经济发展速度不断加快，先是进入全省第一方阵，随后名列前茅，且势头不减，把其他兄弟市甩在了后面。

这个第一跳，X市跳出了原先低水平发展的“小圈圈”，跳出了精气神。

第二跳：从高速公路到高速铁路

铁路、火车，100多年前在国人疑惧的目光中闯来了，人们惊讶于它跑得那么快，也恐惧于它跑得那么快。以至于洋务运动冒出来的开平矿业要修建唐胥铁路，须以承诺用驴拉车作为拿到批文的条件。进入21世纪，当中国高铁呼之欲出，人们担心的还是它的速度是否可以被稳稳地驯服。但不管怎样，它还是挡不住地来了。

尝到“速度”甜头的X市喜欢的就是“速度”。经过十几年的发展，城市面貌真是称得上日新月异，让人惊叹呐。市政府原来是城中最高的楼，衙门口啊，谁来了也得觉得这里就是高，但现在在周围高楼广厦的衬托下，实在称不上宏伟了。门前的街原来是最繁华的街，现在显得窄巴了，动不动就堵，跟后建的路没法儿比，但街两边的树长得越发粗壮喜人了，修剪得整齐漂亮又颇具点儿厚重感。

W 市长已经成了 W 市委书记。同样一个迎春吐蕾的日子里，W 书记主持召开全市各部门动员大会，他直奔主题："现在已经明确高铁要经过我们 S 省，但是具体在哪个城市设站，还有几个备选方案。我们已经尝到了要想富、先修路的甜头，没有高速公路，我们不可能发展这么快。但铁路是咱们的软肋，没有高铁，我们向外走的速度就会比别人慢不知道多少。现在，又一个历史大机遇摆在我们面前，火车一响，黄金万两！我们必须对全市人民负责，对 X 市负责，拼尽全力争取高铁在 X 市设站！"

书记志在必得的决心，很快成为全市上下的共识。大家对这件事不再有当年修高速公路时的分歧，官员、百姓都拿出股子不达目的不罢休的劲儿。大家的账都算得很清楚：对于民众，高铁意味着便捷的交通；对于开发商，高铁就等于更高的房价；对于地方政府，高铁代表着政绩……，高铁福利被更多人认可。

争论的阵地换到了省里，换到了国家层面，争论的主题不是上不上，而是让谁上。省内各市纷纷力争高铁设站，甚至有群众高喊"争不到高铁，书记、市长下课"。高层机关对高铁在哪个城市设站争论得如火如荼，各种观点都有充分的依据：有的城市优势在于经济发达，有的城市人口多，有的城市正因为不发达迫切需要高铁带动发展。当然了，所有说法都是拿大棋盘来说事儿。

W 书记一次次带队跑省进部，不厌其烦陈情进谏：X 市在省内经济发展水平本就隐隐有排头兵地位，占据了"天时"；市政府又提出了优厚条件，将土地以较低价格入股，这就有了"地利"；政府积极配合进行拆迁等工作，因为实实在在的好处，群众也实实在在地希望加快发展交通，"人和"也有了。功夫不负有心人，高铁站设在了 X 市的新区内。

X 市高铁开通，接第一班进站车时，市里五大成员班子悉数到场。天蓝得让人眼晕，碧空下的高铁站看起来真是雄伟，大广场、大站房，也许单调点，缺了点个性，但这高铁站却能真真正正推动城市"双核"发展，让经济社会发展更上一层楼。尽管站周围还是平房田地多，但汽笛一响，未来的繁荣景象已是触手可及。

X市一下子拉近了与国家政治经济中心之间的时空距离，近“铁”楼台先得月，人才、资金、信息流几何级加速，如同通畅的血脉，使X市的整个肌体都更加生机勃发。有了第一条高速铁路就会有第二条，在后续几年中，X市又抓住了修建城际铁路的机会，以自身为中心打造了城际轨道网，进一步夯实了所在城市群中心城市的地位，极大提升了群凝聚力。有位来自北京的学者分析说，从高速公路到高速铁路，X市贯彻了交通优先发展战略。以政府为主导，争取各方资金，以增加投资为主线，以打通主通道、构建主骨架为战略任务，以极快的速度推进了综合交通运输体系的构建。交通是基础产业，是经济发展的前提，在非均衡理论以及适度超前思路的指导下，依托“交通优先战略”，X市发展了“高铁经济”“枢纽经济”，走在了全省、全国的城市、产业、经济发展前列。

X市在省内的头把手交椅无可争议地坐稳了，高铁站周边的土地价值得到极大提升，城市经济发展水平高了，政府的钱袋子鼓起来了，要为老百姓办好事的底气就足了：不差钱！更重要的是，人们的眼界开阔、对事物发展的时空概念真真正正地在发生变化，发展理念和模式真真正正地在进行创新。原来极大依赖于重工业发展的X市，第三产业的比重不断提升；周边城市人才不断涌入X市，吸引了更多的人来X市吃吃逛逛，商务人流也大幅增加，X市的人们也利用高铁将出行的范围拓展了一大圈。

这个第二跳，是经济发展的闪亮一跳，更是理念与模式的华丽跨越。

第三跳：从交通优先战略到全面平衡战略

好戏在后头。更为精彩的第三跳，当然还未完成，但在十九大的浩荡春风中已经势能满满。

进入“十三五”，有着“双高”优势的X市家底真是越来越厚了。有了高铁站，市政府还搬迁到了新区里，带动整个城市铺开的速度让人咋舌。当年城市周边的农村都变成了真正的市区，拆迁户成了暴发户的代名词。即使仍然是农村的地界，日子也真真儿的不同了，农村公路、水电气通了的村子里，多少人都盖起了大屋，日子过得甚至比城里人都滋润。

但放眼望去，X市再也不是一枝独秀了，全省高速公路、高速铁路不再是一条、几条，而是构成了两张网。这两张网上的一个个节点城市都在跃跃欲试一争高下。

W书记已升任分管交通的副省长。这老头儿脑子不闲着，活儿怎么干，劲朝哪儿使？他带着这些问题，一遍遍抠十九大报告这本“红宝书”，试图从中找到打开这些问号的金钥匙。当然他要开的不只是X市的锁，更是全S省的锁。

“中国特色社会主义进入新时代”，“我国社会主要矛盾已经转化为人民日益增长的美好生活需要和不平衡不充分的发展之间的矛盾”。不平衡，不充分，交通不也是这样吗？矛盾引导前进，问题就是动力。

“打造新时代交通强国”。习总书记讲得够明确啦！落实到S省，就必须打造交通强省。题从哪儿破？无论看基础、看区位，发挥综合交通枢纽作用进而带动全省的这个担子就得X市担啦。

落下关键子、走活整盘棋。现在S省已经形成合理分工、协调发展的现代综合交通运输体系基本框架，尤其X市是S省的先头马，但还需要加把劲强经纬、密网络，才能使全省各市万马奔腾。

宝书不厌百回读，深思熟虑子自知。作为学习成果，W副省长脑子里勾勒出这样的路线图：需聚焦盯准战略转型，从“交通优先战略”向“全面平衡战略”转变，网络建设的关注重点从搭建经纬骨架向优化完善、平衡协作方向转变，交通系统从基建为王向同时抓基建、抓装备、抓服务水平转变。这个路线图，很快变成了省政府常务会、省委常委会的议题材料。

国内外学者们常常讨论我们的制度优势，见仁见智、不一而足。而最不容忽视的一条，就是执政党的组织动员能力无可比拟，决策效率、实施效率无可比拟。这里不想重复那些枯燥的专业术语和文件语言，善于归纳的W副省长概括了9个字：补短板、通末梢、全链条。

“补短板”，木桶原理，显而易见是要弥补S省交通基础设施网络布局上的不足。目标很实在：推动S省进一步融入国家综合交通运输网络，实现“地级市高铁全覆盖”“县县通高速”。措施很具体：要把X市作为网络控制性节点进行建设，大力强化综合交通枢纽、市郊铁路、城际交通建设等。

“通末梢”，解读是：畅通交通基础设施网络毛细血管，让每一个神经末梢活跃起来。W副省长给X市领导这样支招：公路的发展重心不应再一门心思窝在高速公路上，要把农村公路作为交通发展的重点。尽管X市经济发展水平省内最高，但农村的发展仍然不少不尽如人意之处。乡村振兴战略中提出培育家庭工场、手工作坊、乡村车间，实施休闲农业和乡村旅游精品工程等，要落实下来，就得在进一步强化农村公路网络覆盖度的同时，根据所服务乡村的发展方向，以功能定标准、定配套，而不是片面追求等级，要打造共奔小康的“四好农村路”。X市更要率先实现全域城市化，农村公路和城市道路统筹发展，公路不但要更通畅，还要更美好。

“全链条”，“交通书记”不假，但盯着的可是加快推进全链条服务发展。在今年春天召开的全省交通工作会议上，W副省长讲话的一个主题就是：S省应支持交通运输服务企业向“全出行链”和“全供应链”服务延伸，与信息、物流、仓储、商贸、金融、保险、农业、制造、旅游、餐饮、休闲等融合起来，激发客户内在消费新需求，提供“一站式”解决方案，形成新型的产业生态圈，支撑新型产业体系的形成。

这次全省交通工作会议是在X市召开的，上午全体会、下午现场会，W副省长兴致勃勃全程参加。他的车子驶出灯光璀璨的市区驶上返回省城的高速公路时，跟随多年的司机习惯性打开车载音响，“沿着社会主义大道向前方”的歌声响起来。

老歌，老电影插曲。好听。

那时，他在X市一个最偏远的小山村插队。这歌，他爱听，也会唱。

那时，他跟着生产队的老把式学赶车，马鞭子甩得“叭叭”响。

（执笔人：宿凤鸣）

钱从哪来

要想富，先修路。这是我国发展经济的一句名言。对于修路来说，给一块钱就修一块钱的路，这是我们传统思维投资修路的办法；花未来的钱，修现在的路，这是我们现在投资交通的办法，也是改革开放 40 年来交通投融资的演变之路。

在争议中成立

晚上 8 点多了，A 市领导还在为是否成立 A 交通投资公司而争论，这是处于沿海地区的 A 市在 1982 年"第 X 次"讨论这个议题了。进入 80 年代，交通供给与运输需求的矛盾越来越突出，要加快交通建设，政府就必须要从琐碎的项目运作事项中抽身。但是，当时对于地方成立这种公司没有先例，有没有必要？会不会问责？能不能持续？三个问题反复争论。在这一天，A 市终于决定——在改革开放的浪潮中，实践是检验真理的唯一标准，大胆放手去做。A 交通投资公司就在这样的时局下诞生了。当时隶属于该市计划委员会，是我国改革开放后最早成立的一批交通投资公司之一。

在成立之初，A 投资公司的业务比较单一，主要在于论证和实施公路项目，配合中央投资的港口项目，协调好项目财政拨款等。

"贷款修路、以港养港"

这样的业务模式平稳维持了两年，直到 A 投资公司协调的港口项目的中央财政拨款变为了贷款，这使A市和A投资公司都面临着一个关键问题：拿什么去还中央的贷款？依靠地方的财政收入和养路费等预算外收入肯定是不够的。1984年年底，“贷款修路、收费还贷”的政策打破了单纯依靠政府财政发展公路的体制，这给了A投资公司极大的启发。既然允许通过银行贷款修建收费公路，并对通过车辆收取过路过桥费用于偿还贷款，那么只要在能够偿还的基础上，就应该可以通过更广泛的渠道融资。

A投资公司将自己的判断与市领导做了沟通。很快，这个判断就从港口的属地化改革中得到印证，今后A市港口不仅以自身管理为主，并开始全面实行“以港养港、以收抵支”的财务包干制度，鼓励地方建设码头。自然地，A投资公司成为代表市政府负责融资建设运营港口的企业。

这样，从1985年开始的数年间，A投资公司随着公路和水运领域扩大市场开放而大幅拓展了自身业务，发展迅速驶上了“快车道”。不仅在涉及行业领域上大幅拓宽，更是在自身业务环节上增加了交通基础设施的融资建设运营等全链条职能，业务上开始形成较为固定的发展模式。资金来源上，除中央和地方财政资金外，A市港口建设费、客货运附加费、公路建设基金等先后开征并直接用于境内公路港口建设；以这些政府性基金为保证，国内贷款规模逐渐扩大，并逐渐成为A市交通建设资金的最重要来源；同时先后利用政策性贷款和世界银行、亚洲开发银行等国外贷款，开展多渠道融资。

铁路梦、机场梦

长期以来，由于不处在国家铁路大动脉上，A市铁路发展一直比较滞后，只有改革开放前兴建的一条与省会城市相连的铁路。1992年，国家批准中央与地方合资建设铁路的政策使A市看到了曙光，开始积极谋划布局铁路项目。然而，A市很快就发现，这个政策虽然初步改变了铁道部独家建设铁路的局面，但是以“省部共建”为主要模式，作为地级市的A市在干线铁路项目的等级、走向、股份等关键问题的话语权非常弱，更多是作为征地拆迁的主体而存在。

这让A市想起来6年前民航领域实施的“政企分离”改革，当时国家实施机场与地区管理局、航空公司分开，各地民用机场均为企业，实行服务收费制度。遗憾的是，当时并未允许地方投资建设机场。而与当前合资铁路政策有所不同的是，1993年国家提出地方可独资或合资投资建设机场，并允许经济组织参加投资，这对尚未拥有机场的A市是一个很大的激励。为尽快上马机场项目，A市委托A投资公司成立专业子公司作为投资主体积极筹备运输机场项目。

土地信用

1994年的分税制改革很大程度压缩了地方政府的税收分成比例，A市也不例外。在缺乏财政支持的情况下，A投资公司的资金来源也捉襟见肘，开始对外承揽企业投资项目的中介咨询业务，以维持和巩固自身发展。1998年，亚洲金融危机爆发，中央实行积极的财政政策，重点就放在了提升交通等基础设施的供给能力。这可愁坏了A市领导，地方要投资，《预算法》要求地方政府又不得举债，对中央的资金同样需要安排配套资金，资金从哪出呢？在领导们相互调研学习后，大家似乎找到了出路——土地。

作为财政预算外资金支撑，“土地信用”很快取代“财政信用”成为A投资公司投融资的媒介，促进A市交通投资规模大幅增长。同时A投资公司发现，A市在公路等领域陆续成立了多家功能类似的投资公司，有的是兼具项目全流程功能，有的是单一融资平台，有的甚至只是一个空壳……而投融资模式都较为类似，通过划拨土地等资产，迅速包装出一个资产和现金流均可达相应融资要求标准的公司，必要时再辅以A市财政或土地收入担保，以承接各路资金。

多元投资主体

进入21世纪，在整体民间投资活跃、商业资本逐渐发达起来的背景下，港口和机场同步进行了较为彻底的属地化和“政企分离”改革，A投资公司的专业子公司完全成为A市港口和机场的法人主体。同时，伴随着港口和机场领域全面对内开放和进一步对外开放政策，A市交通基础设施投资不再完全由融资平台完成，投资主体呈多元化趋势。A 投资公司自身投资主体也开始多元化，在划归国资委管理后，很快进行了股份制改革，引入多家民间战略投资者，并成功上市融资，成为国内最早上市的几家交通企业之一。

如果说 1998 年亚洲金融危机促进 A 投资公司发展到新高度，那么 2008 年世界性金融危机则是助推 A 投资公司做大到新巅峰。主要投融资模式与第一次无大的差别，只是这一轮投资规模上更大，融资工具上除了银行贷款外，发行企业债券也成为 A 投资公司资金的重要来源。到 2010 年年底，A 投资公司总资产占全市市级国企的一半左右。

PPP、交通基金

2012 年年底，在铁路领域不断放松管制和全面开放的背景下，A 市的第一条城际铁路项目获批。这让 A 投资公司既高兴又发愁，开心的是其作为代表政府的投资主体将全面涉及铁路领域；发愁的是做公路出身的 A 投资公司对铁路项目经验的缺乏，何况高铁标准高、投资大、影响广，稍有不慎将面临严重的后果。

2013 年年底，随着 PPP 在基础设施领域的付诸实践，A 投资公司对于如何推进城际铁路项目找到了方向。随后便与多家具有丰富高铁建设经验的央企进行了洽谈，数家央企也随即表达了对 A 市城际铁路项目建设的兴趣。这样，A 市的需求与央企的施工意愿一拍即合，很快敲定了 PPP 合作的社会资本，并计划建成后委托铁总运营。迈过了复杂的铁路 PPP 这道坎，对于 A 投资公司来说，在轻车熟路的公路领域开展 PPP 也就不在话下，A 市的公路 PPP 如火如荼地实施了。

不仅在交通 PPP 领域颇有建树，A 市还以 A 投资公司为发起人，吸引部分金融机构参与，成立了交通基金公司——这是在 2014 年国家成立铁路发展基金后 A 市领导得到的启发，主要用于支持 A 市交通项目资本金。另外，国家贴息的专项建设基金开始了分批投放，获取这种极低成本的资金也成为那时 A 投资公司的一项重要任务。各方面资金在源源不断地流入，这一切看起来，A 市在交通运输领域又将迎来一个大发展的阶段。

转型升级

谁也没有想到，土地信用在存在近 20 年后的 2014 年下半年就要真正寿终正寝了。的确，没有土地信用就没有中国的高速城镇化，但它也带来了诸多问题，首当其冲的就是高杠杆和高负债——截至 2014 年年底，A 市的政府性债务比 10 年前翻了两番多。但是，剥离政府融资功能，对于 A 投资公司来说，以前很多由土地信用产生的债务可能要其独立来偿还，这意味着公司的融资和业务结构要出现巨大变化，转型升级迫在眉睫。

如何转型？如何升级？说起来容易做起来难。A 投资公司对自身的情况也进行了充分的分析，得出了一个前提性的结论。那就是公司剥离的是政府的融资功能而不是与政府的关系，转型转的是融资和业务，公司自身的发展必须要在政府认可的框架范围内进行。

在这个问题明确了后，公司发展路径愈发明晰，通过政府搭台、公司发展的框架，发挥交通全周期运营商的优势，逐渐完成由“融资平台—政企合作—市场化运作—城镇化专业运营商”的跨领域转型。经过两年左右的努力，A 投资公司在住宅开发、交通场站综合开发等领域小有作为。在依附于 A 市发展的基础上，A 投资公司已有能力不完全依赖政府增信，成为市场化融资的主体。当然，这些还远远不够城镇化专业运营商的标准，转型升级之路依然任重而道远。

（完成人：马德隆）

从练摊到工人

修了十几年自行车的老李，怎么也没想到，这辈子还能再次过上打卡上班的日子。更想不到都是，这种日子来得快，去得更快。

虽没经历过什么大风大浪，老李自认为这辈子也算是敢闯敢拼。刚从部队转业那会，在劳动局工作的二姨托了好几层关系，把他安排进了国营自行车厂。当时正值改革开放初期，自行车不像现在满大街都是，个人想买得先有“自行车票”，但要弄张“自行车票”可没那么简单。在那个物资匮乏的年代，一个单位一年也只有寥寥几张自行车票，一般都是分给厂里的领导或劳模，对于普通老百姓来说，只能望而兴叹。由于供不应求，厂里效益好得不像话，三天两头地就发点福利。旁人看来，这是一份非常体面的工作，但小李过得并不甘心，老觉得这样的工作毫无挑战性，有点混日子。在下海大潮的裹挟下，他不顾家人反对，毅然决然地选择“停薪留职”，开起了自行车专卖店。事实证明，这个决定非常正确，一直到自行车店关门，小李着实发了一笔小财，又买房子又买车，成为朋友眼中不折不扣的成功人士。

2000 年以后，老百姓的钱包一天比一天鼓，私人小汽车开始流行起来，买自行车的人开始逐渐变少。小李隐隐感觉到，自行车时代应该是快过去了，再这么干下去没什么前途，寻思着把自行车专卖店盘出去，做点其他生意。不出所料，这个决定再次遭到全家人的一致反对，什么隔行如隔山啊，什么看着容易干起来难啊，反正最后结论就是目前能赚钱就好好干，干别的也未必能赚到钱。小李考虑再三，最后还是打消了转行的念头，继续过起了边卖自行车边修自行车的踏实日子。

然而，担心的事情还是发生了，甚至比他预期的还早了不少。随着中国经济的腾飞，老百姓的收入也是飞一般增长，再加上国家大力支持汽车产业发展，小汽车的数量越来越多，城市也越来越堵。市政府为了缓解拥堵，把很多非机动车道都改成了机动车道，自行车几乎到了无路可走的地步，骑自行车的人一天比一天少，店里的生意很快就入不敷出，只能勉力维持。此时，小李已经变成老李，想着干点其他生意，又感觉力不从心。恰好这个时候儿子准备出国留学，需要一大笔钱，老李思前想后，还是图个稳妥，就把专卖店转手卖了，先把孩子上学的钱留足，自己则开始练摊修自行车，能赚多少算多少，起码不会赔本。自行车摊摆了几年，顾客越来越少，平均每天也就三五个，但老李却逐渐习惯了这种优哉游哉的生活，寻思着反正年纪也不小了，赚不赚钱无所谓，就图一乐呵。

计划总赶不上变化。2016 年前后突然爆发的共享单车热，让他的生意雪上加霜，经常摆了一天摊连一个顾客都没有。有时候走在回家的路上，看着黑压压一片的共享单车，老李会觉得共享时代可能真的已经来了，很快就会没人骑自己的自行车。如果真是那样的话，自己的修车摊也就没什么必要再摆了。每次想到这里，心里都会异常失落。虽然已经基本没有顾客，他还是坚持每天出摊，就这样坚持了一年多，因为实在不愿接受被社会“抛弃”而退休的现实。

2017 年的时候，生活又有了新的转机。随着共享单车投放数量的增加，故障车也越来越多，单车企业自有的维护团队渐渐招架不住了，于是开始面向社会招聘修车师傅，老李凭借精湛的修车手艺很快就被“高薪”聘走。再次过上“职工生活”的老李再次精神焕发，虽然工作起来忙得连上厕所都得一路小跑，但每月拿到手的收入能有 8000 多元，比开出租车的老街坊挣得都多，整天都乐呵呵的，走路都像有伴奏一样，节奏感十足。

但好景不长，每天打卡上班的安稳日子没过几天，形势又变了。由于投放过多，大量的公共空间被共享单车占用，严重影响了城市环境，市政府开始采取限制措施。同时，很多共享单车企业因为资金链断裂而接连倒闭。老李所在的自行车修理公司由于业务量越来越少，已经开始裁员，虽然老李暂时还不在裁员之列，但收入已大不如前。老李不禁感叹，现在的中国变化太快，他已经赶不上节奏。如果被裁员的那一天真的来临，他就坦然接受，不再折腾了，踏踏实实的安享晚年。

（执笔人：王淑伟）

谈的时间“太”长了

又是一年初雪，看着窗外星星点点的雪花慢慢飘落，靠在小杨肩上的小花却把记忆拉回到十年前第一次坐火车去看小杨时的情景，那时小花还是扎两个小辫子的大一女生。

2007 年，同窗的小花与小杨一同参加了高考，并被两所相隔千里的学校分别录取。一直在家人保护下成长的少男少女，初到离家甚远的学校，就像温室里的盆栽被移植到大自然中，将会看到真正的蓝天与阳光，也要准备好接受风雨的考验。好在小孩子总是充满了活力，即便有些不适应的小情绪，也很快被身边好玩的人和事儿冲淡，多人铺位的宿舍、公用的大澡堂也都成了两人聊天的新鲜题材，即便相隔甚远，在“诺基亚”的帮忙下，两人关系却日渐升温，在大一第一学期结束之前，两人正式确立了恋爱关系。趁着大学刚好要放寒假的时机，小花在参加完最后一门期末考试后，在室友们的护送下赶到车站，排着长队终于买到了一张当晚的火车票，在载满人群的绿皮车中一路北上。车厢里乘客安顿好自己的大包小裹就开始了热闹的交流，大多数都是外出务工、求学的返乡人群，虽然拥挤吵闹，但看得出来，到处都洋溢着回家过年的喜庆气息。车窗上逐渐出现水蒸气凝结而成的冰花，又伴随着日出一点点融化，经历 14 个小时车程后，窗外的景色已是一望无际的皑皑白雪，小花也终于到了目的地，带着水肿发麻的小腿见到了心上人。对这长达 1200 公里的路程，小花计算过，如果只有两天假期，那谈恋爱的时间还没有在火车上长呢，即便能在淡季买到夕发朝至的直达卧铺车，那也要单程 11 个小时。

好在不久之后，时速 200 公里的动车组上线使用，把小花与小杨的约会旅程时间缩短为 8 个小时。动车流线型的外表与蓝白相间的图案使车型更为美观，列车运行也更为快速、平稳，车厢内的环境相比普速列车提升了很多，座椅可以调整，乘客乘坐更加舒适，一般乘客都朝着同个方向乘坐，整体氛围安静许多，有的乘客还会利用前面的小桌板开展工作，并且列车上不允许吸烟，卫生条件也更好。虽然只有白天的动车组列车，但调整好课程时间就可以周五中午出发当晚到达，这样就能在不耽误学业的前提下，留出两天时间来相处。只是购票、改签等还很不方便，要利用午休时间，到学校附近的代售点排队购买，与售票人员人工沟通哪趟车还有哪种票，还要交纳一定的手续费，如果行程需要变化，那么改签、退票还需要提前到车站去办理。

直到 2011 年，随着互联网迅速发展，逐渐开始应用到铁路购票系统上。小花迫不及待地成为了第一批使用网络购票的乘客，发现在网页上能直接看到每趟车每种车票的剩余数量，并且能够用银联快捷支付，改签、退票都可以在网上操作，既能根据指定的预购时间提前购票，也能根据行程变化灵活调整，购票的便捷性大大提升。2012 年，列车再次提速，把旅行时间缩短为 6 个半小时，使得在有限的假期里，小花与小杨用来乘车的时间进一步缩短。

2013 年，随着智能手机与 4G 网络的普及，铁路售票方式中增加了手机客户端购票，小花再次成为铁路售票手机客户端的第一批体验者。在网络尚未达到全覆盖的环境下，手机购票比起电脑购票方便很多，而且小花发现付款方式中增加了支付宝，比起网银支付每次都需要输入卡号等信息用起来更加方便。并且，随着粉色的传统客票逐渐升级为蓝色的磁介质客票，检票也随之实现自动化，车站内排队购票、人工检票的现象大为减少，乘客出行体验进一步提升。到 2017 年，铁路售票不仅增加了微信支付功能，还增加了外卖送餐服务，小花尝试了在客户端上提前下单，结果开车前就在自己的座位上收到了热乎的外卖，比起列车上售卖的食物或自备的食物，在旅途中又多了一些饮食上的选择。同时，小花还开通了铁路提供的常旅客会员服务，以后的每次出行都可以累积积分，待累积到一定额度时能够用来兑换车票。

时光荏苒，经历了 11 年恋爱长跑的小花与小杨终于在 2018 年住在了同一个城市。虽然一个在海淀，一个在朝阳，但好在北京的地铁很方便，不到 1 个小时的车程就可以见到。小花心想，这么长时间能坚持下来，还真要感谢那一趟趟飞驰的列车，帮助两人克服了空间距离的障碍，而且开行的列车越来越多、越来越快，每次放假用来乘车的时间越来越短、越来越方便，两个人用来相处恋爱的时间也就越来越长，看过了那么多旅途的风光，如今只想两个人能每天一起看日出日落。今年两个人计划要结婚了，小花心想，买房一定要买在铁路线旁，万一以后两个人发生了矛盾，看到窗外的火车，就会想到对方曾经的付出而多一分宽容谅解吧。毕竟，火车已经不仅仅是单纯的交通工具，更是两人感情的传递者和见证者。

（执笔人：赵欣苗）

笔记本电脑的欧亚之旅

2017年腊月初的一个清晨，笔记本电脑小福被A公司物流部的小马从货架上叫起，它刚想和旁边的伙伴们问早安，却听到小马迫不及待地对它说，它和伙伴们这次要一起启程去德国了。这突如其来的消息，让还在迷惑的小福既兴奋又有点担心和失落，因为出国一直是小福的梦想，可它担心老板不会给它买昂贵的机票，而它自己又怕潮湿，经不起海上的长途颠簸，而且它觉得自己还没听够小马唱的豫剧，就要和他分开了，有点舍不得。小马似乎看穿了小福的心思，含情脉脉地看着它和它的小伙伴们说："这次你们可有福了，是坐火车去德国的汉堡，而且小福作为本公司第一台私人定制的电脑，会定点发给我在北京大学认识的德国同学托马斯，估计用不了半个月咱俩就可以视频见面了。"听完这一席话，还有点迷惑的小福全然打消了担心和失落，陷入一种幸福的眩晕和憧憬中，快乐地和小伙伴们一起被小马装进了包装箱。

20分钟后，仓库大门外响起了司机老张熟悉的大嗓门："小马，货都整好了吗？我把集装箱从堆场拉过来了，公司其他的货都放好了，就等你这几十箱电脑了，快来和我核对一下派车单。""来了，来了，我也已经贴好了标签，数据也都传上去了，这就让他们给您放进大箱里去，您还是这么高效率，一大早就办了这么多事。"小马边看着装卸员往老张车上的40尺集装箱里放货边说到，"哎，这箱子真漂亮哈，还印着中欧班列几个大字，好气派呀！"

"那是当然了，现在都统一标识了，箱子也是全新的，这是我从陆港的空箱堆场上提过来的，一路开过来，回头率可高了，不像前几年你老板买的那些二手箱，去了国外就回不来了，哈哈……”老张爽朗地笑起来。

“老张头，又在背后开我玩笑了？你那大嗓门，我隔着 50 米都能听到，要说我抠门，我可不认账哈，我那叫骑车上酒吧——该省的省、该花的花。”老张听得有人叫，马上回头，只见老板踱着方寸步，带着两三个人，朝着他和小马走过来。

“雷总，您还亲自赶过来了，看来这批货很重要啊”。

“是啊老张，这是国外客户比较着急要的一批货，里面还有我们第一台线上定制和营销的电脑，这趟要通过它测试一下全程物流，这几位都是过来帮忙的。”老板一边说着，一边让随行的几个人检查箱子的装载情况，并给货物拍照。

小福一直听着他们的谈话，从中捕捉着此次旅行的信息：它现在知道了自己的车厢很大很漂亮，火车有个气派的名字叫“中欧班列”，这次旅行老板会随时关注自己的情况，还给俺们照全家福。小福心里想：“老板这次还是挺给力哈。”

货物终于全都放入了集装箱。虽然“乘客们”彼此“贴合着”，几乎占满了整个箱内的空间，但大家都表示这种“座位”的安排很合理很舒适，特别是挨着一大堆海绵填充物的那一排显示器哥们，已经懒洋洋地快眯着了。

老张发动了汽车，挥别了小马和雷老板，径直地把集装箱拉到了陆港的海关监管区，然后就离开了。原来早在 2 天前，A 公司就给小福他们预定了“车票”并申请了报关报检，它们的身份信息早已在海关备案，这会儿就是过来接受检查的。同来检查的还真不少，监管区的堆场里，已经有堆了三层的箱子了。小福一边听着显示器哥们的鼾声，一边注意着车厢外的动静。虽然它还不知道自己在哪，但它仍想记录下自己的经历。

它听到外面的火车声、汽车声、吊车起重的声音等各种声音夹杂着，仿佛一场交响音乐会，一直演奏到明月升起来，随着声音的消失，自己也渐渐进入梦乡。

第二天的下午，当小福正在疑惑“那帮显示器为什么这么能睡”这个问题时，集装箱的门突然被打开了，小福刚想喊“救命”，只见几位穿着海关和国检制服的小伙子，手里拿着一沓有图有字的材料，边对照边向里张望着，像是在找自己的亲戚。显示器们停止了鼾声，其中的一个哥们被关检员抱起来看了看又放了回去。大家正疑惑着，箱门已经关闭，而且这次多了一把锁。小福长舒一口气，它知道自己进了一个安全的保险箱。傍晚时分，小福它们的“车厢”被一辆场内拖车带到列车到发线旁边的 J10 号货位，它和小伙伴们今天就在这里过夜了。

“呜…”一声巨大的火车蜂鸣声把小福从梦中叫醒，这时已是早晨 8 点钟。原来是它们的火车进站了，只见一台强壮的机车推送着 41 辆平板货车停在了到发线上。这时，列车上方的龙门吊开始启动了，一个个集装箱被它轻松地从货位上吊起，再对准平板车上的“蘑菇头”，准确地安放了上去，小福它们的车厢是倒数第二个上车。当所有的“乘客”都上了车，一名身着铁路制服手拿铁家伙的“大盖帽”从列车前端边敲边看边走过来，这是列车检查员在对列车的行车状况做安全检查。不一会儿，“大盖帽”通过对讲机向场站调度讲了几句话，一旁的助理值班员挥动信号旗下达了发车指令，列车便开始缓缓启动。

车厢里顿时沸腾了起来，小福和小伙伴们开心地几乎同时叫起来“出发喽”，而那帮显示器大哥们也没有了丝毫的困意，呼喊了起来：“德国，我们要来了。”

9 时 18 分，伴随几声壮美的呼啸声，承载着中欧贸易之梦的“国货”列车离开了郑州国际陆港，经专用线转入正线，快速行进在陇海 - 兰新这条欧亚大陆桥上，一路向西奔驰而去。当天下午，列车进入关中平原，来到古丝绸之路的起点——西安，2000 多年前的商旅们就是在这里启程，通过驼队运输敲开了东西方贸易的大门。小福侧耳倾听，仿佛感受到了鼓楼传来有力的鼓声。列车在此更换了车头和司机，并进行“体检”后便继续西行。深夜，列车驶入了兰州，小福打着哈欠，仿佛被空气中牛肉面的香气所催眠。当阳光再次洒在小福的车厢上，列车已经穿梭在美丽的河西走廊，一路经武威、金昌、张掖来到了“天下第一雄关”——嘉峪关，小福难以抑制澎湃的心情，忍不住想要吟几句诗：“丝绸古道旅人忙，钢铁通途披霞光……”，还没讲完，忽然听得远处一阵呼啸而过的列车声，小福还没反应过来，声音却已经又消失在远方。事实上，小福一路上也多次听到类似的声音，只是前几次捕捉的声音更短促。原来，这些声音都是在这条陆桥通道上运行的高速动车组发出来的。急促的声音让小福对接下来的旅程也产生了更加急切的期待。

又是一个午后，列车来到了哈密，这是一个在去年年初正式“撤地设市”而成为丝绸之路经济带沿线最年轻的城市。又经过一番短暂的列车体检和更换机车与司机的作业，列车重又迈开西行步伐。是夜，星辰躲在像是云层的东西后面，列车在霓虹的映照下驶入了乌鲁木齐，这是丝绸之路经济带核心区的首府，也是国际性的综合交通枢纽城市。寒冷的夜晚，让“车厢”外层起了一点薄薄的冰，小福也因此打了几个寒战。这里与郑州有两个小时的时差，列车从始发地已经走出了3000公里。小福在想念仓库里温暖的货架及小马给它唱的豫剧，虽然内心还有着对国外旅程的期待，但对故土的思念，此刻也随着列车的远行而渐渐深重了起来。这一晚，小福做了一个思乡的梦。

天又亮了，列车已经越来越接近边境口岸——阿拉山口，那里正刮着大风，但人们已经开始忙碌，这个口岸每年有2000多万吨的过货量。大约是正午时分，小福乘坐的列车驶入了阿拉山口车站，这时口岸车站的一群海关监管工作人员和铁路作业人员已经在一旁待命，他们要优先为这趟班列的货物完成单证票据流转、口岸换装作业、申报查验等通关环节，其中由于实行了同时印有中、俄、德三国语言的国际货协/国际货约的统一运单，相应的办理时间得到了大幅节约。大约两小时后，列车驶入了亚洲最大的铁路室内换装库，在850米长的换装库内并列铺排着1435毫米的“标准轨”和1520毫米的“宽轨”，待列车停稳后，3台桥式吊车便开始有序地将班列集装箱从中方的“标准轨”平板车上吊起平移到哈萨克斯坦的“宽轨”平板车上。大约过了一个半小时，所有的集装箱都完成了换装作业，此时的小福已经“换乘”到了外国的列车。在得到放行信号后，中欧班列的80后专职司机史师傅，以每小时30公里的速度，把中欧班列开到了12公里外的多斯特克车站，交给哈方司机接力前行。而远在郑州的雷老板，也从陆港那边获知了列车已经顺利出境的信息，他兴奋地拨通了小马的电话，告诉他小福已经开始了异国的旅行。

第二天的夜里，小福乘坐的列车到了哈萨克斯坦的首都阿斯塔纳，它是哈萨克斯坦的全国铁路枢纽，是世界上第二冷的城市。小福和车厢里的同伴们都打着哆嗦，只有显示器那帮大哥还比较镇静。车外传来许多声响，哈国国铁的工作人员正在给列车做体检，还有一些人在讨论着什么问题。小福它们完全听不懂，只希望列车能尽快再开动起来，因为它们感觉这趟列车自从出了国，开行的速度就明显地慢了下来。

五天后的一个清晨，列车来到了俄罗斯的首都莫斯科。小福听到远处传来雄壮的歌声，那是莫斯科货运站的一群大叔在合唱，寒冷的气候让这里的人们把唱歌当作取暖的一种方式。小福静静倾听着，觉得和豫剧一样好听。列车在这里稍事休息，重又踏上旅途。

四天后的中午，列车来到白俄罗斯边境口岸布列斯特，而对面就是波兰的马拉舍维奇。近年来，随着中欧班列开行数量的增加，这个边境口岸站变得日益繁忙，口岸设施能力也变得日渐紧缺起来。在口岸站内最大的作业场站 pkp cargo 中，有六部龙门吊，两部正面吊，换装到发线三组，月作业能力 6000 标箱，日最大换装 9 列，目前平均每日换装 7 列，波兰国铁正在考虑来年新扩建 2 组换装线，以满足中欧班列的运行需求。由于使用了统一的运单，在这个换乘站停留的时间也不长，在进行了“宽轨”换“准轨”的作业以及关检程序后，列车就再次出发了，后途经罗兹一路向西，奔往德国而去。

三天后，列车安全抵达了此次旅行的终点站——德国汉堡。德国国铁辛克物流公司作为此次旅程欧洲段的组织者和承运人，同样表现出了极为认真的工作态度和高效的工作能力。货物抵达的信息及时传送给了收货人和托运人。此时，远在中国的 A 公司财务部也获知了作为收货方的 B 贸易公司已经通过电汇支付了协议约定的货款额度及其他费用，于是便立即知会物流部。大约 1 小时后，一张加密的 ATB 格式的电子提货单被发送给了德国的收货方。第二天，德国当地时间早上 9 点，小福和他的伙伴们等到了来“接站”的收货人，在与车站管理人员办理了相关手续后，它们便坐上了拖车来到了 B 公司的分拨中心。小福和小伙伴们在这里被一个个分拣出来，交给了配送司机，穿梭在响彻着圣诞节音乐中的街巷中，大约晚上 8 点，小福终于来到了小马的同学托马斯的家中。

托马斯迫不及待地抱住小福，用非常不标准的河南话说道："咦，我了乖乖哟，你可来了，真中呀，中国了中。"小福差点笑喷了出来，心里想，这河南话肯定是小马教的。

托马斯不等小福回应，马上就把它被安放在自己的书桌上，打开了电源，连上了 WiFi，登陆了自己的微信账号，拨通了小马的视频电话。此时的郑州，小马正陪着父亲老马吃午饭，看到了托马斯的通话邀请，他马上起身去书房接通了视频。

"哈喽，伙计，你还好吧，你是不是在用小福上网呢？"小马笑嘻嘻地首先发问托马斯。

"对啊，速度还蛮快的，谢谢你给我的这个圣诞礼物！"托马斯开心跟小马说到。

"你是说小福的运行速度快，还是说我们中欧班列送达的速度快呢？"小马又逗托马斯开心。

"当然是都快！我这句话是一语双关，哈哈哈。"托马斯机智地回答。

"嗨，托马斯，这么久没见，你的中文学的越来越棒了，对了，你看，我手里拿的是什么？"小马一边夸着托马斯，一边举起手中的易拉罐。

"嘿，那不是我们德国慕尼黑的啤酒么？哪来的？"托马斯一眼认出了易拉罐上的商标。

"眼睛蛮厉害的嘛，这是我和我爸早上在郑欧国际商城里买的，价格实惠，我一连买了三箱，我爸刚喝了一罐，他说自己还从没有喝过这么棒的啤酒呢，哈哈，是不是好老土啊？"小马一边笑着，一边悄悄地想探出书房的门往外看老马。

"是谁说俺土啊？"没想到，小马刚探出头，老马就说着话跟着进了书房。"你个臭小子，背地里想说老爸的坏话。"其实老马早在书房门口偷听了好久，他以为是儿子在谈女朋友。

"爸，你又偷听了，这是俺的同学托马斯，我和他在聊德国的啤酒呢”，“对了，托马斯，告诉你，这个啤酒也是中欧班列运来的哦。”小马一边向老马解释，一边和托马斯说道。

“俺也知道，这中欧班列可好了，商城里那么多国外好商品都是它带过来的，我年轻那会儿，可没见过这么琳琅满目的进口货。还是改革开放好啊，你们越来越幸福了。”老马不等托马斯回应，自己已经加入谈话。

“叔叔好，这个我知道，就在您刚才和小马说话的功夫，我就在网上查了几个数据，1978 年，中国和德国的进出口贸易额只有 16.8 亿美元，而现在已经快接近 1680 亿美元了，这真是天翻地覆的变化。我好想再去中国，看看最新的变化。”托马斯充满期待地说。

“欢迎你来啊，我和我爸都等着你，再过一个星期就是 2018 年了，欢迎你在改革开放的 40 周年来中国，老马他请你喝胡辣汤，小马我给你唱豫剧。”小马激动地向托马斯发出了友好邀请。

“好啊好啊，喝了我们德国的啤酒，现在就给我唱一段吧，我把小福的音量调大些。”托马斯一边按着小福的音量键，一边忙跑到厨房里也从冰箱中拿出一罐啤酒来。

“那我就唱了哈，老爸你在一旁也帮我把把关，看看我唱的咋样？”小马一边对着手机视频里的托马斯，一边示意老马给打节拍，接着就手拿着易拉罐当麦克风，大声唱道：“今日痛饮庆功酒，壮志未酬誓不休，来日方长显身手，甘洒热血写春秋……，哇哈哈哈哈。”

“这哪里是豫剧啊，分明是京剧哦。”老马和托马斯几乎异口同声地喊出来，“哈哈哈哈，干杯吧！”相隔万里的两个房间里响彻了“三匹马”的笑声，而这笑声透过我们小福的声卡和音响传出来，仿佛变成了“一带一路”的大合唱，那么美妙、那么动听……

（执笔人：王杨堃）

佛山的路　佛山的桥

新中国成立初至20世纪70年代末期的30年时间中，佛山市的公路基础设施有了一定的发展，但总体上发展比较缓慢，公路里程平均每年大约只新增50多公里。直至改革开放初期，佛山市每百平方公里的公路里程仍仅有40余公里，而且大多数公路都是弯多路窄的沙土路，一到雨天便泥泞不堪，路况条件很差，以至于佛山民间长期流行一句话"入了佛山没条好路"。此外，许多重要的公路路段在5~10公里就会遇到一个比较大的通航河流，由于建桥资金不足，往往只能以渡代桥，车辆过河都需要排队待渡，出行时间很长。据当地群众回忆，当时通过陆路从顺德到广州就需要两三天的时间。如此一来，公路出行困难显然成为当时交通的一大突出问题。于是1980年10月的一天，佛山市政府办公会上展开了一场关于"修路"的激烈讨论……

"要想富，先修路！"一部分官员表示为了适应经济发展，方便人员出行和货物运输，佛山公路基础设施的问题必须尽快解决。然而困难也随之而来，"目前佛山地方政府的财政压力很大，公路建设的资金除了少量的财政拨款，主要依靠公路养路费收入以及工程沿线村民出人工。总体上来看，公路建设资金的缺口仍十分巨大。"如何为改革开放发展提供公路建设所需资金，成为当时省及地方交通主管部门的首要课题。经过一番讨论后，与会者最终提出按照两个月前正式发布实施的《广东省经济特区条例》，广东省在国内已率先在各个领域实行对外开放政策，公路方面也可采取类似的思路，拓宽资金来源，采取更加灵活的方式进行公路的修建和运营管理。

说干就干！经过几个月的筹备，1981 年年初，广东省交通厅与港澳知名人士（柯正平、何贤、霍英东、何鸿燊等）就引进外资参与公路建设的议题进行了正式商谈，并拟就《关于引用外资改建广州—珠海（拱北）公路的意见》一文，提出改建方案上报广东省政府。同年 4 月，广东省政府批复原则同意所报方案，并决定按二级公路标准分期分批改建国道 105 线（广州至佛山至珠海公路），第一期工程重点解决 4 个渡口（在今佛山市顺德区内）改建桥梁，及其相应引道接线以及穿城改线路段的建设。同年 8 月，广东省公路建设公司与澳门南联公司签订了《关于贷款建设广珠公路四座大桥的协议书》，确定由澳门南联公司给广东省公路建设公司贷款 1.5 亿元港币，专供国道 105 线上三洪奇、容奇、细滘、沙口等 4 处渡口改建桥梁及其引道接线附属工程之用。协议书还规定，4 座大桥在建成后实行过桥收费，以收费偿还本息。这就是国内第一个"贷款修路，收费还贷"协议书，由此开始，利用收费公路筹措公路发展资金的序幕拉开了。

随后的 1984 年，三洪奇、细滘、容奇、沙口等 4 座大桥相继建成通车，其中容奇大桥还被评为 1987 年度优质工程国家银质奖章。容奇大桥建成通车后，在广珠二级路举行的通车典礼上，时任广东省委第一书记任仲夷同志还对这种促进公路发展的融资方式进行了赞扬、肯定。

佛山顺德 4 座大桥引进外资试点工作的成功，为广东公路投融资探出了一条新路，也引起了全国交通部门的关注和重视，但广东省公路部门仍清醒地认识到，仅靠引进外资，依然不能彻底解决公路建设资金的巨大缺口，还必须"内外两手一起抓"。1984 年年初，广东省交通厅向广东省政府提出了关于加快公路建设的六条政策建议：一是提高公路养路费征收标准；二是公路养路费外汇收入全面留成，用于偿还贷款本息、修建公路桥梁所需的进口材料和设备；三是恢复征收车辆过渡费；四是贷款建桥、建路，收费还贷；五是公路养路费的交通能源建设资金按 1984 年实绩上缴，超收部分免缴；六是开征客票公路建设资金，每人每公里 1 分钱。同年 6 月，广东省政府正式批准了省交通厅的政策建议，相继出台了这 6 项政策，并颁发了《广东省收取公路过桥（路）费的桥梁（公路）建设项目管理办法》。这些政策和措施的出台，为广东省公路建设引进外资和筹集社会闲散资金打开了大门，提高了各地公路建设的积极性，在全省掀起了一轮公路建设的高潮。作为公路建设向社会投融资的成功实践，广东的做法在全国公路交通基础设施领域引起强烈反响，也得到中央有关部委领导的高度关注，他们纷纷对广东的做法进行了调研和论证。为加快公路建设，在总结国内外实践经验的基础上，1984 年 12 月国务院第 54 次常务会议做出“贷款修路、收费还贷”的重要决定。自此，“贷款修路、收费还贷”成为我国公路基础设施建设投融资政策的重要组成部分。

1985 的 4 月 5 日，广东省政府办公厅下发了《关于自筹资金建桥筑路的项目收取过桥过路费问题的通知》(粤府办〔1985〕53 号)，指出“省政府同意凡属自筹资金、银行贷款、利用外资建桥筑路的项目，建成后可以收取过桥过路费偿还本息，还清后停止收费”，从而正式明确了“贷款修路、收费还贷”的政策。

就在广东省交通厅和省政府积极总结佛山顺德 4 座大桥建设经验，并逐步酝酿相关政策措施的同时，佛山市政府为解决佛山“北大门”的交通出行问题，又通过“民间集资、收费还钱”的方式，筹集了 2600 万资金，建设了佛山大桥。由于其建成通车时间刚好处于国务院出台“贷款修路、收费还贷”政策之后不久，佛山大桥就成为全国“贷款修路、收费还贷”政策后的第一个收费桥梁。此外，佛山大桥也是全国首条民间集资的桥梁。

在以收费公路为主导的公路投融资政策创新支撑下，佛山公路进入大发展时期。“七五”期间，在全市大搞交通热潮的推动下，佛山迈开了改渡为桥，修建高等级公路的步伐。至 20 世纪 80 年代末，佛山全市公路路网密度达每百平方公里 51 公里，公路网络初具雏形。“八五”期间，佛山公路全面进入发展与提高阶段，投入资金达 150 亿元，先后建成了广三、佛开等高速公路，建设了一批特大桥梁，基本消灭了公路渡口，干线公路骨架网实现了沥青和水泥路面，并实现了镇镇通公路，形成了高等级公路网络。到 2002 年，佛山公路通车里程增长到 3974 公里，其中高速公路达 84.3 公里，等级以上公路达 3800 公里以上，全路网密度达 104.22 公里 / 百平方公里，公路建设得到了极大的发展。

然而，就在佛山公路建设依靠“收费公路”政策实现大发展的同时，一些新的问题又出现了。首先，由于收费公路的增多，佛山市内的路桥收费站逐渐增多，它们星罗棋布、密度很高。根据统计，2002 年佛山市内公路路桥收费站（不含高速公路）达到了 42 个。由于每次经停收费站都要耗费一定的等待时间，这就给佛山居民的出行带来了一些不便，一定程度上也降低了佛山公路网的通行效率。其次，由于各条公路的收费标准不一，一方面，对于精明的佛山居民而言，在出行前都经常要对出行路线进行一番比选，伴随新线建设的增加，久而久之，这竟成了一种烦恼；另一方面，伴随收费站的增加，其整体布局逐渐不够合理，新建的收费公路会对既有公路形成一定程度的竞争，甚至会打乱原有的收费体系。这些新问题的产生，使得佛山市交通部门开始考虑对既有的收费站进行梳理整合。

与此同时，2002 年，佛山开始了新中国成立以来第 12 次行政建制改革，顺德、南海、三水、高明四个县改为区，与禅城区（含城区、石湾、南庄）一道隶属佛山市管辖。这在佛山历史上被视为一次重要的行政区域变迁，佛山市对顺德、南海、三水、高明等几个大的县级市由过去实质上的“代而不管”变为“直接管辖”。经过这次变迁，佛山市不再是“全国实际管辖范围最小的地级市”，过去的“小佛山”就要变为“大佛山”。在这一背景下，佛山市需要尽快加强同各区县的各种联系，以增强佛山市的整体协调能力和行政管理效率。于是，时任广东省委常委和佛山市委书记的黄龙云提出了适应行政区域整合要求，首先从交通入手来“整合人心”的发展思路。2003 年，交通部也开始针对全国收费公路中普遍存在的站点多、站点布局和收费标准不合理等主要问题，要求地方管理部门完成对本辖区内收费站点的清理整顿工作。

在上述多重因素的共同推动下，佛山市政府于 2003 年开始对境内的 40 多处收费站点进行了大规模的撤并和重新布点，最终形成 14 处收费站点。由于既有收费公路项目分属不同主体，这样的一种撤并整合，自然就需要对既有收费公路的路桥费收入进行统筹安排，以便于各个项目的正常还款，特别是还要注意保障一些经营性项目业主的合法权益。

于是，佛山市采取了一种被称为“年次票制”的新通行费征收管理体制。简而言之，就是对本辖区内车辆按年征收定额通行费用，而对异地车辆则采用按次收费。然而，这一收费体制在实施一段时间后，也暴露出一些问题。其中较为突出的一点是，年次票制尚缺乏更高级别法律的支撑，外地车辆即便在本地长期逃票，本地交通执法部门也无权稽查处罚。这样一来，依靠年次票制征收上来的通行费用往往不足以应对各项目的还款。为了保障项目业主的合法权益，佛山市政府只有通过财政垫支的形式来弥补差额。如今，这种需要财政垫付的差额已接近 30 亿元，这显然并非长久之计。

此外，国家于 2009 年推出的以燃油税替代地方交通部门征收的六项交通规费以及着手取消二级公路收费的行业政策，也对佛山公路基础设施的发展产生了较大影响。由于燃油税的征收和使用脱离交通主管部门的管辖，而且需自上而下统筹分配，因此养护费的取消实际上就给佛山未来公路发展资金特别是养护资金的来源带来较大的不确定性。这个问题是目前和未来一个时期，国家和省、市地方政府都需要认真面对和妥善解决的。

综上，“贷款修路，收费还贷”的投资建设模式，经过广东省和佛山市的首创与不断摸索，大大拓宽了公路这一具有社会性、公益性基础设施建设资金的筹措渠道，有力地促进了佛山和广东省公路基础设施建设，改变了当地公路建设滞后于经济社会发展的状况。在一定程度上，可以说，没有收费公路的政策，便没有佛山地方经济和社会的快速发展。然而，佛山的实践也告诉我们，收费公路政策也具有时代局限性，未来公路基础设施的发展仍然要面对新建设施融资和既有设施还款及养护的重要问题，佛山公路事业的发展仍任重而道远。

（执笔人：王杨堃）

三茂铁路的前世今生

三茂铁路是指从广东的三水到茂名的铁路，全长 357 公里，其中三茂干线 322 公里，腰古至云浮支线 35 公里。整个铁路的建设经历了一段较为曲折的历程。早在 1958 年，为了促进广东西南地区的经济发展，铁道部就采纳了广东省的建议，规划了广州至廉江的沿海干线铁路，决定修建三茂铁路。同年 11 月，由中国人民解放军铁道兵 8507 部队采取边设计、边施工的方式，以春湾为界，分东、西两段同时开工。1959 年春耕前，施工进入高潮时期，沿线配合部队施工的民工多达 3.1 万人。然而此后不久，由于各种原因（包括资金短缺等原因），西段工程于 9 月奉命停工，东段工程也于 1960 年年底停工，其中的北江大桥基础工程延至 1961 年 6 月告一段落之后也被迫停工。于是，整个工程在仅完成概算总投资 3.83% 的情况下就停止下来。

到了 20 世纪 70 年代，广东省为了加强与肇庆、湛江和海南地区的经济联系，又多次向国家要求复工修建三茂铁路。1977 年，国家计委在批复三茂铁路设计任务书时，提出了“新建三茂线和改建广三线要分期进行，为了开发云浮硫铁矿，应尽先做好三茂线的三腰段和腰古到矿区专用线的设计”的意见。于是，经过若干年的初期准备工作，三腰段和云浮线（腰古到矿区专用线）分别于 1984 年和 1983 年开工建设，并分别于 1985 年和 1987 年竣工，里程分别为 92 公里和 35 公里，工程总投资分别为 3.316 亿元和 1.06 亿元。然而，主要以云浮硫铁矿开发为目的而建成的这两段铁路，并没有完全实现广东省实现西南地区经济发展的初衷。于是，就在1984年三腰段全面开工的同时，广东省为了实现三茂铁路全线的建设，又多次向国家经委及国务院报请续建腰古至茂名段（腰茂段）约230公里的铁路，并委托铁道部第四勘察设计院于1985年完成施工设计，当时的工程概算总额为9.57亿元。然而，同样主要由于建设资金不足等问题，续建腰茂段的历次报请均未得到铁道部和国家计委的批复。

1985年12月10日，时任国务院副总理的万里同志在广州听取了广东省政府关于三茂铁路腰茂段建设请求的汇报，随后做出“固本简末，先通后备”的指示。根据这一指示精神，广东省政府组织有关部门将腰茂段原先的工程概算缩减了近50%，压缩至6.4亿元，并同铁道部联合再次向国家计委提出报告。

然而，当时参与报请和审批腰茂段工程建设项目的各方主体，特别是广东省和铁道部，都十分清楚申报审批时的概算是按照“固本简末，先通后备”的原则大幅缩减了的，而要确保整个工程的完备建设，实际的建设资金是会远远超过6.4亿元的。而且，即便是压缩后的概算金额，也远远超出了当时中央政府所能承受的筹资压力。于是，三茂铁路的后续建设必然要求建立新的投融资机制来解决紧张的资金压力。事实上，广东民众和广东省政府已经在过去十几年间向国家反复呼吁的过程中，清晰地认识到单靠国家投资兴建铁路已是希望渺茫，而多年的市场经济实践也使他们明白依靠体制创新更能实现自己的愿望。一个重要的事件充分体现了这一点，1986年广东省26名人大代表在联名上书给广东省政府的关于三茂铁路续建请求中，就提出了合资建路的建议，而此后广东省与铁道部联合上书国务院的那份报告也是主张合资建路，并没有提出国家投资建路的要求。终于，在“压缩申报审批概算”和“请求合资建路”的双重作用下，国务院于1987年1月批复同意关于三茂铁路续建的报告，并由国家计委正式批准按Ⅱ级干线标准续建三茂铁路腰茂段。

1987年5月，广东省三茂铁路公司成立，在接管了刚刚举行了通车典礼的三腰段和云浮支线之后，遂趁热打铁，按照“固本简末，先通后备”的原则，采取“边筹资、边投资、边建设”的方式，于同年9月正式开工建设腰茂段。

根据当时广东省政府和铁道部第四勘测设计院的估算，腰茂段工程设计投资仍为 9.6 亿元，高于申报审批时的概算，而广东省建委认可的投资更是高达 12.83 亿元。而三茂铁路成立时，铁道部就将价值 4 亿元的三腰段和云浮支线（三腰云专用铁路）作为其与广东省的联合注册资本。因此，三茂铁路公司在成立之初，除一条靠贷款建的三腰云专用铁路外，就是一份允许集资 12 亿元的方案。1987 年下半年，广东省开始了大规模的集资工作。初期，各国内银行和财政部门分别提供贷款和借款共计 3.56 亿元，广东省计委又通过国际信托投资公司向国外贷款 5000 万美元、外汇 2500 万美元，折合人民币 3.85 亿元，这些款项基本都及时到位，保证了早期施工的正常进行。随后，从 1988 年下半年开始，国家开始紧缩银根，原定的集资计划无法实现。1989 年，原已承诺的亚行贷款 6750 万美元也推迟执行，施工随即面临停顿，甚至到了不能发工资的地步。在这种情势下，广东省政府于 1989 年下半年决定在全省范围内发行铁路建设债券 1.8 亿元，作为指令性任务由各市认购。同时，广东省委和省政府出面，临时借调省电力建设基金 3000 万元，指示省财政厅筹集 5000 万元借给三茂公司；又从衡广复线铁路延期还款中转贷 2500 万元；向中国银行贷款 1500 万美元；施工沿线的市县政府及施工单位借或垫资近 1000 万元，等等。此外，铁道部为腰茂铁路承担了 1000 万元旧轨和为茂名站接轨分担 900 万元投资，全国地方铁路协会又资助 300 万元。就这样，在 1987—1990 年间，主要靠广东省政府，共筹资 12 亿多元，基本保证了腰茂铁路的建设需要。与此同时，中央政府也出台了相应支持政策，国务院批准广深铁路特殊政策延长 5 年，从中拿出 3.6 亿元人民币和 4400 万美元外汇额度，用于腰茂铁路的还本付息，而地方政府也在征地、拆迁、原材料供应、税费等方面给予了大力支持。终于，三茂铁路于 1990 年年底全线贯通，并于 1991 年 6 月 1 日与国家铁路联网，正式营运。从此，三茂铁路公司的主要任务转为铁路运营管理及债务偿还。

运营后的三茂铁路，在铁道部一系列运输政策的支持下，货运量节节攀升，特别是 1991 年 6 月至 1992 年 4 月间，铁道部顶住柳州、成都、昆明等路局的反对压力，先后三次进行车流调整，为三茂公司运量及收入增长奠定了坚实基础。同时，为了增强三茂铁路的还本付息能力，国家还批准三茂铁路的客车票价可以在国铁的票价基础上上浮50%，其他客运杂费也上浮50%，货运价格也准许采用较为灵活的定价机制。在这种情形下，从1991年至1996年，三茂铁路的货运量从613万吨增长到1532.7万吨，运输收入也随之从1.17亿元增长到5.79亿。

然而，经由中央和地方合资建立起来的三茂铁路，其产权界限较长的一段时期并不清晰，甚至可以说是很混乱的，这就影响了经营权益和债务偿付等责权利的划分。具体来讲，三茂公司是由广东省根据国家计委的批复、征得铁道部同意后批准成立的，在成立之初，它是一个中央与地方合资的无限责任公司，由广东省经委主管，财务关系则隶属省财政厅，业务上委托广州铁路局即广州铁路集团公司管理。尽管铁道部和广东省以三腰云专用铁路的4亿资产作为注册资本金，但双方的分享比例并没有进行划分。尽管三茂铁路公司已经具有独立的法人地位，并基本上建立了公司制的内部治理结构，但它还不是股份公司，也有不规范之处。例如，公司总经理由广州铁路集团公司（实际代表铁道部）提名，经省经委同意，省委组织部任免。其他高层领导也需广州铁路集团公司任免，省经委备案。只有其他中下层管理人员才由公司决定（这种情况延续到1996年8月）。1991年铁路建成并营运后，为了明确运营收益和偿还债务的责任，这种产权比例模糊的所谓“合资”状况就不能为各利益相关方所接受了。于是，广东省出于对在筹资过程中所付出的种种艰难努力和地方政府的大力支持等方面的考量，提出占80%产权的方案，而铁道部则认为三茂铁路是凭借了整个国家铁路网的支持，特别是调配分流运输政策的支持以及广深铁路运营收入的转移支付，才有了良好的运营业绩和还款能力，所以应当承担更大的产权比重。由于这种严重的分歧，再加上当时的国铁恰逢严重亏损的困局，双方未能就此达成协议。

1993年，在国铁为应对亏损局面而试行以市场为导向的公司化改革的大背景下，铁道部成立了广州铁路（集团）公司（简称广铁集团），正式开始铁路局公司制改造的试点，整个广东省的铁路系统因此也出现了较大的变局。同年4月，作为利益相关方的亚洲开发银行，通过研究向三茂公司提出了改组成股份公司的建议。1994年3月，三茂公司正式向广东省政府和广州铁路集团公司提出改造、规范公司内外的关系，并发行股票筹资等要求。次年3月，经由国家计委上报国务院，并最终由一位副总理裁定，将三茂铁路公司的产权比重确定为广东省占55%、铁道部占45%。值得注意的是，这个比例并不是根据各自的投资额确定的。与此同时，鉴于三茂铁路良好的运营业绩，一些国内外的社会资本对入股三茂铁路表现出了极大的兴趣，而这一时期的中国，国有企业股份制改造的试点也正方兴未艾。在上述背景下，1996年8月19日，以上述产权比例为基础，三茂铁路公司正式改组为"广东三茂铁路有限责任公司"，并决定于1996年年底以前，改组为中外合资并公开发行股票、挂牌上市的股份有限公司。就这样，同年12月，由广东省铁路集团有限公司（以下简称"省铁集团"，广东省出资代表，相当于广东省的铁路资产经营公司）、广铁集团（铁道部出资代表）、日本三富投资有限公司（日本野村证券的名义代表，以下简称"三富"）、广信企业发展公司（以下简称"广信"）、粤财信托投资公司（以下简称"粤财"）共同发起设立了广东三茂铁路股份有限公司（以下简称"三茂股份"），注册资本为8亿元人民币，持股比例分别为41.25%、33.75%、20%、3.3%和1.7%。此次股权改造中真正投入真金白银的只有三富和粤财两家，三富的钱被用于归还广信的到期债务。自此，一场关于三茂铁路公司产权分配的纷争告一段落，三茂铁路的运营管理和债务偿还工作也逐渐进入正轨。

然而，好景不长。进入90年代后期特别是2002年以来，广东省公路、水路等运输方式实现大发展，而在同国铁的运营合作中，由于运营组织的自主性不强，又常常处于劣势地位，因早期低标准投资而快速变化的陈旧的既有设施也成为发展障碍，上述种种因素使得三茂铁路的运营状况受到了极大挑战。此外，再加上日益增大的还款压力，三茂铁路的经营业绩出现了危机。在这种情形下，一些社会资本，主要是外资，对未来运营情况产生了担忧，进而萌生了"去意"。与此同时，新一轮的大发展却正在国铁系统酝酿。2003年，铁道部提出"跨越式发展”的新思路，主张“集中人力、物力、财力，着力推动大规模的铁路建设，在短期内解决铁路运输能力与日益增长的国民经济发展需要的不适应”。为了解决大规模铁路建设所需的巨额资金投入，铁道部开始着手对国铁资源进行优化整合，并调动地方政府参与铁路建设。

2004年2月3日开始，根据铁道部、广东省《关于加快铁路建设工作协调小组第一次会议纪要》精神，铁道部广铁集团和广东省铁路集团协商决定，并经广东三茂铁路股份有限公司2004年第一次临时股东大会决议，将广铁集团羊城铁路总公司管辖的广三（广州西至三水）线铁路运营资产划为三茂铁路股份公司管理。接管范围包括广州西站、石围塘站、佛山车务段和广三线上的车辆、工务、电务、水电等运输部门的业务、资产及人员。资产划入后，三茂股份公司的营运里程由357公里延长到404.2公里，广三、三茂铁路联为一体，国铁股份随之增加，三茂股份公司也就转由国铁控股。2005年4月份，日本三富公司将其所持的16.707%股份转让给了中国铁路建设投资公司（以下简称“中铁建投”），中国铁路建设投资公司替代日本三富投资有限公司成为三茂股份的股东。重组后的三茂股份，各股东持股情况变为：广铁集团占49.116%，省铁集团占30%，中铁建投占16.707%，广信占2.779%，粤财占1.398%。由于中铁建投也是从属于铁道部的企业，铁道部的实际控股就达到了65.823%，实现了对三茂股份的绝对控股。

综上，尽管三茂铁路经历了曲折的发展历程，但它所反映出的中央政府、地方政府以及社会资本在铁路建设和发展中的合作博弈关系，却给了我们深深的启示，让我们更加深入地认识铁路行业的特殊性，以及产权保护的重要意义。同时，必须强调的是，三茂铁路的建设，确实在全国首创了“自筹资金、自行建路、自主经营、自我还贷、自我发展”的“五自一体”的机制，“三茂模式”堪称中国铁路建设发展史上的一项创举。

虽然在三茂铁路发展的整个历程中，佛山市政府并没有作为主要行动主体而太多地参与其中，但起始于佛山市三水区的三茂铁路却同佛山的发展息息相关，特别是与具有百年历史的广三铁路的整合发展，使得三茂股份的经营范围延伸到广州、佛山这些珠三角的中心地区和客货源重要集散地，广茂线在依托大广州珠三角、辐射粤中粤西和大西南数省区来实现运输格局更趋完整的同时，也将为佛山地区的经济社会发展做出更大的贡献。

（执笔人：王杨堃）

回家路上

一部春运史，就是一部农民外出打工史、改革开放史。40年数千万至数10亿农民工潮汐式迁徙，见证了我国交通运输发展的伟大变迁。

二叔是我们村第一个进城的人

我们村地处鄂西边陲，一山一村，群山环绕，峰峦迭起。祖祖辈辈世代生活于此，靠山吃山，乐享其成，外面的世界似乎与我们没有关系。

二叔是父辈中唯一上过初中的人，也是一个不安分的人。那年，二叔刚满18岁，他听说南边要人，“东西南北中，发财到广东”，于是决定去广州找点出路。

我不知道二叔究竟是怎么去的广州，只听说他走了三天三夜到了县城。父亲常说，那时候我们村、我们乡、周边七八个乡都没有公路，到外面去必须靠双腿。

1987年春节二叔第一次回家

乡里通公路了！二叔闻讯后迫不及待地准备回家。临近春节，他提前去车站排队买票，排了一宿终于可以站着回家！在一辆喘息前行的绿皮车里，二叔与300多名农民工挤在30平方米左右的车厢里，他们都顶着化肥袋，蓬头垢面，背靠背站着睡觉。浑浑噩噩，两天两夜，二叔不知道是怎么在车上熬过来的。后来得知，这一年是我国史上的第一个真正意义上的春节民工返乡潮！据当年媒体报道，由于铁路运力有限，平均每天有 70 万人站着返乡！

童年记忆中二叔总是最后一个到家的人

随后十多年，二叔每隔两年才回一次家。不是不想家，回家实在是太难了！那些年，回家对二叔来说就是一场“战役”，买票要排队一天一夜，火车上要度过两天两夜，从市上火车站到县城再到我们乡镇赶班车要一天一夜，从乡镇到我们家还得走一整天！如果中途赶上大雪封山的话，他真不知道什么时候能回到家！

“太慢了！”这是二叔对 20 世纪 90 年代春节回家的印象。那些年，买票难、车速慢、耗时长是春运的烙印，全国铁路干线绿皮车的平均时速不足 50 公里！

二叔常说 20 年前回家的路就是磨难路

从 1997 年开始，二叔明显感觉到火车快了很多，但是火车站和火车上为什么人越来越多？火车站广场大了，连夜排队的人也多了！头年春节离家，二叔就期待着来年春节能回家，回家是他外出务工的动力！可是回家的人怎么这么多呀！

在拥挤狭窄的车厢里，到处是杂乱的声音，哭声、抱怨声、争吵声、呼噜声；空气中充斥着各种味道，汗味、体味、烟味、泡面味。二叔们在心理、生理上承受着巨大的煎熬，只能咬紧牙关用决心毅力战胜眼前的困难。不过，对于归心如箭的农民工来说，能够顺利抢到票已经很幸运，谁还奢望以优雅的方式回家呢？

“太挤了！太脏了！”这是二叔对新世纪初前 10 年春节回家的印象。他有所不知，这 10 年正是中国春运人口增长的高峰期，2011 年较 1999 年翻了一番，达到了 28.61 亿人次，这一数字在 2014 年甚至创造了历史高峰值 36.14 亿人次！

2009 年春节二叔第一次坐高铁回家

这年春节，武广高铁开通运营，这条当时世界上运营速度最快、里程最长的高速铁路连通了二叔心中的两个世界！全程 1023 公里，只需要 2 小时 57 分钟，简直就像做梦一样！二叔当时决定：春节无论如何也要坐高铁回家！幸运的是，火车票提前预定很顺利，469 元的票价对二叔来说也在能力承受范围之内。出发了，二叔的第一感觉是：广州南站、武汉东站真大！很气派！进站、查验票、上车、出站都很方便；列车上，漂亮的乘务员彬彬有礼地询问乘客需要什么帮助，车厢走道上方的小电视不时切换播放娱乐新闻和沿途风景。一路上，二叔充满了好奇和兴奋，感觉在休憩、旅游，抑或已经到家！安静地坐在车上看窗外风景，真美！

近 10 年二叔终于可以体验式回家

在广州打拼多年，二叔有了位子、车子和票子，但妻子和儿子还在老家。互联网的新时代，他已经完全适应广州的多元、快节奏和美丽时尚。近几年的春节，二叔除了坐高铁回家以外，偶尔也会选择自驾、坐飞机回家。移动互联网时代，什么事似乎都可以用手机 APP 解决，坐火车有 12306、坐飞机有航旅纵横、出门打车用滴滴和 Uber，骑车可选摩拜和 OFO，长途旅行可找携程和驴妈妈。2017 年春节，二叔出于好奇选择了拼车回家，既经济又舒适，还结交了一帮新朋友。

二叔说，他这一辈子最爱、最恨、最享受的事情就是春节回家。40 年，只是历史一瞬，且是二叔人生最精彩的篇章，他参与了祖国伟大事业的建设，也见证了我国交通运输发展的艰辛与辉煌！作为人类历史上最大规模的周期性迁徙，春运承载着人们一年的辛劳、归乡的期盼和旅途的艰辛，也预示着祖国的繁荣富强。

（执笔人：向爱兵）